ヒューム 政治論集

Political Discourses

近代社会思想コレクション 04

田中秀夫 訳
Hideo Tanaka

京都大学
学術出版会

凡　例

一、本書はデイヴィッド・ヒューム『政治論集』初版（David Hume, *Political Discourses*, Edinburgh, 1752）を底本にする全訳である。初版を底本としたのは、最初に、多くの同時代人に読まれ、大きな反響を引き起こしたのは初版であり、そのことを重視したからである。

二、ヒュームは論集の中に組み込んだ後続の版で大小さまざまな修正を加えているので、重要な異動を訳注で示すことにした。ただし、些細な表現の変更は無数にあり、それを指示することは、あまりに煩雑なので、省略した。

三、『政治論集』として完結して出版されたのは一二論文からなるもので、第二版までである。その後は、『いくつかの主題に関する論集』（*Essays and Treatises on Several Subjects*）に収録され、第一巻の第二部となり、しかも政治論文が増補されて一六論文となる。増補部分の扱いは難しいが、削除するより付録とするほうがよいと判断して、収録した。付録の底本はR版とし、多少とも重要な変更を明示した。

四、原注と訳注を区別するために、原注は（　）のみで示し、訳注は（訳注　）と明記し、原則としてパラグラフの後に置いた。原書は脚注としている。基本的に人名・地名・事項などを説明するための訳注は索引に回したが、本文中で〔　〕で示したものもある。

五、原文のイタリックは基本的に〈　〉を用いて示す。人名・地名などの固有名詞は最初の版ではイタリック、後の版では大文字表記であるが、訳書では区別しないことにする。

六、文意をより明瞭にするために、通常、日本語では用いない疑問符と強調符は残した。

七、改行は原書のものであり、原書は、改行に際して一行空けとなっているが、現代版と同じく、この訳書では詰めることにした。

八、先行訳、小松茂夫訳『市民の国について』（上・下、岩波文庫、一九五二、一九八二年）、および田中敏弘訳『ヒューム政治経済論集』（御茶の水書房、一九八三年、底本はGreen and Grose版）は参照し、訳文の作成上、多くの恩恵を受けた。

版の表示について

版の表示は慣例になっているので、以下のようにアルファベットで示す（ちなみに、AからGまでは『道徳政治論集』など他の著作の各版の略号として使う慣例である）。

D版　*Three Essays, Moral and Political, never before published*, London and Edinburgh, 1748.（「国民性について」、「原始契約について」、「受動的服従について」）

H版　*Political Discourses*, Edinburgh, 1752.（初版、一二論説）

I版　*Ditto*, 2nd ed, Edinburgh, 1752.（第二版、初版とほとんど同一）

K版　*Essays and Treatises on Several Subjects*, 4 vols, London, 1753-54.

M版　*Ditto*, London, 1758.（D版収録の「原始契約について」、「受動的服従について」が追加され、一四論説）

N版　*Ditto*, 4 vols, London, 1760.（「貿易の嫉妬」、「党派の歩み寄り」が追加され、一六論説）

O版　*Ditto*, 2 vols, London, 1764.

P版　*Ditto*, 2 vols, London, 1768.

Q版　*Ditto*, 4 vols, London, 1770.

R版　*Ditto*, 2 vols, London, 1777.

以下は本書で採用した略記である。

Green & Grose: T. H. Green and T. H. Grose eds., *The Philosophical Works of David Hume*, London, 4 vols., vol. 3, *Essays, Moral, Political and Literary*.

Miller: David Miller ed. *Essays, Moral, Political and Literary*, Liberty Fund, 1985.（R版を底本）

Haakonssen: Knud Haakonssen ed, *Political Essays*, Cambridge University Press, 1994.（一七七

二年版を底本）
Rotwein: Rotwein ed., *Hume's Economic Writings*, Edinburgh, 1955.
なお、これ以外に一七七二年版もあるが、本書では参照を省いた。

目次

政治論集

論説一　商業について

人類の大部分は二つの部類に分けられよう。真理に到達できない〈浅薄な〉考えの人と、真理を超越する〈深遠な〉思想家である。後者の部類はきわめて稀であるが、しかもきわめて有益で貴重だと付言してよい。彼らは、少なくとも示唆は与えてくれるし、困難を指摘し、それを彼らはおそらく巧みに追求したがる。しかし、そうした困難はより正しい思考法をもった人によって取り扱われるとき、素晴らしい発見をもたらすかもしれない。最悪の場合でも、深遠な思想家の語ることは凡庸ではない。したがって、それを理解するのはいくらか骨が折れるとしても、しかしながら、何か新しいことを聞くという快楽を得られる。どんなコーヒー・ハウス〔十八世紀の都市では民衆が談話するコーヒー・ハウスが普及し、サロンの役目をはたした〕での談話からでも学べるようなことしか話してくれない著述家は、ほとんど価値がない。

〈浅薄な〉思想の人間は誰も、〈健全な〉知性の持ち主までも、〈深遠な〉思想家、形而上学者、改良家だと非難しがちであって、自分の弱い理解力が及ばないことは何であれ正しいとは認めたがらない。極端な洗練から虚偽が生じる見込みが強く、自然で平易な推論以外に信頼できる推論のない場合もいくらかはある、と私は思う。〈個々の〉事柄において自分の行為を熟考し、政治、商業（trade）、家政（oeconomy）、あるいは生活上のいかなる仕事であれ、計画を立てる場合には、議論をあまりに緻密に洗練するか、あるいはあまりにも長い結論の連鎖をつなげてはならない。自分の推論を妨げ、自分が期待したものとは異なる結果を生み出す何かが確かに生じる。しかし、〈一般的な〉主題について推論するとき、われわれの思索は、それが正しい限り、繊細に過ぎることはほとんどありえないこと、また凡人と天才の差異は推論を進める基礎となる原理が浅薄か深遠かに主にあることは、断言して差し支えないであろう。一般的な推論は複雑に見えるが、それはただ推論が一般的だからである。非常に多くの個々の事柄から、すべての人が合意する共通の事情を区別したり、それを他の余分な事情から純粋に夾雑物を交えずに取り出したりすることは、大多数の人には容易ではない。彼らに関しては、いかなる判断、結論もすべて特殊である。彼らは普遍的な諸命題――これはそのもとに無数の個別的なものを包括し、一つの科学全体をただ一つの公理に含む――にまで自分たちの見解を拡大できない。そのような広い視野には彼らの眼は混乱してしまう。そしてこの広い視野から得られた結論は、たとえ明確に表わされていても、複雑で曖昧に見えるのである。しかし、いかに複雑に見えるとしても、一般原理は、それが正しくて確実であるなら、個々の場合には妥当しないことがあっても、事物の一般的な成り行きにおいては常に支配的であるにちがいなく、この一般的な成り行きを考察することは、哲学者の主要な仕事なのである。なおまた、それは政治家の主要な仕事でもあると付言できよう。とくに国家の国内統治においてはそうである。というのは、この場合には、政治家の目的であり、また目的であるべき公共善は、多くの出来事の同時発生に依存しており、対外政治におけるようには突発事や偶然、および少数の人間の気紛れに依存してはいないからである。したがって、以上のことが〈個別的な〉熟慮と〈一般的な〉推論との相違点をなし、精妙と洗練とを前者よりも後者にはるかにふさわしいものにするのである。

（訳注1） Q版以降は「原因」。

私は、〈商業〉、〈貨幣〉、〈利子〉、〈貿易差額〉などに関する以下の論説に先立って、この序論が必要であると考えた。というのは、以下の論説では、おそらく、普通でない原理、このような通俗的な主題としては洗練と精妙に過ぎると思われる原理が、いくつか出現するはずだからである。誤りであれば、それらを否認しよう。しかし、誰も、それらの原理が普通の道から外れているからという理由だけで、それらの原理に偏見を抱くべきではない。

国家（state）の偉大さとその臣民の幸福は、いくつかの点ではいかに独立であると考えられるとしても、商業に関しては不可分であるということは、一般的に認められている。そして私人がその仕事（trade）と富を所有するうえで、公共（public）〔訳注2〕の権力によってより大きな安全を保証されるのと同じく、公共は私人の豊かさと広範な商業（extensive commerce）に比例して強くなる。この原則は一般に真である。もっとも、これにはおそらく例外もありうるし、われわれがしばしば、ほとんど留保も制限もなしに、この原則を立てていることを考慮しないわけにはいかない。個人の商業と富と奢侈が、公共の力を増大させずに、その軍隊を弱小にし、隣接諸国民のあいだでその権威を減らすことにしか役立たないような状況も、いくらかあるかもしれない。人間は非常に変わりやすい存在であって、多くの異なる意見、原理、行為の規則（rules of conduct）

を受け容れやすい。ある考え方に固執しているあいだは正しいと思われるものが、反対の一連の習俗（manners）や意見をもつようになると、誤りだったことが分かるのである。

〔訳注2〕 ヒュームはpublicをほとんどの場合、国家と同義に用いているが、訳語としては公共と訳す。

すべての国家の大衆は〈農民〉と〈手工業者〉に分けられるであろう。前者は土地の耕作に従事し、後者は前者から供給される原料を加工して、人間の生活に必要であるか、その装飾に用いる、すべての財貨に仕上げる。人間は、主に狩猟と漁労で暮らす未開状態を離れるやいなや、すぐにこの二階級に分かれるにちがいない。もっとも、〈はじめは〉、農業の諸技術が社会の最大部分を雇用する。(1) 時の経過と経験がこの技術を大いに改良するから、土地は、直接の土地の耕作に従事する人びと、あるいは彼ら土地耕作者により必要な製造品を供給する人びとよりも、はるかに多くの人びとを容易に養うようになるであろう。

これらの余分な人手が、〈奢侈〉の技術と通常呼ばれている比較的精巧な技術に従事すれば、彼らは国家の幸福を増すであろう。というのは、彼らは多くの人びとに対して、さもなければ知らなかったと思われる享楽を得る機会を提供するからである。しかし、この余分な人手を雇用するために、別の計画が提案されないだろうか？ 主権者は国家の海外領土を拡張し、遠隔の諸国民に自らの声望を広めるために、彼らを海軍と陸軍に雇おうとしないであろうか？ 土地所有者と農業労働者に見出される欲望と必要がより少なければ、雇われる人手もそれだけ少なくなることは確かである。その結果、土地の剰余生産物は、商工業者を養うのではなく、個々人の奢侈に役立つべく、きわめて多くの技術が求められる場合以上に、はるかに大規模に陸海軍を維持するであろう。したがって、ここでは国家の偉大さと臣民の幸福とのあいだに、ある種の対立があるように思われる。国家は、その余分な人手がすべて公共の奉仕に用いられるときほど、偉大なことはない。私人は、自らの安楽と便宜のために、こうした人手が自分たちに役立つように雇われるべきだと要求する。一方は他方を犠牲にしない限り、けっして満たせない。主権者の野望は個人の奢侈を妨げるにちがいないが、同じように、個人の奢侈は軍事力を縮小させて、主権者の野望を阻むにちがいない。

この推論はたんなる妄想（chimerical）ではなく、歴史と経験に基づいている。スパルタ共和国は、同数の人口をもつ現在の世界のどの国家より、確かにいっそう強力であった。それはただ商業と奢侈がないからであった。奴隷（Helotes）は労働者であったが、スパルタ人は兵士か貴紳（gentlemen）であった。もしスパルタ人が安楽で優雅な生活を送り、さまざまな商工業（trades and manufactures）に仕事を与えていたとすれば、奴隷の労働であれほど多数のスパルタ人を扶養できなかったことは明白である。これと同様な政策は、ローマでも見られるであろう。実際に全古代史を通じて、一番小さな共和国でも、現在その三倍の住民数からなる国家が保持できるよりも大きな軍隊を集め、維持していたことが観察される。ヨーロッパのすべての国

(1) ムロン氏は、自らの商業に関する政治論で、フランスを二〇の部分に分けるとしたら、現在でもその一六が労働者ないし小農民であり、職人は二にすぎず、一が法律家、聖職者、および軍人に属し、一が商人、金融業者、商工業者（ブルジョワジー）であると主張している。この計算は確かに非常に間違っている。フランス、イングランドおよび実にヨーロッパの大部分の地方でさえ、住民の半ばは都市に住んでおり、田舎に住む人びとのうちでも、多数が職人であり、おそらく三分の一以上であろう〔ムロン『商業についての政治論』、Jean-Franc̆ois Melon, *Essai politique sur le commerce* (1734; expanded 2 ed., 1736; translated ed., *A Political Essay upon Commerce*, 1738)〕。

で、兵士と人民の比率は一対一〇〇を越えないと計算されている。ところが、文献によると、小さな領土しかもたぬローマの都市だけで、その初期にはラティニ人に対して一〇軍団を徴募し維持したとされているのである。(訳注3) アテナイ人は、その領土全体でもヨークシャーより広くなかったが、しかしシシリー遠征にほぼ四万人を派遣した。(2) 大ディオニュシオスは、その領土はシラクサ市、シシリー島の三分の一、またイタリアとイリュリア〔現在のアドリア海〕の海岸にあるいくつかの海港都市と守備駐屯地以上に広がらなかったけれども、四〇〇艘の大艦隊のほかに、一〇万の歩兵と一万の騎兵からなる常備軍を維持していたと言われている。(3) なるほど、古代の軍隊は戦時には多くは掠奪で維持されていた。しかし、敵は敵で掠奪しなかったであろうか？　掠奪は考えうる他のどんな方法よりも破滅的な課税方法であった。要するに、現代の国家に勝る古代国家の大きな力の理由としては、古代国家に商業と奢侈がなかったこと以外に認められそうにない。ごく少数の職人（artizans）しか農業者（farmers）の労働によって維持されておらず、したがって、より多くの兵士が農業者の労働に依存して生活しえたのである。リウィウスの記述によると、ローマは彼の時代に、その初期の頃にガリア人やラティニ人に対して派遣したのと同じ規模の軍隊を集めるのが困難となった。(4) アウグストゥスの時代には、カミルス帝の時代に自由と帝国のために戦った兵士に代わって、音楽家、画家、料理人、俳優、仕立屋などがいた。そしてローマの国土がどちらの時期にも同じ程度に耕作されていたとすれば、その国土は、どちらの職業においても、確かに等しい人数を維持できたであろう。彼らは、後の時期となっても、前の時期以上に、たんなる生活必需品に何もつけ加えなかった。

（訳注3）　リウィウス『ローマ建国史』（Livy, *History of Rome* 8. 25）を参照。Miller, p. 257 note.

この場合、主権者は古代の政策の原則に戻って、この点で、臣民の幸福以上に自分の利益を重視できるかどうか？ を、問うのが当然である。それは私にはほとんど不可能と思われる、なぜなら、古代の政策は乱暴であり、事物のより自然で通常の成り行きに反したからである、と答える。スパルタがいかに独特な法によって統治されていたか、また他の諸国民や他の時代に示されたような人間本性を考慮したすべての人によって、この共和国がいかに驚くべきものと見なされているかは、十分によく知られている。歴史の証明がもっと実証性に乏しく推測的であれば、このような統治はたんなる哲学的な気紛れか作り話にすぎず、およそ実行することは不可能と思われるであろう。またローマなどの古代共和国は、多少とも、より自然な原理に基づいて支えられていたけれども、しかし、これらの共和国を過酷な負担に従わせる事情が、異常なほど同時存在していた。それらは自由な国家であり、小国家であった。そしてこの時代は好戦的だったので、隣国は皆いつも武装していた。自由は自然に公共精神を生むが、小国家ではとくにそうである。この公共精神、この〈祖国愛〉（***amour patri***）は、公共がほとんど絶えざる危急の場合には、高揚するにちがいなく、人びとはいつでも国を守るために最大の危険に身を晒さざるをえないのである。絶え間ない戦争の継続は、

（2）トゥキュディデス『歴史』第七巻第七五節（Thucydides, lib. Vii. [75]）。

（3）シケリアのディオドロス〔『歴史文庫』***Library of History***〕第七巻（Diod. Sic. Lib. Vii〔Loeb edition 2. 5, ロウブ版で第二巻第五節〕）。この計算は間違っているとは言わないが、いくらか疑わしいと思う。その主な理由は、この軍隊が市民ではなく傭兵軍からなっていたからである。

（4）ティトゥス・リウィウス〔『ローマ建国史』〕第七巻第二五章。彼は「われわれが富と奢侈とを作るために労働する限り、その場合にだけ卓越を増す」と述べている。

あらゆる市民を兵士にする。すなわち、市民は交替で戦場に行き、軍務に服しているあいだは主に自活する。こうした軍務は実際に重税に等しい。しかし、それは軍務に専念している人びとにはさほど負担に感じられない。というのは、彼らは給与のためよりも名誉と報復のために戦い、快楽だけでなく利得と勤労も知らないからである。(5) 古代共和国の住民のあいだの財産の著しい平等は、言うまでもなく、異なる所有者に属するどの畑も、商工業が無くても、一家族を維持できたし、また市民の数を著しく増大させたのである。

しかし、自由で非常に勇敢な国民に商工業がないことは、〈ときには〉公共をより強大にする結果となるかもしれないけれども、確かに、人の世の普通の成り行きにおいては、それとまったく正反対の傾向となるであろう。主権者は人間をあるがままの姿で理解しなければならないのであり、自らの原理や思考様式に激しい変化を持ち込もうとすべきではない。人の世の様相をすこぶる多様にする大革命（great revolutions）を生み出すには、さまざまな偶発事件や事情を伴う長い時間の経過が必要である。そして、ある特定の社会を支えている諸原理が自然的でなければならないほど、立法者はそれらの諸原理を開発・育成するにあたってより多くの困難に出会うであろう。人類の共通の性向に従い、それが許容しうるあらゆる改善をその性向に加えることが、立法者の最上の政策である。さて、事物の最も自然な成り行きによれば、勤労と技芸と交易とは臣民の幸福と同じく主権者の力をも増大させる。そして個人を貧しくすることによって公共を強大にする政策は乱暴である。このことは、怠惰と野蛮の結果をわれわれに示す、二、三の考察から容易に明らかになるであろう。

手工業と機械的技術が開発されていないところでは、大多数の人びとは農業に従事しなければならない。

そして、もし彼らの熟練と勤労が増大すれば、自身を養うに足る以上の多くの剰余が彼らの労働から生じるにちがいない。したがって、彼らには自らの熟練と勤労を増大しようという誘因がなくなる。なぜなら、彼らはその剰余を自分たちの快楽ないし虚栄心を満たすような、いかなる財貨とも交換できないからである。安逸の習慣が自然に広まる。土地の大部分は未耕作のままになる。耕作されているものも、農夫に熟練と精励がないために、最大限の収穫をあげられない。たとえいつ何時、国家の危急のために、多くの者が公共の用役に従事する必要が生じたとしても、人びとの労働は、もはやこうした多くの人びとを維持しうる剰余を

（5） いっそう古い時代のローマ人は、隣接する諸国民のすべてと絶えず戦争して暮らしていた。したがって古いラテン語で〈ホスティス〉（*hostis*）という言葉は、外国人と敵国人の両方を表わすものであった。これはキケロの述べるところだが、しかし、彼はそれを、外国人を意味するのと同じ名称で敵国人を呼ぶことによって、敵国人という名称をできるだけ和らげた祖先の人間愛に帰している。『義務について』*De Off.* lib. ii〔Loeb 版、Harvard U. P. でI. 12〕しかし、当時の生活様式からして、もっとありそうなのは、彼らは非常に獰猛であったために、すべての外国人を敵国人と見なし、両者を同一の名称で呼んだということである。そのうえ、およそ国家がその公共の敵を友好的な眼で見たとか、このローマの雄弁家〔キケロ〕が彼の祖先たちに帰したような感情を敵国人に抱いたということは、最も普通の政策や自然の原則（maxims of policy or of nature）とは両立しない。言うまでもなく、初期のローマ人は、ポリュビオスによって、〔その『歴史』の〕第三巻に残されている、カルタゴとの最初の条約から分かるように、実際に海賊行為を行なっており、したがって、サリ族〔東南ガリアの一種族〕やアルジェリアの海賊と同様に、現実に大部分の国民と戦争しており、したがって、外国人と敵国人とは彼らにはほとんど同義だったのである〔サリ族もアルジェリアの海賊もともに北アフリカのバーバリ海岸から行動した海賊であった。Miller, p. 260 note〕。

供給しない。労働者は自らの熟練と勤労を急には増大できない。未耕作地は、数年間は耕作できない。そのあいだに、軍隊は急激な征服を行なうか、食糧がないために解散せざるをえなくなる。したがって、正規の攻撃なり防衛なりが、このような国民に期待できるはずがなく、彼らの兵士はその国の農業者や手工業者と同じように、どうしても無知で不熟練になるにちがいないのである。

世界のあらゆる物は、労働によって購買される。そしてわれわれの情念が労働の唯一の原因である。ある国民が手工業と機械的技術に富むときには、土地所有者は、農業者と同じく、農業を科学として研究し、自らの勤労と注意を倍増する〔土地所有者も勤労に励むという把握に注意〕。彼らの労働から生じる剰余は失われず、人びとの奢侈が今や彼らに渇望させる財貨をえるために、手工業製品と交換される。このようにして、土地はその耕作者を満足させるものよりも、はるかに多くの生活必需品を供給する。平和で平穏な時代には、この剰余は手工業者と自由学芸の改善者の扶養に向かうのである。しかし、公共にとっては、これらの手工業者の多くを兵士に転換させ、農業者の労働から生じる剰余で彼らを維持することは容易である。したがって、われわれの知るように、これがすべての文明化した統治（civilized government）の場合なのである。主権者が軍隊を徴募するとき、結果はどうなるのであろうか？　主権者は税を課す。この税はすべての人民に生存に最も必要でないものを切り詰めざるをえなくさせる。このような商品〔財貨〕の生産で労働する者は、軍隊の徴募に応じるか、農業に戻るかしなければならず、またその結果、一部の労働者は仕事がないので軍に入隊せざるをえなくなる。だから、事柄を抽象的に考察すれば、手工業者が国家の力を増大させるのは、彼らが十分な労働を、それも公共が誰からも生活必需品も奪わずに要求できるような種類の労働を蓄えるときに限られる。したがって、労働がたんなる必需品の生産を超えて用いられれば用いられるほど、いかなる国家もそれだけ強大になる。なぜなら、その労働に従事する人びとは容易に公共の用務に転換されるからである。手工業のない国家に同数の人手が存在するかもしれない。しかし、同じ量の労働も同じ種類の労働も存在しない。すべての労働は、ほとんど、あるいはまったく減らせない必需品の生産に投じられているのである。

このようにして、主権者の偉大さと国家の幸福は、商工業に関しては、大いに結合している。労働者に、彼とその家族を養う以上の物を土地から生産させるために、労苦を余儀なくさせるのは、乱暴なやり方であり、たいていの場合、実行できない。労働者に手工業と財貨を与えよ。そうすれば、彼は自ら進んでそのような労働に努めるであろう。その後なら、彼の剰余労働の一部分を押さえて、これまでのような報酬を与えずに彼の剰余労働を公役に用いるのは、容易となるだろう。労働者は勤労に慣れているので、何の報酬もなしに、ただちに労働を増やすよう義務づけられる場合よりも、これをより過酷でないと考えるであろう。国家の他の成員に関しても事情は同じである。すべての種類の労働の蓄えが大きくなればなるほど、ほとんど変化を感じられずに、その蓄えからますます多くの量を取りうるであろう。

公共の穀物倉庫、織物倉庫、兵器庫、これらすべては、いかなる国家においても、現実の富であり、力であることが認められねばならない。商工業（trade and industry）は実際に、労働の蓄えにほかならず、平和で平穏な時代には、労働は個人の安楽と満足のために用いられるが、しかし国家の危急の際には、一部は公共の利用に振り向けられるのである。一都市を一種の要塞陣地に変えることができ、公共のために各人に最大の困難をも進んで耐え忍ばせうるほどの、強い武勇の精神と公共善を求める情念とを各人の胸中に吹き込むことができれば、これらの感情は古代におけると同様に今日でも、それだけで勤労への十分な拍車となり、共同社会〈community〉を支えるであろう。そのときには、野営におけるように、すべての技術と奢侈を放逐することが有利となるだろう。そうすれば、備品や食事に制限を加えることによって、軍隊が多数の余分な従者を抱え込んでいる場合よりも、糧秣を長持ちさせることになる。しかし、こうした原理は、あまりにも利害関心をひかず、あまりにも支持しがたいものであるから、人びとを他の情念によって支配し、貪欲と勤労、技術と奢侈の精神によって活気づける必要がある。この場合には、この野営は余分な従者を抱えることになるが、しかし食糧はそれに比例して増えるであろう。全体の調和は依然として維持される。しかも、それは人間の自然の傾向にいっそう合致しているから、公共と同じく個人もこれらの原則の遵守に自らの利益を見出すのである。

これと同じ推論の方法は、臣民の富と幸福と同じく、国家の力を増大するうえでの〈外国〉商業〈*foreign* commerce〉の利益をわれわれに理解させるであろう。外国商業は国民の労働の蓄えを増大する。そして主権者はそのなかで必要と考える分け前を公共の用役に変えることができるであろう。外国貿易は輸入品によって新しい手工業に原料を供給する。またそれは輸出品によって、国内で消費できない特定の財貨に関して労働を創り出す。要するに、多量の輸出入をする王国は、自国産の財貨で満足している王国よりも勤労〈industry〉に富んでいるにちがいないし、しかもその勤労は精巧品や奢侈品に用いられているにちがいない。したがって、こうした王国はいっそう富裕で幸福であるとともに、いっそう強大でもある。個人は、こうした財貨が感覚と欲求を満足させる限り、それらから利益を得る。またより多量の労働の蓄えが、公共の危急に備えて、このようにして蓄積されるあいだは、公共もまた利得者である。すなわち、誰からも生活必需品、さらには主要な生活便宜品を奪わずに公共の用役に転換しうる、より多数の労働者が維持されるのである。

歴史に照らせば、ほとんどの国民の場合、外国貿易が国内手工業のいかなる洗練にも先行し、国内の奢侈を生み出してきたことが分かるであろう。いつも進歩が遅く、珍しくもない国内商品を改良するより、すぐにも使え、われわれにとってまったく目新しい外国商品を使いたいという誘惑のほうが強い。国内において余剰であって価格がつかないものを、土壌や気候がその商品に適さない外国へ輸出する利益もまた非常に大きい。このようにして人びとは、奢侈の〈快楽〉と商業の〈利益〉とを知るようになり、彼らの〈繊細な嗜好〉*delicacy*と〈勤労〉は、一度目覚めると、外国貿易と同じく国内の商取引のあらゆる部門において、彼らにさらなる改良を行なわせるのである。おそらくこのことが外国人との通商から生じる主要な利益である。外国貿易は人びとを安逸から目覚めさせ、国民のなかのより華やかでより富裕な部分の人びとに、彼らが以前には夢想さえしなかった奢侈品を提供して、祖先が享受したよりも素晴らしい生活様式を享受したいという欲望を彼らに抱かせるのである。しかも、同時に、この輸出入の秘密を握っている少数の貿易商人は大きな利潤を得る。彼らは古来の貴族と富を競うようになり、他の冒険者を誘って商業上の彼らの競争相手とならせる。やがて模倣がすべてのこうした技術を広める。そのあいだに、国内手工業が外国人と改良を競い、あらゆる国産商品を可能な最も完全な程度にまで加工するようになる。そのような労働者の手中にある国内産の鋼や鉄は、インド諸国（Indies）の金やルビーに匹敵するようになる。

社会の事情がいったんこうした状態に達すれば、ある国民は外国貿易の大部分を失うかもしれないが、依然として強大な人民であり続けるだろう。外国人がわが国のある特定の商品を買おうとしなければ、われわれはその商品を造る労働をやめねばならない。この働き手たちは、国内で求められる他の商品の何らかの洗練に向かうであろう。彼らが仕事をする原材料はいつもあるにちがいないが、それはついには、富をもつ国家のすべての人が、欲するだけ豊富な国内商品、しかも非常に完成した国内商品を享受するようになるまではそうである。しかし、そうした事態はおそらくけっして生じえない。中国は世界で最も繁栄している帝国の一つとされている。もっとも、自国の領土以外での商業がほとんどないのであるが。

私がここで、機械的技術が多数あることが有利であるのと同様に、こうした諸技術の生産物の分け前にあずかる人びとの数が多いこともまた有利であると述べるとしても、それは余計な脱線とは思われないであろう。市民のあいだの不均衡があまりにも大きいと、いかなる国家も弱体となる。誰も、可能なら、自分の労働の果実を享受すべきであって、すべての生活必需品と生活便益品の多くを十分に保有すべきなのである。誰も疑えないところだが、このような平等は人間本性に最もふさわしいものであり、それが富者の〈幸福〉を減少させるのは貧者の幸福を増大するよりはるかに少ない。そのような平等はまた〈国家の力〉も増大させ、どんな法外な租税や賦課金も、より喜んで支払われるようにさせる。富が少数者に独占されているところでは、この少数者が公共の必要を満たすのに大いに貢献しなければならない。しかし、富が多数の人に分散されているときには、各人の肩にかかる負担は軽く感じられ、租税は誰の生活様式にもさほど目立った相違を生み出さないのである。

これに加えて、富が少数者の手中にあるところでは、この少数者がすべての権力を享受するにちがいなく、全負担を貧民に負わせようと、すぐさま謀り、貧民をさらにいっそう抑圧して、すべての勤労を挫くであろう。

こうした事情にこそ、現在の世界におけるいかなる国民、あるいは歴史の記録に現われたいかなる国民にも勝るイングランドの大きな利点がある。なるほど、イングランド人は、貨幣の豊富の結果だけではなく、一部はその職人の富裕の結果でもある、労働の高価格によって、外国貿易でのいくらかの不利を感じている。しかし、外国貿易は最も重要な事柄ではないから、それは幾百万人もの人びとの幸福と競わされるべきではない。そして、彼らがそのもとで暮らしている自由な政体に、もはや愛着を感じさせるものがないとしても、この幸福がありさえすれば十分であろう。一般民衆の貧困は、絶対君主政の不可避的な結果ではないとしても、自然な結果である。もっとも、他方で私は、一般民衆の富裕は自由の絶対に確実な結果であるということが常に真かどうかには疑問をもつ。自由は、この効果を生むには、特定の偶発的な出来事と、特定の考え方とを伴わなければならない。わがベーコン卿〔フランシス・ベーコン〕は、フランスとの戦争でイングランド人が獲得した大きな優越を説明して、それを主にイングランド人のあいだでの一般民衆の安楽と豊富さの優位に帰しているが、この二王国の統治は、当時はすこぶる酷似していたのである〔Bacon, *Essays*, 29,『随想集』〕。労働者と職人が低賃金で働き、その労働の果実の小さな部分を得ることに慣れているところでは、自らの境遇を改善するか、あるいは賃金をあげようと共謀することは、自由な政体のもとでさえ困難である。しかし、彼らがもっと豊富な生活様式に慣れているところでさえ、恣意的な政体のもとでは、富者が

〈彼らに〉対して共謀して、租税の全負担を彼らに担わせることはたやすい。

フランス、イタリア、およびスペインの一般民衆の貧困が、ある程度、すぐれて肥沃な土壌と幸福な気候のせいであるというのは、奇妙な見解と思われるかもしれない。しかし、この逆説を正当化するいくつかの理由がないわけではない。もっと南方の地方のような素晴らしい沃土や土壌では、農業は容易な業であって、一人の男は、二頭の痩せ馬があれば、地主にきわめて多額の地代を支払うほどの土地を、一季節に耕せるであろう。農業者が知っている技術のすべては、土地が消耗すれば一年休ませることだけである。そうすれば、ただ太陽の温熱だけで、したがって気候の適温が、土地を肥沃にし、その地味を回復するのである。それゆえに、このような貧しい小農に必要なのは、その労働のために質素な生活をすることだけである。彼らにはそれ以上を必要とする資本や富がない。同時に、彼らは永久に地主に依存しているのであって、地主は借地権も与えなければ、劣悪な耕作方法のために土地が台無しになるのを恐れもしないのである。イングランドでは、土地は肥沃ではあるが粗く、多くの費用をかけて耕作されねばならない。そして、慎重に経営されない場合とか、数年のあいだしか十分な利益をもたらさないような方法で経営される場合には、わずかな収穫しか生産しない。したがって、イングランドでは、農業者は相当大きな資本と長期借地権とをもたねばならず、それらはそれに比例した利益をもたらすのである。しばしば一エーカー当たりほぼ五ポンドを地主にもたらすシャンパーニュやブルグンディ〔葡萄で有名なフランスのブルゴーニュ〕の立派な葡萄園は、パンもろくに食べられない貧農によって耕作されている。その理由は、このような貧農が自らの手足と、二〇シリングもあれば買える農耕具以外には、資本を必要としないことである。こうした国では、農業者は一般的に多少ともよりましな境遇にある。しかし、牧畜業者は土地を耕す者すべてのなかで最も安楽な暮らしをしている。この理由もやはり同様である。人びとは費用と危険とに比例した利益を得なければならない。小農や農業者のような、きわめて多数の労働貧民が非常に恵まれない境遇にあるところでは、残りのすべての人びとは、その国民の政体が君主政であろうと共和政であろうと、彼らの貧困を共有しなければならないのである。

われわれは人類の一般史（general history of mankind）に関しても類似の主張ができるであろう。熱帯地方に住む人びとが、かつていかなる技術ないし文明にも達しえず、あるいは統治における治安にも軍事的規律にさえも達しえなかった理由は何か、また一方、温帯の風土の国民で、以上のような利点をまったく奪われた国民がほとんどいない理由は何か？　この現象の一原因は、おそらく熱帯地方の気候の同一の温暖さであろう。それは、住民に衣服や家屋の要求を少なくさせ、したがって勤労と発明への大きな拍車である必要を、一部分取り除いてしまうのである。〈骨折りは人間の心を鋭利にする〉*Curis acuens mortalia corda*（訳注4）。いかなる人びともこの種の財や所有物を享受することが少なければ少ないほど、彼らのあいだに紛争の生じることは少なく、彼らを外敵あるいは相互から保護し防衛するための確固たる治安や正規の権威の必要も少ないのは、言うまでもない。

（訳注4）　ウェルギリウス『農耕詩』第一歌一二三。

論説二　奢侈について（訳注1）

（訳注1）　N版から「技芸における洗練について」に変更。本文の改定も多い。

奢侈は含意の不確かな言葉で、悪い意味にも、良い意味にもとれる。一般にそれは、諸感覚の満足における高度の洗練を意味する。そしてどのような程度の奢侈であれ、時代や国やあるいは当人の境遇によって、無害にも、非難すべきものにもなりうる。奢侈においては、他の道徳的な諸主題にもまして、徳と悪徳の境界を正確に定められない。何らかの感覚を満足させること、すなわち飲食とか衣服とかで、何らかの繊細さに心を傾けること自体が悪徳だと思うことは、熱狂の錯乱によって頭が混乱していない限り、理解しがたい。私は実際に外国のある修道僧の話を聴いたことがあるが、その僧は自分の部屋の窓が勝れた景色に面していたので、その方向を見ない、すなわち、そのような感覚的な満足を享受しないと〈自分の眼と契約〉したというのであった。弱いビールや黒ビールよりもシャンパンやブルグンディ酒〔ブルゴーニュ・ワイン〕を飲む罪はこうしたものである。このような耽溺が悪徳であるのは、ただ気前の良さや慈善のような徳を犠牲にして追求されるときだけである。それは、そのような耽溺のために人が財産を潰し、欠乏して物乞いになるとき、愚かなのと同様である。耽溺がどんな徳も害わず、友人、家族、および恵みや憐れみの対象となるべきすべての人を養うに十分な資財が残っている場合には、道徳的にまったく無害であり、いつの時代にもほとんどすべての道徳家から無害と認められてきたのである。例えば、卓上の奢侈品〔贅沢な食事に〕すっかり心を奪われて、大志や研究や会話の楽しみに少しも興味を感じないのは、愚鈍の徴であり、活力のある気質や性格とは両立しない。友人や家族を顧みずに、このような欲望の満足だけに限って支出することは、人間愛や仁愛に欠けた心を表わすものである。しかし、称賛に値するすべての仕事をなすに十分な時間と、すべての気前のよい目的に使える十分な貨幣を残している場合には、その人は少しも非難や叱責を受けない。

奢侈は無害であるとも、非難されるべきであるとも考えうるので、それについてこれまで抱かれてきた途方もない意見があるのに、人は驚くかもしれない。すなわち、一方では、放縦な原理をもつ人びとは、不道徳な奢侈にさえ称賛を与え、それを社会にとってきわめて有益であると主張しており、他方、厳格な道徳をもつ人びとは最も無害な奢侈まで非難し、それを市民政府に付随するすべての腐敗、無秩序、および党争の源であると説いている。われわれは、ここで以下の論証によって、こうした両極論の修正に努めたい。〈第一に〉、洗練と奢侈の時代(訳注2)は最も幸福でもあれば最も有徳な時代でもあること、〈第二に〉、奢侈が無害でなくなれば、それは必ず有益でもなくなり、さらにそれがもっと深く進めば、政治社会にとって、おそらく最も有害ではないけれども、有害な性質のものとなることである。

（訳注2） N版から「洗練の時代」。

第一の論点を証明するためには、奢侈が〈私〉生活と〈公共的〉生活の両方に与える影響を考察しさえすればよい。最もよく認められた通念によれば、人間の幸福は三つの要素、すなわち活動と快楽と安逸にあると思われる。そして、これらの要素はそれぞれの人の性向に従って異なる割合で混合しているはずであるが、どの一つの要素を欠いても、必ずある程度はその構成全体の風味を壊してしまう。安逸や休息は、実際に、おのずからわれわれの享楽に寄与するとはさほど思われないが、しかし、睡眠と同様に、仕事や娯楽を中断なしには続けられないという、人間本性の弱点にとって一つの耽溺として必要なのである。生気の迅速な動きは、人に我を忘れさせ、主に満足を与えるが、最後には精神を疲れさせ、一定の休息期間を必要とさせる。この休息は、しばらくは心地よくても、長引けば逆にすべての楽しみを害う倦怠と無気力を生み出すのである。教育、習慣、実例には、人の心をこうしたもの〔活動、快楽、安逸〕を追求させるという大きな影響力がある。そして活動と快楽がそれらを好むようになる場合には、それらはその限り人間の幸福に好都合である、と認められねばならない。勤労と諸技術が栄えている時代には、人びとは絶えず仕事に従事し、自らの労働の果実である快楽とともに、仕事自体も自らの報酬として享受する。精神は新しい活力を獲得し、その威力と能力を増大する。そして実直な勤労に精励することによって、精神の自然な欲望を満足させるとともに、安易と怠惰によって養われるときに通常生じる、不自然な欲望の増大を妨げもするのである。こうした諸技術を社会から放逐すれば、人びとから活動も快楽も奪う結果になるだろう。またそれらに代わって安逸以外の何ものも残さなければ、それは安逸に対する好みを壊してしまいさえする。というのは、この安逸は、労働のあとに続き、仕事のしすぎと大きな疲労のために消耗した生気を回復する場合を除けば、けっして心地よいものではないからである。

（訳注3） N版から「洗練」。

勤労と機械的技術における洗練のもう一つの利益は、それらが通常、自由な学芸に洗練を生み出すことである。また一方は、ある程度、他方を伴わなければ、完成されえない。偉大な哲学者や政治家、有名な将軍や詩人を生み出す時代は、通常、熟練した織布工や船大工がたくさんいる。天文学を知らない、あるいは倫理学を軽視する国民において、一枚の毛織物が完全に織られるとは、当然、期待できない。時代の精神はすべての技芸に影響を及ぼす。そして人間精神は、一度無気力から呼び覚まされ、発奮させられると、それは四方八方に関心を伸ばし、あらゆる技術と科学に改善をもたらす。深刻な無知はすっかり駆逐され、人びとは理性的被造物の特権を享受して、活動するとともに思索もし、身体の快楽とともに精神の快楽も陶冶するようになる。

これらの洗練された技芸が発展すればするほど、人びとはより社交的となる。また、学問に富み豊富な会話をもつ場合には、人びとが孤独のままでいるか、あるいは無知で未開な諸国民に特有の、あの疎遠な仕方で同胞市民と暮らして満足することは、ありえない。彼らは都市に集まり、知識を得るとともに知識を伝えたがり、自分たちの機知や育ちを披露し、また会話や暮らし、衣服や家具の嗜好を見せたがるのである。好奇心は賢者を、虚栄心は愚者を、そして快楽は両者を魅了する。個々のクラブや協会がいたるところに形成され、男女は気安い社交的な様式で出会う。そして人びとの行動とともに彼らの気質もまたすばやく洗練を遂げる。それゆえ、知識と自由学芸から受け取る改善のほかに、一緒に会話し、お互いの快楽と愉楽に寄与するという習慣そのものから、彼らは人間性（humanity）の高まりを感じないではおられないのである。このようにして、〈勤労〉（訳注4）と〈知識〉と〈人間性〉とは、分解できない鎖で結合されており、それらがいっそう洗練された、奢侈的な時代に特有なものであることは、理性からと同様に経験からも分かるのである。

（訳注4）　N版からここに「一般的にそう呼ばれているのであるが」が挿入。

また、こうした利益は、何らかの比率で、不利益を伴うわけでもない。人びとが快楽に関して洗練の度をませばますほど、どんな種類の快楽にも過度に耽ることはますます少なくなる。なぜなら、度を越すことほど真の快楽を害うものは他にないからである。タタール人（訳注5）は、屍馬をご馳走にするが、そのとき彼らは、あらゆる料理に洗練を極めるヨーロッパの宮廷人よりも、より頻繁に、野蛮な大食の罪を犯していると断言して差し支えないだろう。また、たとえ放縦な恋愛とか、さらに婚姻の床に対する不貞とかは、しばしばほんの小さな艶事（gallantry）と見なされる文明時代（polite ages）にいっそうよくあるとしても、一方この時代には、泥酔ははるかに珍しい。泥酔は、いっそう憎むべきで、心身の両方にいっそう有害な、悪徳である。この問題では、私はオウィディウスのような人やペトロニウスのような人だけではなく、セネカのような人やカトーのような人にもまた訴えたい。カティリナ陰謀〔ローマ共和政末期の国家転覆陰謀事件で、首謀者はルキウス・カティリナ〕の際、カエサルはカトー自身の妹であるセルウィリアとの密通を明かした〈恋文〉をカトーに手渡さざるをえなくなったが、そのとき、あの厳格な哲学者は激怒してその恋文を彼に投げ返した。そして憤怒のあまり、もしそれを使えばもっと公正にカエサルを非難できたはずの言葉よりも、もっと口汚い言葉として、彼を呑んだくれとなじったことが知られている。

〔訳注5〕　タタール人というのは、モンゴル人やトルコ人を含む、アジアの草原・砂漠地帯の遊牧民を意味している。Miller, p. 271 note.

しかし、勤労、知識、人間性は私生活にだけ有益なのではない。なぜなら、それらは〈公共〉にも有益な影響を及ぼし、個人を幸福にし、繁栄させるのと同様に、政府を偉大にし、繁栄させるからである。生活の装飾と快楽に役立つすべての商品の増加と消費は社会に有益である。なぜなら、それらは個人の罪のない満足を増すと同時に、一種の労働の〈貯蔵所（*storehouse*）〉となって、国家危急の際に、公共の用務に向けうるからである。このような余剰品に対する欲求のない国では、人びとは安逸に沈み、生活のすべての楽しみを失い、公共の役に立たなくなる。公共はこのような怠惰な成員の勤労によってはその陸海軍を維持できないのである。

ヨーロッパのすべての王国の国境は、現在、二〇〇年前のものとほとんど同じである。だがそれらの王国の力と偉大さ（**grandeur**）とにはなんと相違があることか？　これを技術と勤労の増大以外のせいにはできない。フランスのシャルル八世がイタリアを侵略したとき、彼はおよそ二万人の兵士を率いていた。しかし、この軍備は、グイッチャルディーニから知られるように〔『イタリア史』第一―二巻〕、フランスの国民をあまりにも疲弊させたために、その後の幾年間はフランスの国民はあまり大きな軍事行動ができなかった。フランスの前王〔ルイ十四世〕は、戦時には四〇万以上の兵士に給与を払い続けた。(1) もっとも、マザランの死後、自分が死ぬまでほぼ三〇年間続いた諸戦争に彼は従事したのであるが。

この勤労は技術と奢侈の時代〔訳注6〕から切り離せない知識によって非常に促進されるが、他方、この知識は公共

(the public) がその臣民の勤労を最大限に利用することを可能にする。法律、秩序、治安(police)、規律、これらのものは、人間の理性が訓練によって、また少なくとも商工業(commerce and manufacture)というより通俗的な技術(vulgar arts)への援用によって、洗練されないうちは、いかなる程度の完成に達することもないであろう。巧みに紡ぎ車を造るか、あるいは織機を使う方法を知らない人びとによって統治組織がうまく樹立されると期待できるだろうか? 言うまでもなく、すべての無知な時代には迷信が蔓延り、それは統治組織を混乱させ、人びとの利益と幸福の追求を妨げるのである。

(訳注6) N版から「技術と洗練の時代」。

統治術の知識は、臣民を反乱に駆り立て、しかも赦免の望みをすべて絶つことにより服従に復帰できなくさせる厳正さと厳格さに勝る、慈悲深い原理(humane maxims)の利益を人びとに教えることによって、自然に穏和と節度を生み出す。知識が改善されると同様、人びとの気質が和らげられるとき、この人間性はなおいっそう顕著に現われ、文明時代(civilized age)を野蛮(barbarity)と無知の時代から区別する主な特徴となる。文明時代には、党争はより根深くなくなり、革命は悲惨さを減じ、権威は過酷さを緩め、騒乱(sedition)はより稀になる。外国との戦争でさえ残忍さを減じるのであって、戦闘——そこでは名誉心と利益が、恐怖心とともに同情心に対しても人の心を無情にする——が終われば、兵士は獣性を脱ぎ捨て、人間にたち帰るのである。

(1) ヴァンドーム広場の碑文には四四万とある。

人びとが大胆さを失うことによって、武勇心を失うか、あるいは自らの祖国や自由を防衛する勇気と気力に欠けるようにならないか、と懸念するには及ばない。技芸には精神や肉体を弱めるような影響はない。それどころか、技芸と切り離せない付属物である勤労が精神と肉体に新しい力をつけ加える。そして、たとえ勇気を刺激すると言われる怒りが、上品さと洗練によってその荒々しさをいくらか失うとしても、より強靭、不動で、制御しやすい原理である名誉の感覚が、知識と優れた教育から生じる才能の向上によって、新たな活力を獲得する。これに加えて、この勇気というものも、野蛮民族のあいだにはめったに見出せない規律と軍事的熟練を伴うのでなければ、持続性も有用性もありえない。古代人は、ダタメスだけが戦術を知っているただ一人の野蛮人（barbarian）であったと述べた。またピュロスは、ローマ人がその軍隊を相当の技術と熟練によって指揮するのを見て、〈これらの野蛮人には規律では少しも野蛮なところがない！〉と感嘆の声を漏らしたのであった。観察できるように、古い時代のローマ人が、戦争に専念することによって、軍規をもったほとんど唯一の非文明民族であったように、現代のイタリア人は、ヨーロッパ人のうちで、勇気と武勇心を欠く唯一の文明国民である。イタリア人のこの柔弱さを彼らの奢侈や上品さ、あるいは技芸への専念に帰そうとする人びとは、技芸の愛好、および商業での精励と同様に、勇敢さでも争う余地のないフランス人とイングランド人を考えてみるだけでよい。イタリアの歴史家たちは自国民のこの堕落に対して、もっと納得のいく理由を挙げている。彼らはイタリアのすべての主権者からいかにして武器がすぐさま手放されたかを示している。ヴェネツィアの貴族政はその臣民を嫉妬したが、一方、フィレンツェの民主政はもっぱら商業に精力を注いだ。ローマは僧侶によって統治され、ナポリは女性によって統治された。したがって、戦争は運をあてにする兵士たちの業務となった。彼らは互いに容赦し、まったく驚いたことには、陽のあるうちは彼らのいう戦闘にもっぱら従事し、夜には少しも血を流さずに陣営に戻れたのである。

厳格な道徳家をして奢侈と快楽における洗練[訳注7]に抗議するように導いたものは、主に古代ローマの実例である。古代ローマは、その貧困と質朴に美徳と公共心とを加えて、あのような驚嘆すべき偉大さと、大いなる自由とに到達したのだが、征服した地方からギリシアとアジアの奢侈[訳注8]を知って、あらゆる種類の腐敗に陥り、そのために騒擾と内乱が発生し、ついに自由の全面的な喪失が伴ったのである。われわれが幼い頃に熟読するラテンの古典は、すべてこうした感情に満ちており、常に彼らの国家の滅亡を、東方から輸入された技芸と富のせいにしている。こういうわけで、サルスティウスは絵画の趣味を淫蕩や飲酒にも劣らぬ悪徳（vice）だと説いている。そしてこのような感情がローマ共和国の後期にきわめて広まったために、この著述家のものには、彼自身が新しい奢侈と腐敗との最もひどい例であるにもかかわらず、昔の厳格なローマ人の徳に対する称賛がふんだんに見られる。また彼は世界で最も優雅な著述家であるにもかかわらず、ギリシア人の雄弁を軽蔑して語っている。いな、彼は、趣味と端正との模範であるにもかかわらず、この目的のために笑止千万な脱線をして熱弁をふるっているのである。

（訳注7）　N版から「技術における洗練」。
（訳注8）　M版から「アジアの奢侈」。

しかし、こうした著述家たちがローマ国家の無秩序の原因を誤解して、実際には統治組織の欠陥と無制限に拡大した征服から生じたものを、奢侈と技術のせいにしたことを証明するのは、たやすいであろう。奢侈あるいは快楽の洗練（訳注9）には、金銭づくの行動や腐敗を生む自然的な傾向は存在しない。すべての人がある特定の快楽に置く価値は比較と経験に依存しているのであって、ベーコンやブランデーに貨幣を使う荷物運搬人が、シャンパンやオルトラン〔黄喉アオジという小鳥で肉が美味〕を買い入れる宮廷人よりも貨幣欲が深くないというわけではない。富がすべての時代にすべての人にとって価値があるのは、人びとがなじんでおり、欲しいと思うような愉楽品を、それがいつも購買できるからである。名誉と徳の感覚のほかには、貨幣欲（**love of money**）を抑制したり規制したりできるものは他に何もない。そして名誉心と徳の感覚は、すべての時代を通じてほぼ同等というわけではないとすれば、奢侈と知識の時代（訳注10）におのずから最も多く見られるであろう。

（訳注9） N版からでは「生活の愉楽品と便益品とにおける洗練」。
（訳注10） N版から「知識と洗練の時代」。

すべてのヨーロッパの王国のうちで、ポーランドは、平和の技術とともに戦争の技術においても、また自由学芸とともに機械的技術においても、最も欠陥が多いと思われる。にもかかわらず、金銭づくの行動（**venality**）と腐敗が最も蔓延っているのはこの国である。この国の貴族たちは王位の選挙制を保持してきたが、その目的は王位を最高の値で買ってくれる人にいつも恒常的に売り渡すことにほかならなかったと思われる。これはその国民が知っているほとんど唯一の種類の商業なのである。

イングランドの自由は、奢侈と技術の（訳注11）起源以来、衰退するどころか、当の期間中ほど繁栄したことはなかった。だから、近年、腐敗（**corruption**）が増えているように見えているとしても、このことはわが国王たちが議会なしに統治するか、あるいは国王大権という幻によって議会を脅かすことは不可能だと悟ったときに確立された、われわれの自由に主として帰すべきものである。言うまでもなく、こうした腐敗ないし金銭づくの行動は、選挙される者よりもむしろ選挙人たちのあいだにはるかにより広まっている。したがって、それを何か奢侈における洗練のせいするのは正当ではありえない。

(訳注11) N版からは「技術の改善」。

この問題を適当な光に照らして考察すれば、奢侈と技術(訳注12)は自由にとってむしろ好ましく、自由な政治を生み出さないまでも、それを維持する自然の傾向をもつことが分かるであろう。技術がなおざりにされている粗野な未開国民にあっては、すべての労働が土地の耕作に投じられ、社会全体が土地所有者とその従属者すなわち借地人との二つの階級に分かれている。後者はどうしても隷属的であって、奴隷制や隷属状態に適合しており、彼らが富を持たず、その農業上の知識が尊重されない場合にはことにそうである。もっとも、技術が軽視される場合にはいつもきまってそうなるのではある。土地所有者はおのずから小暴君となる。しかも平和と秩序とを維持するためには、一人の絶対君主に服従せねばならず、またその独立を保とうとすれば、ゴート族の領主たち(訳注13)のように、互いに反目抗争して社会全体を最も専制的な政治よりも、おそらくはもっと悪いような混乱に陥れるにちがいない。しかし、奢侈が商業と手工業を育成するところでは、農民は土地の適切な耕作によって富裕になり独立する。一方、商工業者(tradesman and merchants)は財産の分け前を獲得し、社会の自由の最も優れた最も強固な基礎である、あの中産階級に権威と尊敬をもたらす。こうした人びとは、農民のように貧困と卑屈から奴隷状態に甘んじるということがなく、また諸侯のように他人に圧制を加えようとも欲しないから、この欲望を充足させるために君主の圧制を許す気にもならない。彼らは自分たちの財産を保証し、貴族政の圧政だけではなく王政の圧政からも自分たちを守ることのできる、平等な法律を渇望するのである。

（訳注12） N版から「技術の進歩」。

（訳注13） O版から「古代の諸侯（barons）」。

下院はわれわれ人民の政治の擁護者であって、下院の主要な影響力と重要性が、財産のこのような剰余を庶民の手にもたらした商業の増大だったことは、全世界の認めるところである。したがって、奢侈、あるいは技術の洗練（訳注14）をこのように激しく非難し、それを自由と公共心の滅亡の原因だと説くのは、いかに矛盾したことだろうか！

（訳注14） N版から「奢侈、あるいは」は削除され「技術の洗練」のみとなる。

現代に抗議し遠い祖先の徳を賛美するのは、人間性に内在すると言える性向である。そして、まさに文明時代の見解や意見だけが後世に伝えられるために、われわれは奢侈のみならず学問さえ非難する、かくも多くの厳しい判断に出会うのである。またそのゆえにこそ、われわれは現在こういう厳しい判断にこれほどたやすく同意を与えもする。だが、それが誤りであることは、時代を同じくするさまざまな国民を比較すれば、容易に理解できる。そしてこの場合には、われわれはもっと公平に判断できるし、またわれわれが十分に知っている生活慣習により、正しく反対もできるのである。すべての罪悪のうち最も有害で憎むべき変節と残虐は、非文明時代に特有のものと思われるが、洗練されたギリシア人やローマ人は、それらを彼らを取り巻いていたすべての野蛮な諸部族に帰したのであった。彼らが、自分たちの祖先は非常に高名ではあったが、自分たちよりも優れた徳をもたず、また趣味や学問におけると同様に、名誉心や人間性においても、後代の人びとよりも劣っていたであろうと推測したのは、妥当なことであろう。古代のフランク人やサクスン人などは非常に称賛されるかもしれない。だが、誰でもその生命や財産を、最も文明の進んだ諸国民のなかで、とくに文明的な階層である、フランスやイングランドの紳士の手に預けるよりも、ムーア人やタタール人に預けるほうが安全性は低いと考えるはずだ、と私は信じている。

さて今やわれわれが例証したいと思う〈第二の〉問題を論じるときである。すなわち、道徳的に無害な奢侈、すなわち快楽における洗練(訳注15)は国家に有益であるが、同様に奢侈が道徳的に無害でなくなれば、それはまた有益でもなくなり、さらにもう一歩進めば、政治社会にとって、おそらくは、最も有害ではないにせよ有害な性質のものになり始めるということである。

(訳注15) N版から「快楽における洗練」が「技術と生活便益品の洗練」。

不道徳な奢侈と呼ばれているものを考察することにしよう。欲望の充足は、それがいかに官能的なものであろうと、それ自体を不道徳と見なすことはできない。およそ欲望の充足は、それがある人の支出のすべてを占めてしまい、その人の地位や財産のゆえに世間から求められるような義務の行為や寛大な行為をおこなう能力を失わせる場合にだけ、不道徳なのである。今かりに、その人がこの悪徳を改め、支出の一部を子女の教育や友人への援助や、貧民の救済に用いるものとすれば、それはいったい社会に何か害をもたらすだろうか?　いな、それどころか、今までと同量の消費が生じ、つまらぬ欲望の充足を一人に与えるために今は用いられているにすぎぬ労働が、貧窮者を救済し、数百年の欲望を充足するであろう。クリスマスの一皿のえんどう豆を作るのと同じだけの苦労と骨折りとは、六ヵ月のあいだ、一家族全体にパンを与えるであろう。不道徳な奢侈がなければ労働はまったく使用されなかったであろうと言ってみても、それは人間性には怠惰や利己心や他人に対する無関心というような、これとは別の欠陥がいくつかあり、毒をもって毒を制することがあるように、奢侈はこういう欠陥をある程度矯正する手立てを与える、というだけのことである。だが、毒がいかに矯正されても、美徳は完全な食物に似て、毒よりもよいものである。

今かりに、現在の大ブリテンと同数の人びとが大ブリテンと同じ土壌と気候をもっていると仮定しよう。そうすれば、考えうる最も完璧な生活方法によって、また万能の神自らが彼らの気質と性質にもたらしうる限りの改革によって、彼らがもっと幸福になることは果たして不可能なことだろうか？　彼らがさらに幸福にはなりえない、と主張するのは明らかに道理を欠くと思われる。というのは、その国土は現在のすべての住民よりも多くを維持できるのだから、このようなユートピア国家においては、人びとは体の病気から生じる害悪以外のどんな害悪も感じるはずがないからである。しかも、こうした病気から生じる害悪は人間の不幸の半ばも占めてはいない。これ以外の害悪は、われわれ自身のものであれ、すべて何らかの悪徳から生じる。またわれわれの病の多くさえ、これと同じ源から生じる。悪徳を除去せよ、そうすれば害悪もそれに従って除かれる。だから、われわれはすべての悪徳を取り除くようにこそ注意しなければならないのである。一部を除去しただけでは事態はかえって悪くなるだろう。〈不道徳な〉奢侈を駆逐しても、怠惰や他人への無関心を矯正しなければ、国家の勤労を減少させるだけで、人びとの慈善や雅量には何もつけ加えないだろう。したがって、一国に二つの相反する悪徳があることは、それらのいずれか一方だけがあるよりもおそらく有益であろう、と主張することで満足しよう。ただし悪徳自体を有益だとはけっして言うまい。ある著者が、ある箇所では道徳的栄誉は政治家が公益のために創り出したものだと主張し、他の箇所では悪徳が社会に有益であると主張しているのは、甚だしい矛盾ではないか？(2) まったくのところ、社会にとって一般に有益な悪徳というものを論じるのは、どのような道徳体系にとっても、用語上の矛盾以外の何ものでもないように思われる。(訳注16)

(訳注16) ここにP版での加筆がある。「濫費は技術の洗練と混同されてはならない。この悪徳は文明時代にはるかに少ないとさえ思われる、勤労と利得とは、中下層の人びとのあいだに、またすべての多忙な職業の人びとのなかに、この節倹を生み出すのである。なるほど、上層の人びとは快楽をえることがいっそう頻繁になるため、それにより引きつけられると主張できるかもしれない。だが、怠惰はいつの時代にも濫費の大きな源である。そして、より良い享楽を知らない場合にも人びとが同じように魅了される快楽や虚栄は、どの時代にもあるのである。言うまでもなく、未開時代に支払われていた高利は、土地貴族の財産を速やかに消費し、彼らの窮乏を増加させている」。これはH－O版にはない。P版では本文、Q版では脚注——R版による。

私はこの推論を、イングランドで大いに論争されてきた哲学上の一問題にいくらか光をあてるために必要と考えた。私はそれを〈哲学的な〉問題と呼び、〈政治的な〉問題とは呼ばない。というのは、人類にあらゆる種類の徳を与え、あらゆる種類の悪徳から彼らを解放するような、人類の奇蹟的な変容の結果がどのよ

(2) 『蜂の寓話』〔マンデヴィルの主著〕。

うなものであろうと、そのことは、可能なことだけを目指す政治家には無縁だからである。彼はあらゆる悪徳を徳に転換して矯正することはできない。彼はある悪徳を別の悪徳で矯正することしかできぬことがきわめて多い。そしてその場合には、彼は社会にとって最も害の少ないものを選ぶべきなのである。奢侈は、度を越せば多くの害悪の源となるが、しかし一般的には、不精や怠惰よりはましである。不精や怠惰は、普通は奢侈の後を襲うであろうし、私人と公共のいずれにとってもより有害である。不精が支配する場合には、卑しい、文化のない暮らし方が個人のあいだに支配的となり、社交もなければ享楽もなくなる。このような状態では、たとえ主権者が自分の臣民の労務を要求するとしても、国家の労働は、ただ労働する者に生活必需品を供するのに足りるだけで、公共の用務に従事する人びとには何も与えられないのである。

論説三　貨幣について

貨幣は、適切に言えば、商業の対象の一つではなく、財貨相互の交換を容易にするために人びとが承認した道具にすぎない。それは交易の車輪のどれでもない。それはその車輪の動きをより滑らか、かつ容易にする油なのである。もしわれわれがどこかある一国だけをとって考察するならば、貨幣量の多いか少ないかは何ら重要ではないことは明らかである。なぜなら、財貨の価格は貨幣の多さに常に比例するからであり、ヘンリ七世時代〔在位一四八五―一五〇九年〕の一クラウンは、現在の一ポンドが果たしているのと同じ目的に役立ったからである。貨幣のより多くの豊富から何らかの利益を引き出すのは〈公共〉だけであり、それも外国と戦争や交渉をするときだけである。そしてこれこそ、カルタゴから大ブリテンやオランダにいたるまでの、すべての豊かな商業国が傭兵軍を用いた理由であり、彼らは近隣の貧しい国から傭兵軍を雇ったのである。もしそれらの国が自国の臣民を用いなければならなかったとすれば、それらの国は、その優れた富から、また自らの金銀の大いなる豊富から、利益を受けることが少ないことが分かったであろう。なぜなら、それらの国のすべての公僕への支払いは、公共の富裕に比例して高騰するにちがいないからである。わが国のわずか二万人の陸軍は、その三倍(訳注1)も多いフランスの陸軍と同額の経費で維持されている。今次の戦争中(訳注2)、イングランドの艦隊は、皇帝時代に全世界を服従させたローマの軍団のすべてと同額の貨幣を、その維持に要したのであった。(1)

(訳注1) Q版からは「二倍」。
(訳注2) オーストリア継承戦争(一七四二―四八年)。ヒュームは一七四六年のセント・クレア将軍のフランス海岸地方、ブルターニュへの攻撃に随行し、ウィーンとトリノにも外交案件のために滞在した。ヒュームは遠征の記録を書き、法務官としての報酬を得た。その記録は「ブリタニー〔ブルターニュ〕海岸の急襲」(Descent on the Coast of Brittany) として知られる草稿である。Mossner, *The Life of David Hume*, 2nd ed. Oxford U.P., pp. 187-204を参照。

国民の数がより大きく、彼らの勤労がより大きければ、すべての場合に、すなわち国内でも国外でも、私的にも公共的にも、有益である。ところが、貨幣のより大きな豊富は、その用益がきわめて限られており、ときには外国人との通商において、一国民の損失となることさえありうるであろう。

人間の事柄には、交易と富の増大を抑えて、それらをある一国民に完全に閉じ込めてしまうのを妨げるような、いろいろな原因の幸福な協同(happy concurrence of causes)があるように思われる。とはいっても、はじめのうちは、確立した商業の有利さが当然のことながら恐れられるであろう。ある国民が交易(trade)において他の国民に先んじている場合、後者がその後れを取り戻すのは、前者のより優れた勤労と技能のために、また前者の貿易商人がより大きな資本をもち、それだけ低い利潤で交易を営むことができるために、きわめて難しい。しかし、こうした諸利益は、大規模な商業がなく、金銀もあまり豊富ではない、あらゆる国民の労働の低価格によって、ある程度、相殺される。したがって、手工業は次第にその立地を変え、自らがすでに富ませた国や地方を去って、食糧と労働の安価によって誘われるところへ、他の国や地方へ飛んでいくのである。そして手工業はこれらの国や地方を富裕にし、今度はまた同じ原因で駆逐されることになる。したがって、一般に、貨幣の豊富に由来する、あらゆる物の高価は、確立した商業に伴う不利益であり、すべての海外市場において貧国が富国よりも安く売ることを可能にして、どんな国の商業にも制限を加

---

(1) ローマの歩兵隊の兵卒は、一日一デナリ〔古代ローマの貨幣単位、デナリウス銀貨〕を貰ったが、それは八ペンスより若干少ない。ローマ皇帝は普通、二五軍団に報酬を支払っており、一軍団五〇〇〇人として一二万五千人になる。タキトゥス『年代記』第四巻第五。この軍団に補助兵もいたのは事実であるが、その数はその給与とともに不確かである。軍団の兵士だけを考えると、兵卒の給与は一六〇万ポンドを超えることはなかっただろう。ところで今次の戦争中、議会は海軍に通常、二五〇万ポンドを与えた。したがって、われわれのほうがローマの軍団の将校と他の経費よりも九〇万ポンド多いのである。ローマの陸軍にはすべての現代のわれわれの部隊――スイスの部隊のあるものを除いて――で雇われる将校と比較して、ごく少数の将校しかいなかったと思われる。しかも、この将校たちの俸給はごくわずかなものであった。例えば、百卒長の場合は、普通の兵士の二倍にすぎなかった。なお、軍人は給与のうちから自分の衣服、武器、テント、および行李を買ったので(タキトゥス『年代記』第一巻一七)、これもまた陸軍の他の経費をかなり減少させたにちがいない。あの強力な政府の経費はさほど高くついたわけではなかったので、それだけ世界の支配は容易だったのである。そしてまったくのところ、これは先の計算から得られるより自然な結論なのである。というのは、エジプトの征服後、ローマには現在ヨーロッパの最も富裕な国にあるのとほとんど同じほど豊富に貨幣があったと思われるからである。

える、とわれわれは述べてよいであろう。

このことは、すべての国民に有利であるときわめて一般的に見なされている〈銀行〉と〈紙券信用〉の便益に関する疑問を私に抱かせた。交易と貨幣の増大によって食糧と労働とが高価となれば、それは多くの点で不利益であるが、しかし避けがたい不利益であり、われわれのすべてが願う目的である公共の富と繁栄の結果なのである。この不利益は、これらの貴金属の所有からわれわれが刈り取る利益や、外国とのすべての戦争や交渉の際に、貴金属が国民に与える重要性によって償われる。しかし、その不利益を模擬貨幣の使用で増大させるべき理由はないように思われる。この貨幣は、外国人がどんな支払いにおいても受け取らぬものであり、国家のいかなる大きな無秩序もそれを無に帰すはずのものである。なるほど、あらゆる富国では、安全さに勝れる紙幣をより選好するであろう、巨額の貨幣をもった多くの人がいる。それは輸送がより容易であり、管理がより安全だからである。もし公共が銀行を設けなければ、以前にロンドンの金匠たちがしていたように、あるいは現在ダブリンで銀行家たちがしているように、私営の銀行家たちがその事情を利用するであろう。したがって、公営の会社（public company）が、あらゆる富裕な王国にいつも生じるはずの、あの紙券信用の利益を得るのがより結構であると考えられるかもしれない。しかし、このような信用を人為的に増やそうと努力することは、いかなる商業国（trading nation）の利益でもありえない。むしろ、それは貨幣をその労働と財貨に対する自然的な比率以上に増加させ、その結果、商人と手工業者に対して、それらの価格を高騰させることによって、国民を不利益のもとに置くにちがいない。したがって、この見解によれば、受け取った貨幣をすべてしまいこみ(訳注3)、通例のように、財宝の一部を商業に戻して流通鋳貨を増やすことを、けっしてしない銀行ほど、有益な銀行はありえないことが認められなければならない。公営銀行は、私営銀行家と手形仲買人（money-jobbers）の取扱量を多く削減するであろう。そして国家はこの銀行の支配人と出納係の給料を支払う責任があるが（というのは、前述の想定によれば、この銀行は取引から利益を得ないだろうからである）、労働の低価格と紙券信用の破壊の結果として生じる国民的利益（national advantage）は、十分な償いとなるであろう。言うまでもなく、ただちに扱える多額の貨幣は、重大な公共の危機や苦難のときには便利であろう。そしてこの貨幣のうち使用された部分は、平和と平穏が国民に回復したときに、ゆっくり返済できるであろう。

（訳注3）　K版での追加「これはアムステルダム銀行にあてはまる」。

しかし、この紙券信用の主題については、われわれは、この後もっと十分に扱うことになる。そこで私は、わが思索的な政治家の思想を採用するのにおそらく役立ちうる、二つの見解を提案し説明することによって、この貨幣に関する論説を終えることにする。（訳注4）というのは、私はいつもこれらの人びとにのみ話しかけているからである。私は、今の時代に、ときとして哲学者の性格に与えられる嘲笑には甘んじるが、投機家に与えられるべき嘲笑をそれにつけ加えたくはない、ということで十分である。

（訳注4）「というのは」以下はQ版からは削除。

一、金銀がギリシア人には、計算と算術のうえで役立つほかは、少しも役に立たないように思われたのは、自国で貨幣を見たことのないスキタイ人アナカルシスの鋭い観察であった。(2) 貨幣が労働と財貨との代表以外の何ものでもなく、それらを秤量し評価する手段として役立つだけであることは、実際に明白である。

鋳貨がより豊富にある場合には、同量の財（goods）を代表するのに、より多量の貨幣が必要となるから、ある国民をそれ自体として考察すれば、それは善悪いずれの影響も与ええない。それは、商人が少ない文字で済むアラビヤ式記数法の代わりに、多くの文字を用いるローマ式記数法を用いなければならないとしても、帳簿に変化が生じないのと同様である。それどころか、多量の貨幣は、ローマ数字のように、むしろ不便であり、その保蔵にも運搬にもより多くの労苦を要する。しかし、正しいと認められなければならないこの結論にもかかわらず、アメリカにおける鉱山の発見以来、それらの鉱山の所有国を除くヨーロッパのすべての国民において勤労が増加したことは確かであって、それは他の理由があるなかで、とくに金銀の増加に原因を求めるのが正当だと言えよう。こうしてわれわれは、貨幣が以前よりも多量に流入し始めるあらゆる国において、あらゆる物が新しい様相を呈することを見出す。すなわち、労働と勤労とは生気を帯び、商人はより企業的となり、手工業者はいっそう勤勉と熟練を増し、農民でさえより敏速かつ注意深く鋤で耕すようになる。この説明は、もしわれわれが、より豊富になった鋳貨が、この国自体において財貨の価格を騰貴させ、各人にその購買するあらゆる物に対して、より多数の小さい黄色や白の鋳貨を支払わざるをえなくするという影響だけを考察するならば、容易ではない。外国貿易については、非常に多量の貨幣は、あらゆる種類の労働の価格を騰貴させて、むしろ不利益である、と思われる。

（2）プルタルコス〈徳の完成した人が、どうしてこれら〔金銀〕に関心をもつことなどありえようか *Quomodo quis suos profectus in virtute sentire posit*〉。〔Plutarch, *Moralia*『道徳論集』〕

そこで、この現象を説明するためには、われわれは次のことを考察しなければならない。すなわち、財貨の高価格は、金銀の増加の必然的結果であるけれども、しかしこの増加に続いてただちに生じるものではなく、貨幣が国家の全体に流通し、その影響がすべての階級の人びとに及ぶまでには、いくらかの時間が必要である。最初は、何らの変化も感じられないが、まず一つの財貨から他の財貨へと次第に価格が騰貴して行き、ついにはすべての財貨の価格がこの国にある貴金属の新しい量にちょうど比例する点に到達する。私の意見では、金銀の量の増加が勤労にとって有利なのは、貨幣の獲得と物価の騰貴とのあいだの間隙、あるいは中間状態においてだけである。どれだけの量の貨幣が一国に輸入されるとしても、はじめは、それは多くの人手には散布されず、少数の人びとの金庫にだけ入り、その人びとはただちにそれを有利に使用しようとするのである。ここに一組の手工業者と商人がいて、彼らがカディス〔スペインの港町で、西インド諸島から金銀地金が入った〕[訳注5]へ送った財と引き換えに、金銀で報酬を受け取ったと仮定しよう。このことによって、彼らは以前よりも多くの職人を雇うことができるようになる。というのは、その職人たちはより高い賃金を要求するとは夢にも思わず、このような良い支払い主に雇われることに喜んでいるからである。職人が稀少になれば、手工業者はより高い賃金を支払うが、しかしはじめは労働の増加を求める。そしてこれは職人に喜んで受け容れられる。というのは、職人は今やより良い飲食ができて、追加の労苦と疲労とを償うからである。職人は、自分の貨幣を市場へ持っていくが、そこではあらゆる物が以前と変わらない価格であることを知り、家族の使用のために、より多くの量の、より上等の種類のものを持ち帰る。農民や園芸家は、彼らの財貨が売り尽されたことを知って、より多くを栽培するためにてきぱきと労働する。同時に、彼らは、手工業者から、以前と同じ価格で、より良質の織物をより多く入手できるようになるのであり、彼らの勤労はこの新しい利得分だけ刺激を受けるにすぎないのである。貨幣が国家全体を流れていくのを辿ることはたやすい。その場合、貨幣は労働の価格を騰貴させるよりも前に、まずあらゆる個人の勤勉を増大させるにちがいないということが、われわれには分かるだろう。

（訳注5） Q版から「もっと有利に」は「有利に」と変更。

そして正貨がこの後者の結果〔労働の価格の騰貴〕をもたらす以前に、相当の速さで増加しうるということは、いろいろと例があるなかでも、あのフランス王の頻繁な貨幣操作から明らかだと思われる。そこでは、計算上の価値の増大は、少なくともある期間は、それに比例した物価上昇を生み出さなかったことがいつも見られたのである。ルイ十四世の最後の年〔一七一五年〕に、貨幣は七分の三引き上げられたが、物価は七分の一騰貴しただけであった。フランスでは現在、穀物は一六八三年に売られたのと同じ価格で、すなわち同数のリーブルと引き換えに、売られている。ところが、銀は当時一マーク〔マークは中世ヨーロッパの金銀の重量で、通常八オンス〕の量が三〇リーブルであり、現在は五〇リーブルなのである。(3) 前者〔ルイ十四世〕の時期以来、フランス王国に流入したと思われる金銀の大量の追加は、言うまでもない。

(訳注6) こうした推論の全体から、われわれは貨幣量の大小は、一国家の国内的幸福に関しては、少しも重要な問題ではない、と結論することができよう。為政者の優れた政策は唯一、できることなら、貨幣量を絶えず増大させるようにしておくことだけである。なぜなら、その方策によって、彼は国民の勤労精神（spirit of industry）を活発に保ち、すべての現実の力と富を成り立たせている労働の蓄えを増大させるからである。貨幣が減少している国民は、実際にはそのとき、多くの貨幣がなくとも、それを増加させつつある他の国民よ

りは、はるかに〔Q版で「はるかに」は削除〕弱くて、より惨めである。このことは、貨幣量の変化は、その増減のいずれであれ、それに比例した物価の変化をただちには伴わないということを考慮するときに、容易に説明がつくであろう。事態が新しい状況に調整されるまでには、常にある間隙があり、この間隙は金銀が増加しつつあるときは勤労に有利であるように、金銀が減少しつつあるときは勤労に有害である。労働者

---

(3) これらの事実を私は『政治的考察』(*Reflections politiques*)の、高名な著者デュ・ト氏の権威に基づいて挙げている。告白しなければならないが、彼が他の機会に提出している諸事実は、しばしばきわめて疑わしく、この問題に関する彼の権威を引き下げるほどである。とはいえ、フランスにおける貨幣増加が、最初は、物価を比例的に騰貴させていないという一般的な所見は、確かに正しい。

　ところで、これは貨幣の〔名目的価値の――R版の加筆〕漸次的かつ普遍的な騰貴のために与えうる最善の根拠の一つだと思われる。もっとも、それはムロン、デュ・ト、およびパリ・ドゥ・ヴェルネ〔『デュトによる財政金融と商業に関する政治的考察と題された書物の検討』、一七四〇年〕によってこの問題について書かれた、すべての巻でまったく看過されてきたことである。例えば、もしわが国のすべての貨幣が改鋳され、一シリング銀貨の各々から一ペニーの価値の銀が削り取られたとしても、新シリング銀貨はおそらく、旧シリング銀貨で買えたあらゆる物を買うであろう。それによって、あらゆる物の価格は知らぬ程度に下落するであろう。外国貿易は活気づき、国内の勤労は、より多くのポンドとシリングの流通によって、いくらかは増大し、刺激を受けるであろう。このような企画を実行する場合は、錯覚を維持し、同じものと考えさせるために、新シリング銀貨を二四の半ペニー〔十二ペンス〕として通用させるのがよかろう。そしてわが国のシリング銀貨と六ペンス銀貨とが絶えず摩滅することによって、わが国の銀貨の改鋳が必要となり始めるとき、削り取られた貨幣を元の基準にまで高めた、ウィリアム三世の治世の例に見習うべきかどうかは疑問である。

は、市場にあるすべての物に同じ価格を支払うけれども、手工業者や商人からは同じ仕事を受け取らない。農民は彼の地主に同額の地代を支払わなければならないけれども、彼の穀物や家畜を処分することができない。それに続くにちがいない、貧困と困窮と怠惰は容易に予見される。

（訳注6） 以下の最後の文章はH版（初版）の正誤表で追加され、I版（二版）の本文に組み込まれた。

二、私が貨幣に関して示したいと思った第二の所見は、次のように説明できよう。ヨーロッパには、貨幣がごく稀少なために、地主が小作人から何も支払わせることができず、彼の地代を現物で受け取って、それを自ら消費するか、それとも自分でその市場を見出しうる場所に運ぶか、せざるをえないような、いくつかの国や多くの地方がある（そしてヨーロッパのすべてはかつて同じ状態にあった）。このような国では、国王は〔地主と〕同じ方法によるのでなければ、租税をほとんどか、あるいはまったく徴収できない。国王は、このような支払いによる賦課からは、きわめてわずかの利益しか受け取らないであろうから、このような王国は国内でさえもきわめてわずかな実力しかなく、また金銀が国内のいたるところに豊富にあるなら維持できるのと、同じ規模の陸海軍を維持することもできないのは、明らかである。現在のドイツの軍事力と三世紀前のそれ(4)とのあいだには、その勤労、国民、および手工業において存在するよりも大きな不均衡が確かにある。ドイツ帝国内のオーストリアの領土は、全般的に人口が多く、よく耕作され、面積も大きいが、しかしヨーロッパの〔勢力〕均衡のうえでは、それに比例した重みを持っていない。これは、普通に想像されているように、貨幣の稀少（scarcity of money）に由来している。こうしたすべての事実は、金銀の量はそれ自体としてはまったくどうでもよいという、あの理性の原理といかにして合致するのであろうか？　その原理によれば、主権者が多数の臣民を持ち、臣民が豊富な財貨を持つ場合はいつでも、主権者は、もちろんのこと、偉大かつ強力であるはずであり、その臣民は貴金属の豊富さの多少からは独立して富裕かつ幸福であるはずである。こうした貴金属は分割・再分割が大いに可能であり、貴金属片が紛失する危険があるくらい微小になるような場合には、ヨーロッパのいくつかの国で行なわれているように、それらを品質の劣る金属と混合することが容易であり、この方策によって貴金属片はより目立ちやすく、便利な大きさになる。これらの貴金属片は、その数がどうであれ、あるいはどのような色をもとうと、依然として同じ交換の目的に役立つのである。

以上の難点に対して、私は、ここで貨幣の稀少から生じると想像されている結果が、実は住民〔R版から「国民」people〕の生活様式と慣習とから生じるのであり、またきわめてよくあるように、われわれは副次的な結果を原因と間違えているのだ、と答えよう。矛盾は外見だけのものであるが、われわれが〈理性〉を〈経験〉に一致させうる諸原理を発見するためには、何ほどかの思索と省察が必要なのである。あらゆる物の価格が財貨と貨幣とのあいだの比率に依存すること、またいずれかに相当な変動があれば、

（4）イタリア人は皇帝マクシミリアンに〈一文無し〉*pochi-danari* というあだ名をつけた。この国王の事業は、貨幣不足のために、どれ一つとして成功しなかった〔マクシミリアン一世は、一五〇八年に神聖ローマ皇帝に選出されたが、ヴェネツィアが敵対していたために、戴冠式の行なわれるローマに行くことができなかった。そこで彼はフランス、スペイン、教皇とカンブレー同盟を結び、ヴェネツィアの分割を狙った。しかし、資金と軍がないために、彼は続く戦争において彼は信頼できる味方とは考えられなかった。Miller, p. 289 note〕。

それは価格を引き上げるか引き下げるかのいずれかの同種の結果をもたらすということは、ほとんど自明の原則と思われる。財貨が増加すれば、財貨は安価となり、貨幣が増加すれば、財貨はその価値が上昇する。他方、これと同様に、前者の減少と後者の減少は反対の傾向を持つ。

物価は、一国にある、財貨の絶対量と貨幣の絶対量に依存するよりは、むしろ市場にもたらされるか、もたらされうる財貨の量、および流通する貨幣量とに依存する、ということもまた自明である。もし鋳貨が金庫にしまいこまれるなら、それは物価に関しては、鋳貨が消滅してしまったも同然である。一方、財貨が(訳注7)穀物倉庫に退蔵されるならば、これと同様な結果が生じる。貨幣と財貨は、こうした場合、まったく出会わないので、互いに影響を及ぼすことはありえない。どんなときでも、食糧価格に関して推測を行なうとすれば、農民が(訳注8)彼自身とその家族とを維持するために取って置かなければならない穀物は、けっして計算に入れてはならない。価値を決定するのは、需要と比較された、超過分だけである。

(訳注7)「一般の倉庫や」がQ版で追加。

(訳注8)「種子として、また」がQ版で追加。

以上の諸原理を適用するために、われわれが考慮しなければならないのは、いかなる国家であれその最初のより未開な時代には、すなわち嗜好的な欲望が自然的な欲望と混同される以前には、人びとは、自分自身の畑の生産物か、彼らが自ら働きかけることができる粗雑な産物かで満足しており、交換の機会を、少なくとも同意によって交換の共通の尺度となる貨幣との交換の機会をほとんど持たない、ということである。農民自身の羊の群れから刈り取られ、彼自身の家族のなかで紡がれ、穀物や羊毛で支払いを受け取る近隣の職工によって織られる羊毛は、調度や衣服となる。大工、鍛冶屋、石工、仕立屋はこれと同様な性質の賃金で養われており、その近隣に住む地主自身は、農民が生産した財貨で地代を受け取って満足するのである。これらの財貨の大部分を地主は家庭で、田舎風の歓待をして消費する。その残りを、おそらく、彼は貨幣を得るために近隣の町で処分するのであり、この町から彼は自分の出費と奢侈のわずかな材料を引き出すのである。

しかし、人びとがこうしたすべての享楽を洗練し始め、必ずしも故郷で生活せず、また近隣で生産できる物に満足しなくなった後には、あらゆる種類の交換と商業が存在するようになり、より多くの貨幣がその交換に入り込んでくる。商工業者（tradesmen）は穀物で支払われなくなるだろう。なぜなら、彼らはかろうじて食べていける以上のものを欲するからである。農民は自分が買う財貨を求めて自分自身の教区外に出かけ、彼の財貨を彼に供給する商人のところへ必ずしも運んで行くことができない。地主は首都か外国に住み、自分の地代を、彼のところへ容易に運べる金銀で要求する。大事業家と手工業者、および大商人があらゆる商品において登場してくる。そしてこれらの人びとは正金以外では便利に取引することができない。その結果、こうした社会状態にあっては、鋳貨はますます多くの契約に入り込み、それによって昔よりもはるかに多く使用されるのである。

この必然的な結果は、もしその国民において貨幣が増加しなければ、勤労と洗練との時代には、粗野な未開の諸時代より、あらゆる物がはるかに安価になるにちがいない、ということである。物価を決定するのは、流通している貨幣と市場にある財貨との比率である。家庭で消費されるか、近隣で他の財と交換される財は、けっして市場に出ない。これらの財は流通する正貨には少しも影響を与えないのであり、正貨に関しては、それらの財はまったく消滅したも同然である。その結果、こうした財の用い方は、財貨側の比率を低下させ、物価を騰貴させる。しかし、貨幣がすべての契約と販売に入り込み、あらゆるところで交換の尺度になってからは、国の同一量の現金は、はるかに多くの働きをする。そのとき、すべての財貨は市場にあり、流通の範囲が拡大する。それは、あたかもその個々の額がもっと大きな国に役立てられるかのような場合と同じである。したがって、この場合には、例の比率が貨幣の側において低下するので、あらゆる物はより安価になるにちがいなく、物価は次第に下落するのである。

ヨーロッパの全体について、貨幣の計算上の価値すなわち呼称における変化を斟酌したうえで行なわれた、最も正確な計算によれば、すべての物の価格は、西インド諸島の発見以来、三倍ないし、高々四倍、高騰しただけにすぎないことが分かる。しかし、ヨーロッパにある鋳貨は、十五世紀、およびそれより何世紀か以前にあった鋳貨の四倍にすぎないと、誰が主張するだろうか？　スペイン人とポルトガル人は彼らの鉱山から、イングランド人とフランス人とオランダ人とは彼らのアフリカ貿易により、また西インド諸島における彼らの密貿易者によって、年に約七〇〇万ポンド(訳注9)を自国に持ち帰っており、そのうち一〇分の一を超えない部分が東インド地方に流出しているのである。この金額だけで、(訳注10)五年間たてば、ヨーロッパにある昔からの貨幣の蓄積量のおそらく二倍になるであろう。そしてなぜすべての価格がもっと途方もない高さにまで騰貴しなかったかということについては、慣習と生活様式の変化から引き出される理由を除けば、満足な理由を挙げることはできない。人びとが古代の質素な生活様式を離れてからは、追加的な勤労によってより多くの財貨が生産される上に、同じ財貨がより多く市場に出る。そしてこの財貨の増加は貨幣の増加に等しくなかったけれども、それでも、かなりのものであったし、鋳貨と財貨の比率を、昔の基準により近く維持してきたのである。

（訳注9） K版から「六百万……三分の一」。
（訳注10） K版から「一一〇年」。

人びとのこのような生活様式のうち、質素な様式と洗練された様式とのいずれが、国家や公共に最も有益であるかと、もし問われるならば、私は当然、少なくとも政治の見地からは、あまり躊躇わずに後者を優先するのであって、これを商工業の奨励に対する付加的な理由として提出すべきだと思う。

人びとが古来の質素な様式で生活し、彼らの必需品をすべて家内の勤労（domestic industry）や近隣から満たしているあいだは、主権者は臣民の相当の部分から貨幣による租税を徴収することができない。またもし主権者が臣民に何らかの負担を課そうとするならば、彼は臣民が唯一豊富に持っている財貨で支払いを受けねばならない。ところが、この方法は、ここで改めて力説するに及ばないほど大きい明白な不便を伴っているのである。主権者が調達を要求できる貨幣はすべて、もっぱらそれが流通している主要諸都市からのものにどうしても限られる。ところが明らかに、これらの都市は、金銀が国の全体にくまなく流通したと仮定した場合に与えられうると考えられる量と同じだけのものを彼に与えることはできない。しかし、このような状態にある国の貧困には、こうした歳入の明白な減少のほかに、いま一つの原因がある。主権者はより少ない貨幣しか受け取らないだけではなく、同じ貨幣量も、勤労と全般的な商業をもつ時代におけるほどには使えない。金銀が〔右の時代と〕等量であると想定される場合には、あらゆる物はより高価である。そして、それは、財貨がより少量しか市場に出ないために、鋳貨の全体は、それによって購買されるはずのものに対して、より高い比率を持つからであり、この比率からのみ、あらゆる物の価格が決定されるからである。

だから、ここでわれわれは歴史家のあいだに、また日常会話のなかでさえ、しばしば出くわす意見、すなわち、いかなる個々の国家も、土地が肥沃で人口が多く耕作が進んでいるとしても、ただ貨幣が不足しているという理由で弱小であるという意見が、誤りであることを知りうる。確かに、貨幣の不足は、それ自体の内部ではいかなる国家にもけっして害を与えることはありえないと思われる。なぜなら人びとと財貨があらゆる共同社会（community）の真の力だからである。この場合、金銀を少数の人だけに限り、その普遍的な散布と流通を妨げることによって、公共に害を与えるのは、質素な生活様式（simple manner of life）なのである。これと反対に、勤労とすべての種類の洗練は、金銀の量がいかに少なくとも、それを国家の全体と結合する。それらは、いわば、金銀を消化してあらゆる血管のなかに送り、それをあらゆる取引と契約に入り込ませるのである。貨幣をまったく持たない人はいない。そして、あらゆる物の価格はそのようにして下落するので、主権者は二重の利益をえる。彼は国家のあらゆる部分から彼の租税によって貨幣を引き出しうるし、また彼が受け取るものは、どんな購買や支払いにも出ていくのである。

われわれは物価の比較から、中国にある貨幣は、三世紀前のヨーロッパにあったより多くはないと推論できるかもしれない。しかし、その帝国が維持する市民的施設と軍事的施設から判断すれば、その帝国はなんと巨大な力を持っていることであろうか？　ポリュビオスの語るところによれば(5)、彼の時代のイタリアにおいては、食糧は非常に安く、いくつかのところで宿屋での定食は、[訳注11]一人当たり一ファージング〔四分の一ペニー〕よりわずかしか高くない――〈セーミス〉〔semis、半アース、アースはローマの貨幣単位、青銅貨でほぼ五分の三ペンス〕であった！　それでもローマの力は当時でさえも既知の全世界を支配していたのである。その時期より約一世紀前に、カルタゴの大使は、冷やかしのつもりで、ローマ人ほど互いに社交的に暮らしている国民は他にない。なぜなら、外国の使節として彼らが受けた饗応のときはいつも、彼らはどの食卓にも必ず同じ一品の料理皿を見たからだ、と言った。[6]貴金属の絶対量はまったく重要でない事柄である。およそ重要といえる事情はただ二つしかない。すなわち、貴金属の漸次的増大と、国家のいたるところに貴金属をくまなく混合し流通させることである。そしてこうした二つの事情双方の影響がここで説明されたのである。

（訳注11）「定食は」という表現はQ版から「食事の決まった価格は」に改められた。

次の論説でわれわれは、上に述べた誤りと類似の誤りの例を見ることにする。そこでは副次的な効果が原因と取り違えられ、結果が貨幣の豊富に帰せられている。それは実際には、国民の生活様式と慣習との変化に起因しているのだが。

（5）〔ポリュビオス『歴史』〕第二巻第一五章。
（6）プリニウス〔大プリニウス『博物誌』〕第三三巻第一一章〔Loeb、33. 50〕。

論説四　利子について

いかなる国民であれ、利子の低いことほど、繁栄した状態の確かな徴となるものは考えられない。そしてそれには根拠がある。もっとも、その原因は普通に理解されているものとは多少異なると私は思っているが。利子の低いことは一般に貨幣の豊富に帰されている。しかし、貨幣はいかに豊富であろうと、〈その量が決まってしまうと〉、労働の価格を騰貴させる以外の結果はもたらさない。銀は金以上に一般的であり、したがって人びとは同じ財貨と引き換えに〔金〕より大量の銀を受け取る。しかし、あなたはそれにより低い利子を支払うだろうか？　バタヴィアとジャマイカでは利子は一〇パーセントであり、ポルトガルでは六パーセントである。こうしたところは、あらゆる物価から分かるように、ロンドンやアムステルダムよりも金銀に富んでいるのだが。

もしイングランドのすべての金が一瞬のうちに消滅し、二一個のシリング銀貨があらゆるギニー金貨に取って代わるとすれば、貨幣がより豊富になるか、あるいは、利子がより低くなるだろうか？　けっしてそうはならない。われわれは当然、金の代わりに銀を使用するようになるだけである。もし金が銀と同じほど、そして銀が銅と同じほど一般的になるなら、貨幣がより豊富になるか、あるいは利子がより低くなるだろうか？　これにもわれわれは確信をもって同様に答えることができよう。この場合には、我国のシリングは黄色に、半ペニーは白色になり、ギニー金貨はなくなるであろう。これ以外の相違は見られないであろう。鋳貨の色が重要だとわれわれが考えるのでない限り、商業、手工業、海運業、あるいは利子には何の変化もないであろう。

さて、貴金属の稀少ないし豊富についてのこのような大変動に明白に見られることは、より小さなすべての変化に当てはまるにちがいない。もし金銀の一五倍の増加が少しも重要でないのなら、二倍や三倍の増加はそれ以上に重要でありえない。貨幣量のすべての増大は、労働と財貨の価格を高める以外の他の結果を生み出さない。しかも、この変化さえほとんど名目的な変化にすぎない。こうした変化に向かう過程において、貨幣の増加は、勤労を刺激することにより、いくらかの影響を与えるかもしれない。しかし、金銀の新しい豊富さに適合して、物価が落ち着いた後には、それはいかなる影響も与えないのである。

結果というものは、その原因と常に釣り合いを保つ。物価は西インド諸島の発見以来、ほぼ四倍に騰貴した。そして金銀はなおいっそう増加したというのはありそうである。ところが、利子は半分以下には下落しなかった。それゆえ、利子率は貴金属の量からは引き出されないのである。

貨幣は主として擬制的な価値（fictitious value）(訳注1)をもつものであって、その多少は、一国民を国内で考察すれば、重要な影響をまったく及ぼさない。正貨の分量は、それが一度決まってしまうと、どんなに多量であっても、生活の便益を少しも増やさずに、衣服、家具、あるいは馬車と交換に、各人がより多数の光り輝く金属片を支払わざるをえなくするほかには、何らの影響ももたらさない。もしある人が家を建てるために借金をするなら、そのとき彼はよりたくさんの〔正貨の〕荷物を家に持って帰ることになる。なぜなら、石、木材、鉛、ガラス等々は、石工や大工の労働とともに、より多量の金銀によって表わされるからである。だが、こうした金属は何よりもまず代表物と考えられるから、その嵩や分量、あるいは重さや色からは、その実質価値にも利子にもいかなる変化も生じえない。同一の利子は、すべての場合に、総額に対して同一の比率を保つ。だから、もしあなたが一定量の労働とか、一定数の財貨とかを私に貸すとすれば、あなたは五パーセントを受け取ることによって、貸付額に比例した労働と財貨——これが黄色の鋳貨で表わされようと、白色の鋳貨で表わされようと、あるいは一ポンドや一オンスによって表わされようと——をいつも受け取るのである。したがって、利子の騰落の原因を、どの国においても固定している、金銀の量の多少に求めるのは無駄である。

〔訳注1〕「犠牲的な価値」は、Q版から「人びとの同意と慣習から生じる価値」。

高い利子は、〈三つ〉の事情から生じる。すなわち、大きな借入需要、その需要を満たす富が小さいこと、および商業から生じる利潤が大きいことである。そしてこれらの事情は、金銀の稀少性ではなく、商工業（commerce and industry）がさほど進歩していないことを示す明白な証拠なのである。他方、低い利子は正反対の三つの事情から生じる。すなわち、借入需要が小さいこと、その需要を満たす富が大きいこと、および商業から生じる利潤が小さいことである。またこれらの諸事情はすべて関連しあっており、金銀の増加からではなく勤労と商業の進歩から生じてくる。以下では、こうした点を証明することに努めるが、まず借入需要の大小の原因と結果から始める。

ある民族が未開状態（savage state）からわずかでも脱け出し、その数が最初の群れ以上に増大したとき、ただちに財産の不平等（inequality of property）が生じるにちがいない。そしてある人は広大な地域の土地を所有するのに対して、他の人は狭い範囲に限定され、またまったく土地財産のない人もある。自分で耕作できる以上の土地をもつ人びとは、土地を持たない人びとを雇い、〔雇われるものは〕生産物の一定部分を受け取ることに同意する。このようにして、〈土地〉所有階級（*landed* interest）がただちに成立する。粗雑であろうと、成立した政府で、政務がこれを基礎にしないものは存在しない。こうした土地所有者のうち、ある者は他の者と異なる気質（tempers）をもっていることに、やがて気づくにちがいない。すなわち、ある人は彼の土地の生産物を将来のために進んで貯蔵しようとするのに対し、ある人は何年ものあいだ賄えるはずのものを今消費したいと思う。ところが、固定した収入を使うことは、まったく業務のない生活方法なので、人びとは自分を引きとめ、引きつけておく何ものかをどうしても必要とする。そのために、現在そうであるように、快楽こそより多くの地主が追い求めるものとなるであろうし、彼らのうちでは吝嗇家より浪費家が常に多いであろう。したがって、土地所有階級しかいない国では、節約がほとんど行なわれないので、資金の借手がきわめて多いにちがいなく、利子率はそれに比例するにちがいない。利子率の差異は、貨幣量ではなく、広く行なわれている慣習と生活様式（habits and manners）に依存する。借入需要はもっぱらこれによって増減する。たとえ卵一個を六ペンスで売らせるほどに貨幣が豊富であるとしても、その国に地主と小作人（landed gentry and peasants）しかいない限り、借手は多く、利子は高いにちがいない。同じ農場に対する地代でも、より重くより多いであろう。ところが、地主（landlord）の同じ怠惰は、財貨の高価格とあいまって、同時に地代を濫費させ、借入に対する同じだけの必要と需要とを生み出すであろう。(1)

われわれが考察すると提案した〈第二の〉事情、すなわち〔借入〕需要を満たす富の大小に関しても、事態は異ならない。この点での影響もまた金銀量にではなく、国民の生活慣習と生活様式に依存する。いかなる国でも、多数の貸手があるためには、貴金属が非常に豊富に存在することは、十分でもなければ、必要でもない。ただ必要なのは、財産あるいは、大小を問わず国家のなかにある財産の量に対する支配力が、相当の金額となるまで特定の人びとの手中に集められること、言い換えると大きな貨幣所有者階級（great monied interest）を形成するということだけである。このことは多数の貸手を生み出し、利子率（rate of usury）を引き下げる。このことは、あえて断言するが、正貨の分量にではなく、正貨を集めて、これを相当の価値をもつそれぞれの額や量に纏める、特定の生活態度と慣習とに依存するのである。

---

(1) 私は、きわめて優れた法律家で広い知識と観察力をもつある人〔ケイムズ卿か〕から教えられたのであるが、古来の文書や記録からして、約四世紀前には、スコットランドにおいて、おそらくはまたヨーロッパの他の地方においても、貨幣〈の利子〉は五パーセントにすぎなかったが、その後、西インド諸島の発見以前に一〇パーセントに騰貴したと思われる。この事実は奇妙だが、先に述べた推論と容易に調和させうる。その時代には人びとはほとんどがその郷里で、しかも非常に質素で倹約した暮らし方をしていたので、貨幣を求める理由がなかった。当時、貸手は少数であったけれども、借手はなおいっそう少なかった。初期ローマ人のあいだでの高利子率は、外敵の侵入によって被った度重なる損失が原因であると歴史家によって説明されている〔この脚注はO版から削除された〕。

というのは、奇蹟によって、大ブリテンの全員が一夜のうちにポケットに五ポンドを滑り込ませたと仮定しよう。この結果、現在わが国にある貨幣の全体は二倍以上になるであろう。しかし、その翌日も、それから当分のあいだも、貸手は多くならず、利子には何の変化もないであろう。そしてこの国に地主と小作人としかいないとすれば、この貨幣は、いかに豊富であろうとも、けっして相当な金額に纏まるはずはなく、ただあらゆる物の価格を騰貴させるに役立つだけで、それ以上の結果を何も生み出さないであろう。浪費的な地主は、貨幣を受け取るやいなや、それを濫費する。貧しい小作人はかつかつの暮らしをする以上の物を獲得する手段も、目論みも、野心もない。貸手の過剰を上回る借手の過剰が引き続き同一なので、利子の下落は生じないであろう。利子の下落はこれとは別の原理に依存しており、勤労と節約、技術と商業の増大から生じるにちがいないのである。

人間の生活に有用なすべてのものは土地から生じる。しかし、それらを有用にするのに必要な状態で生じる物はほとんどない。したがって、小作人と土地所有者以外に、彼らから原材料を受け取り、それを加工して適当な形にし、一部を自らの使用と生存のために保留する別の階級の人びとがいなければならない。社会の幼年時代では、職人と小作人とのあいだの、またある種の職人と他の種類の職人とのあいだの契約は、普通、隣人であって互いの必需品をたやすく知っており、またその必要を満たすために互いに援助しあう人びとと自身によって、直接に結ばれる。しかし、人びとの勤労が増大し、視野が拡大すると、国家の最も遠隔の地方でも、もっと近隣の地方と同じほどよく助け合うことができ、こうしたよき仕事の交流（intercourse of good offices）が最も広く、最も複雑に行なわれうることが分かるであろう。ここに国のなかでまったく知り合っておらず相互の必要も知らない諸地方のあいだの仲介者として役立つ、社会全体で(訳注2)最も有用な種類の人びとの一つである〈商人〉***merchants*** の起源がある。ここにある都市があって、五〇人の絹や亜麻布の職人と一〇〇〇人の顧客がいて、これらの二つの身分の人びとは、互いに相手を大いに必要としているのだが、すべての職人とすべての顧客とが寄り集まる店を誰かが建てるまでは、うまく出会えない。ある地方には牧草が豊富に生えている。したがって、ここの住民にはチーズやバターや家畜が豊富にある。だが、彼らにはパンと穀物がなく、これらは近隣の地方には住民が消費しきれぬほど豊富にある。ある人がこのことを発見する。そこで彼は、ある地方から穀物を運んできて、家畜を連れて帰る。こうして両方の必要を満たす彼は、この限りにおいて共通の恩人となる。国民の数と勤労が増大するにつれて、彼らのあいだの相互交通の困難は増大する。つまり、仲介あるいは商業の仕事はより複雑になり、ますます多種多様なものに分割、再分割、複合、混合される。すべてのこうした取引において、商品と労働の相当な部分が、商人に帰属することは、必然でもあれば、当然でもある。というのは、それらの多くは商人に負っているからである。商人はこれらの商品をときに現物で貯蔵するか、あるいはもっと普通には、それらの共通の代表物である貨幣に代えるであろう。もし国のなかで金銀が勤労とともに増加したとすれば、多量の商品と労働とを表わすために多量の金属が必要となるだろう。もし勤労だけが増大したとすれば、あらゆる物の価格は低下するにちがいなく、少量の正貨が代表物として役立つであろう。

(訳注2) N版から「社会全体で」は削除。

人間精神のもつ渇望や要求のうち、心身を動かし用いる (exercise and employment) ものほど恒常的で飽くことを知らぬものはない。そしてこの欲望はわれわれの情念と行動の大部分の基礎だと思われる。人間からすべての仕事と正業を奪い取るなら、人間はある娯楽から別の娯楽へと休みなく走り続ける。そして怠惰から感じる重荷と圧迫は非常に大きいので、彼は自分の無分別な出費から生じるにちがいない破滅を忘れてしまう。彼にもっと無害な心身の用い方を教えれば、彼は満足し、あの飽くことを知らぬ快楽の渇望をもはや感じなくなる。ところが、彼に与える仕事が儲け仕事なら、とくにあらゆる個々の勤労の遂行に利益が付いてくるならば、彼はきわめてしばしば利得をえようと目論むので、次第に利得を求める情念を獲得し、自分の財産が日ごとに増えていくのを見る快楽に匹敵する快楽は知らなくなる。そしてこれこそ、なぜ交易が節約を増大させるのか、またなぜ商人には浪費家よりも吝嗇家のほうが多く、土地所有者のあいだではちょうどその正反対であるのかの理由なのである。

商業は勤労を増加させるが、それは国家のある成員から他の成員に勤労を速やかに運ぶことによって、また勤労が消滅するか無駄になるのを容認しないことによってである。商業は節約を増大させるが、それは人びとに仕事を与え、彼らを利益のある産業（arts of gain）に雇うことによってである。そしてこの産業はまもなく人びとの愛着を引きつけ、快楽と出費とに対するすべての好みを取り去るのである。節約を生み出し、利得の愛好を快楽の愛好よりも強めるのは、すべての勤勉な職業の確実な結果である。およそ業務を営んでいる弁護士や医者では、自分の所得を越えて、あるいは所得ぎりぎりに暮らす人よりも、その範囲内で生活する人のほうが多い。だが弁護士や医者は勤労を生み出さない。彼らが富を取得するのは、他人の出費によってでさえある。したがって、彼らは自らの財産を増やすのに応じて、同胞市民の誰かの財産を確実に減らすのである。これとは反対に、商人たちは勤労を生み出すが、それは国家の隅々まで勤労を運搬する運河として役立つことによってである。そして同時に、彼らは倹約によってその勤労に対する大きな支配力を獲得し、労働と商品との形で大財産を集積する。彼らは労働と商品を生産する主要な手段なのである。したがって、商業を除けば、貨幣所有階級を重要なものになしうるような職業、言い換えると、勤労を増大でき、さらにまた倹約を増加させることでその勤労への大きな支配力を社会の特定の成員たちに与えうるような職業は、他に存在しない。商業がなければ、国家は、その浪費と出費によって不断の借入需要を生み出す地主ジェントリ（landed gentry）と、その需要を満たす金額をもたぬ小作人とから、主に成り立つにちがいない。貨幣は、利子付きで貸し出せる大きな資本や金額になるほどはけっして集まらない。貨幣は、遊興や壮麗さのために、それを浪費するか、それを日常の生活必需品の購入に使うかする、無数の人びとに散布される。ただ商業だけが貨幣を集めて相当な金額にするのである。そして商業は、国家に流通する貴金属の個別的な量とは独立に、それが生み出す勤労と、それが刺激する節約だけから、この結果を得るのである。

このようにして、商業の増大は、必然的な結果によって多数の貸手を育成し、それによって低利子を生み出す。今やわれわれは商業のこの増大がどこまでその職業から生じる利潤を減少させ、低利子をもたらすのに必要な〈第三の〉事情を生み出すかを考察しなければならない。

この主題については、低利子と商業の低利潤は相互に促進しあう二つの事柄であり、いずれも元来は、富裕な商人を創り出し、貨幣所有階級を大きくする、あの広範な商業に由来すると見るのが適切であろう。商人が大資本（great stocks）を所有するところでは、少ない貴金属片で表わされようと、多い貴金属片で表わされようと、商人が事業に飽きるとか、あるいは商業が好きでないか商業に適さない跡継ぎを残すかの場合、しばしば、これらの富の大部分は自然に年々の安全な収入を求めるにちがいない。資本のこの豊富さは、その価格を低下させ、貸手に低利子を受け取らせる。こうしたことへの考慮から、多くの人びとは資本を引き続き交易（trade）に用いざるをえないのであって、自らの貨幣を価値以下で手放すよりもむしろ低利潤に甘んじざるをえない。他方、商業が広範になり大資本を用いるときには、商人たちのあいだに競争関係が生じるにちがいないのであって、競争は交易自体を増大させると同時に、商業利潤を減らす。商業の低利潤は、商人が事業から離れ、安楽と怠惰に耽り始めるとき、商人にいっそう進んで低利子を受け取らせるようにする。したがって、以上の二つの事情、すなわち〈低利子〉か〈低利潤〉かの、いずれが原因でいずれが結果であるかを探究するには及ばない。それらはいずれも広範な商業（extensive commerce）から生じ、互いに促進しあう。高利子を得られる場合は、誰も低利潤を受け取らないであろう。広範な商業は、大資本を生み出すことによって利子も利潤も低下させるし、また一方が減少する場合には、他方がそれに比例して低落することによっていつも助けられる。なお付言すれば、商工業（commerce and industry）の増大から低利潤が生じるように、低利潤はそれとして、財貨をいっそう安価にし、消費を促進し、勤労を高めることによって、商工業のさらなる増大に寄与するのである。このようにして、原因と結果の全関連を考慮すれば、利子は国家の状態のバロメーターであり、低利子は国民の繁栄状態のほとんど間違いない徴である。低利子は勤労の増大と国家全体に及ぶ勤労の速やかな循環とを証明するのであって、〔この証明は〕ほとんど論証に劣るものではない。そして商業に対する突然の大きな妨げが、多大の資本を交易から放逐することによって、これと同種の一時的な結果を生むことは、おそらくありうるかもしれないが、それは貧民の困窮と仕事の不足を伴うにちがいないから、それが短期間しか続かないことに加えて、この場合を先の場合と間違えることはないであろう。

貨幣の豊富が低利子の原因であったと主張してきた人びとは、副次的な結果を原因と間違えたものと思われる。なぜなら、利子を低落させるのと同じ勤労は、普通、貴金属をきわめて豊富に獲得するからである。注意深い企業的な商人とともに、さまざまな種類の精巧な手工業は、それが世界のどこに見出されようと、やがて貨幣を国に引き寄せるであろう。これと同じ原因は、生活の便益品を増加させ、勤労を増大させることにより、土地所有者でない人びとの手に大きな富を集積し、それによって低利子を生み出す。ところが、貨幣の豊富と低利子とのこの二つの結果は、自然に、商工業から生じるのであるが、互いにまったく無関係なのである。今かりに、ある国民が外国貿易も航海の知識もなしに〈太平洋〉に移ったと仮定しよう。またこの国民は常に同一量の貨幣を貯えているが、人口と勤労が絶えず増大しているもの仮定しよう。そうすれば、その国では、あらゆる財貨の価格が次第に低下するにちがいないことは明白である。なぜなら、貨幣とあらゆる財貨の価格を決めるのは、それらのあいだの比率だからである。そして、現在の仮定においては、流通正貨量の変化がないので、生活の便益品は日々いっそう豊富になる。したがって、この国民のあいだでは、勤労の時代（times of industry）には、無知で怠惰な時代に富者となるのに必要な貨幣量よりも、より少ない貨幣量で富者となれるであろう。より少ない貨幣で家が建てられ、娘に持参金が与えられ、不動産が買われ、工場が経営され、また家族と馬車が維持されるであろう。こうした用途のために人びとは貨幣を借りるのである。したがって、一国における貨幣の多少は利子には影響を与えない。しかし、労働と財貨の貯え（stock）の大小が大きな影響を与えるにちがいないことは、明らかである。なぜなら、われわれが利付きで貨幣を借りるときは、われわれは実際には、結局のところ、労働と財貨を借りるのだからである。なるほど、商業が地球上のいたるところに広がっているとき、最も勤労が盛んな国民はいつも貴金属が最も豊富である。だから、低利子と貨幣の豊富は、事実上ほとんど不可分である。しかし、それでもなお、あらゆる現象を生み出す原理を知り、原因と付随的な結果とを見分けることが重要である。（訳注3）こうした推論は興味深いうえに、公共の事柄の運営においてしばしば役立ちうるであろう。少なくとも、こうした諸主題――それは他のすべての諸問題のうちで最も重要であるが――に関する推論方法を、実践によって、改善することほど有用なものはない、ということが認められねばならない。それらは一般に最も曖昧かつ最も不注意な仕方で取り扱われているのであるが。

（訳注3）　ヒュームは原因と偶然の事情を区別するいくつかの準則を提出した。『人間本性論』1.3.15を見よ。Miller, p. 304 note.

低利子の原因に関するこの通俗的な誤り（popular mistake）のいま一つの根拠は、いくつかの国民の実例であると思われる。すなわち、外国の征服によって、貨幣や貴金属が突然に獲得されたあと、その貨幣が分散しあらゆる隅々にまで浸透してしまうや、彼らのあいだだけでなく、そのすべての近隣諸国においても利子は下落したという事例である。このようにして、われわれがガルシラッソ・デ・ラ・ヴェガによって知らされているように、スペインの利子は西インド諸島の発見直後にほとんど半分に下落した。そしてそれ以来、利子はヨーロッパのあらゆる国で次第に低落してきた。ディオから知られるように、（2）エジプト征服後に、ローマの利子は六パーセントから四パーセントに下落したのである。

このような出来事に基づく、利子低落の諸原因は、征服国家とその近隣諸国家とでは異なっているように思われる。しかし、どちらの国においても、われわれはその結果をたんに金銀の増加だけに正当に帰着させることはできない。

征服国家にあっては、こうして新しく獲得された貨幣が少数の人びとの手に入り、集まって大きな金額になって、それが土地の購入や利子によって安全な収入を求めることになるのであって、したがってその結果、あたかも商工業（industry and commerce）を大いに獲得したかのような結果が、しばらくのあいだ、生じると想像するのは自然である。借手以上の貸手の増加は利子を低下させ、しかも、こういう大きな金額を取得した人びとが、国内に工業も商業も見出せず、利子付きで貸し出すほかに貨幣の使途を見出せないなら、利子はそれだけますます速やかに低落する。しかし、この新しい金銀の量が消化され、国全体にくまなく流通した後には、事態はまもなく以前の状態に戻るであろう。つまり、地主と新しい貨幣保有者とは怠惰に生活し、その所得以上に浪費する。前者は毎日借金を作り、後者はその資本が最終的に無くなるまで、それを食い尽くす。それでもなお、貨幣全体はその国にあって、物価騰貴によってその存在を人びとに感じさせるであろう。ところが、今ではそれは大きな量や資本に集積されていないので、借手と貸手とのあいだの不均衡は以前と同じであり、その結果、高利子が再び現われるのである。

（2） 第五一巻第二一節〔ディオン・カッシウス、155–235、『ローマ史』*Roman History* 51.21.5〕。

したがって、ローマにおいて早くもティベリウス帝の時代に、帝国から貨幣を流出させる事件が何も起こらなかったにもかかわらず、利子は再び六パーセントに上がったのである。[3] トラヤヌス帝の時代に、イタリアにおいて担保付で貸し出される貨幣は六パーセントの利子を生み、[4] ビテュニアで普通の証書に対して貸されたものは一二パーセントの利子を生んだ。[5] また利子がスペインで元の高さにまで騰貴しなかったとすれば、それは利子を低落させたのと同じ原因の継続、すなわち、ときどきスペインにもたらされて借手の需要を満たす、西インド諸島で引き続き形成された大財産以外には帰しえない。こうした偶然的で外在的な原因によって、スペインでは、商工業がほとんどないような国に、そのような原因がない場合に生じた以上に、多くの貨幣が貸し出されており、言い換えれば、より多くの貨幣が大きな金額に集積されているのである。

金銀鉱山のないイングランド、フランス、およびヨーロッパの他の王国で続いて生じた利子の低落について言えば、それは漸次的であった。そしてたんにそれ自体として考えられた貨幣の増加から生じたのではなく、勤労の増加から生じたのであって、この勤労の増加は貨幣の増加が、労働と食糧の価格をそれが騰貴させるまでの間隙において、自然にもたらす結果なのである。先に挙げた仮定に戻るとして、もしイングランドの勤労が他の諸原因から同じだけ増大したとすれば（この増大は貨幣の保有量が同一に留まったとしても、容易に生じたであろう）、われわれが今観察しているのとまったく同じ結果が生じたはずではないだろうか？　その場合、王国内には同じだけの人口、同じだけの財貨、同じだけの勤労、手工業、および商業が見出されるだろう。その結果、同じだけの資本をもった、言い換えれば、より少数の白色鋳貨や黄色鋳貨――これらは何ら重要な事柄ではなく、ただ御者や荷物運搬人やトランクの製造人に影響を与えるだけである――によって表わされるにすぎない、労働と財貨に対する同一の支配力もった、同数の商人が見出されるであろう。したがって、奢侈、手工業、技術、勤労、節倹が現在と同じように盛んであるならば、利子もまた同じく低いにちがいないことは明白である。なぜなら、利子は、以上のすべての事情があらゆる国における商業の利潤や借手と貸手との比率を決定する限り、それらの必然的な結果だからである。

(3) コルメッラ〔*De re rustica*『農業論』〕第三巻第三章。

(4) プリニウス『書簡集』第七巻、書簡第一八。

(5) 同書第一〇巻、書簡第六二。

論説五　貿易差額について

商業の本質を知らない諸国民にあっては、財貨の輸出を禁止し、価値があり有用であると彼らが考えるものは何でも自国内に保存するのは、ごく普通である。彼らはこの禁止において自らの意図に直接に反して行為しているとは考えないし、またいかなる財貨であれ、その輸出が増加すればするほど、国内でますます多く生産され、彼ら自身が常に最初に供給されるとは考えないのである。

学問のある人にはよく知られているように、アテナイの古代の法律はイチジクの輸出を有罪としていた。というのも、アッティカではイチジクはきわめて卓抜な種類の果物と思われていたので、アテナイ人はそれを外国人の口にさせるにはあまりにも美味すぎると見なしたからである。そして彼らはこの滑稽な禁止にきわめて熱心だったので、密告者はそれで、〈イチジク〉と〈発見者〉を意味する二つのギリシア語から、彼らのあいだで〈シコファンツ〉**sycophants**〈追従者〉と呼ばれたのである。(1) 議会の多くの古い法律は、ことにエドワード三世の治世に、商業の本質に関するこれと同じ無知を示している、と私は聞いている。また今日でも近隣の王国では、(訳注1) 穀物の輸出は飢饉に備えるためという理由でほとんど何時も禁止されている。しかし、この禁止ほどあの肥沃な国をあれほど悩ませている頻繁な飢饉の原因となっているものは他にないことは明白である。(訳注2)

(訳注1) N版では「スコットランド議会の多くの古い法律には、商業の本質に関するこれと同様な無知を証明するものがある。また今日でもフランスでは……」、O版からは「議会の多くの古い法律には、ことにエドワード三世の治世に、商業の本質に関するこれと同様な無知を証明するものがある。また今日でもフランスでは……」となっている。

(訳注2) ヒュームの見解はフランスにおける穀物取引の自由をめぐる論争(一七六〇年代末)に関して自由の側を先取りしている。ケネー、テュルゴー、デュポン・ド・ヌムール、メルシエ、モルレ、コンドルセは自由化賛成で、ガリアニ師、ディドロ、ヴァルテール、ネッケル、グリム、ランゲ、マブリなどが反対であった。サー・ジェイムズ・ステュアートも反対であった。ホント、イグナティエフ「『国富論』における必要と正義」、ホント著『貿易の嫉妬』所収(昭和堂、二〇〇九年、第六章)を参照。

貨幣に関しても、これと同じ嫉妬深い危惧(jealous fear)がいろいろな国民のあいだに行き渡っている。こうした禁止が、為替相場を不利にして、さらに多くの貨幣輸出をもたらす以外に、何の役にも立たないということを個々の国民に納得させるには、理性と経験の両方が必要であった。

これらの誤りは明白で分かりきったものだ、と言われるかもしれない。しかし、商業に精通した諸国民にあってさえも、貿易差額に関する激しい嫉妬〔警戒心〕と、すべての金銀が自国から流出しつつあるかもしれないという危惧の念とが、なおも広く支配しているのである。だが、これはほとんどどんな場合にも、根拠のない懸念である、と私には思われる。国民と勤労が存在する王国を貨幣が見捨てはせぬかと恐れるのなら、ただちに私は同じく、わが国の泉や河川が全部干上がりはせぬかと恐れねばならないだろう。国民と勤労の優位を注意深く維持しよう。そうすれば、われわれは少しも貨幣の喪失を懸念する必要はないのである。

貿易差額についてのすべての計算が、きわめて不確かな事実と推定に基づいていることは、容易に見て取れる。税関の帳簿は推論を行なう根拠としては不十分だと認められている。為替相場もさほど勝れているわけではない。というのは、われわれはすべての国民との為替相場を考慮せねばならず、さらにそれぞれの送金額の大きさも知らねばならないが、これは不可能と言って差し支えないだろうからである。従来この主題について推論してきた人は皆、自らの理論を、それがどんなものだったにせよ、常に事実と計算によって、またすべての外国に送られた全財貨の列挙によって、証明してきたのである。

ジー氏の著作がわが国民をあまねく狼狽させたのは、わが国の貿易差額が相当に不利であって、五、六年後にはただの一シリングも残らなくなるにちがいないということを、氏が個々詳細にわたって明らかに論証したと国民が考えたときのことであった。(訳注3) ところが、幸運にもそれ以来、費用のかさむ対外戦争をしながら、二〇年が経過した。しかも貨幣は以前のどの時期よりもなおいっそう豊富であると一般に考えられているのである。

(訳注3) ジー『大ブリテンの貿易と海運の考察』(Joshua Gee, *The Trade and Navigation of Great-Britain Considered*, 1729)。副題の一部分に「一国民が富を増大させる最も確実な道は国内で産出しうるような外国商品の輸入を阻止することである」と

(1) プルタルコス『好奇心について』〔第一六節〕。

ある。Miller, p. 310.

知識よりもユーモア、判断力よりも鑑識眼、そしてこれらの素質のどれよりも憂憤と偏見と情熱を多く備えていた著者であるスウィフト博士の言うところほど、この問題に関してわれわれの興味を引くものはありえない。(訳注4) 彼は『アイルランドの状態に関する簡単な考察』のなかで次のように述べている。アイルランドの現金総額は以前にはわずか五〇万ポンドであったが、このなかからアイルランド人は毎年きっちり一〇〇万ポンドをイングランドに送金していたのであり、しかも即金で支払うフランス産ワインの輸入以外には外国貿易がほとんどなく、そのほかに自らの埋め合わせをする源泉がほとんどなかった。(訳注5) こうした当然不利と認められなければならない状況の帰結は、三年のうちにアイルランドの通貨は五〇万ポンドから二〇万ポンド以下に減っているということであった。今では、三〇年を経て、そんなことはまったくない、と私は思う。にもかかわらず、博士をすこぶる憤激させたアイルランドの富の増大に関するそのような見解が、いまだに続いており、しかもあらゆる人びとに受け容れられているように思われるのは、いったいどうしてなのか、私には分からない。

(訳注4) K版からは「他人の間違いや背理を見分けるのにあれだけ機敏な」となっている。
(訳注5) スウィフト『アイルランドの状態小論』(Jonathan Swift, *A Short View of the State of Ireland*, 1727-28)。

要するに、貿易差額の逆調に関するこうした懸念は、人びとが内閣に不満をもつか、あるいは士気を欠いているときに、いつも現われてくる性質のもののように思われる。そしてこの懸念は、輸入品と相殺するすべての輸出品を個別詳細に挙げてもけっして論駁できないから、ここではわれわれが国民と勤労を保持する限り、こうした結果はありえないことを証明するような一般論を形成するのが適当であろう。

大ブリテンの全貨幣の五分の四が一夜のうちに消滅し、わが国民が正貨に関してはヘンリ諸王やエドワード諸王の時代〔一一〇〇年から一五五三年〕と同じ状態に戻ったとすれば、どのような結果が生じるであろうか？　それに比例してすべての労働と財貨の価格が下落し、あらゆるものがこれらの時代と同じ安さで売られることに、必ずなるのではなかろうか？　こうなれば、いったいどのような国民が外国市場でわれわれに対抗したり、われわれに十分な利益を与えるのと同じ価格で製品を輸出したり販売したりできようか？　それゆえ、ごく短期間のうちに、このことが、われわれが失った貨幣を取り戻し、われわれ〔の価格〕をすべての隣国の水準にまで高騰させるであろう。われわれがこの点に達した後には、労働と財貨の廉価という利点はただちに失われる。そしてこれ以上の貨幣の流入は、わが国の満杯によって止められるのである。

またブリテンの全貨幣が一夜のうちに五倍に増加したとすれば、きっと逆の結果が生じるのではないだろうか？　すなわち、きっと労働と財貨はすべて法外な高さに騰貴して、近隣のどの国民もわが国から買えなくなるであろう。他方、隣接する諸国民の財貨は、比較してきわめて廉価となって、作れる限りのあらゆる法律をもってしても、それらはわが国に流入し、わが国の貨幣は流出するであろうし、ついにわれわれは外国人たちと同じ〔物価〕水準まで下落し、われわれをこのような不利な状態に置いた富のあの大きな優位をわれわれは失うことになるのではないだろうか？

ところで、こうした法外な不均等（inequalities）がかりに奇跡的に生じた場合に、それを是正するのと同じ諸原因は、自然の通常の成り行きのなかで、そうした不均等が生じるのを妨げるにちがいない。またその原因は、隣接するあらゆる国民のあいだで、貨幣を絶えず各国民の技芸と勤労にほぼ比例するように保持させるにちがいない。以上は明らかなことである。水はすべてそれが流れるところでは、常に一定の水準を保つ。自然科学者にその理由を尋ねたまえ。そうすれば、彼らはこう教えてくれる。もし、水が一箇所で高くなれば、平衡になっていない部分のより大きな重力は、釣り合いがとれるまでその部分を押し下げるにちがいない。また不均等が生じたとき、それを均す同じ原因は、何か外部からの力が働かぬ限り、不均等を絶えず妨げるに相違ない(2)。

ガリオン船〔スペインの大帆船〕が西インド諸島からもたらした貨幣のすべてを、いかなる法律によって、あるいはいかなる技術や勤労によって、スペインに留めておけたと想像しうるだろうか？　すなわち、すべての財貨がフランスにおいて、ピレネー山脈の向こう側での価格の一〇分の一で売られると想像しうるだろうか？　それらの財貨は必ずこちら側へも流入して、あの莫大な財宝を流出させるに決まっているのではないか？　実際に、現在すべての諸国がスペインやポルトガルとの貿易によって利益を得ている理由としては、およそ流動体と同じように、貨幣をその適当な水準以上に蓄積することは不可能であるからという以外に、どんな他の理由があるだろうか？　これらの国の主権者たちも、もし金銀を自国に留めておくことがいくらかでも実行可能であったなら、そうしようとする気持ちがないわけではなかったことを示している。

しかし、ある量の水とそれを取り巻く要素とのあいだに交通がなければ、前者が後者の水準以上に高くなりうる。それと同様に、貨幣の場合にも、もし何か物質的ないし自然的な障害によって交通が遮断されるなら（なぜなら、すべての法律はそれだけでは効果がないからである）、このような場合には、貨幣のきわめて大きい不均等がありうる。こうして、中国とのあいだの巨大な距離が、わが東インド会社の独占とあいまって、中国との交通を妨げ、金銀とくに銀をヨーロッパに、かの王国に見出されるよりもはるかに豊富に留めているのである。(訳注6) しかし、この大きな障害にもかかわらず、上述の諸原因の力はやはり明白である。ヨーロッパの技量や創意は全般的に、手工技術と手工業に関しては、おそらく中国より優れているであろう。しかし、それでも、われわれは大きな不利益を受けずには中国と貿易することはけっしてできない。そして、もしわれわれがアメリカから受け取る〔金銀の〕不断の補給がないとすれば、貨幣はまもなくヨーロッパで減少し、中国で増加し、ついにどちらの場所でもほぼ同一の水準になるであろう。もしあの勤勉な国民がポーランドやババリア〔アフリカ北部地域〕と同じくらいわが国に近かったら、彼らがわれわれの正貨の余剰を流出させ、西インド諸島の財宝のより大きな分け前に預かるであろうが、そのことはおよそ理性をもつ人には疑いえないことである。この作用の必然性を説明するには、物理的な引力を引き合いに出すには及ばない。人間の利害や欲望から生じる道徳的な引力(moral attraction)が存在しており、それは物理的な引力とまったく同じくらい有力、確実なものだからである。

(訳注6) イングランド、オランダ、フランス、ポルトガルのそれぞれの東インド会社はヨーロッパと東洋との貿易を独占していた。

(2) その作用においてずっと限られてはいるが、わが王国の個々の貿易相手国のすべてに対して、不利な貿易差額を防止するもう一つの原因がある。われわれが輸出する以上の多くの財を輸入するとき、為替はわれわれに不利となり、それは支払われなければならない貨幣の輸送量と保険料が限度に達するまで、輸出への新しい刺激となる。なぜなら、為替はその合計額よりもごくわずかしか高くなりえないからである。

いた。主な輸入品は胡椒などの香辛料、茶、コーヒー、絹、綿布であった。東洋が求めたヨーロッパの産物は輸出品に見合わなかったので、金銀がヨーロッパから流出した。ヒュームが以下で論じるように正貨の流出はヨーロッパ諸国の心配の種であった。Miller, p. 313 note を参照。

どの王国の諸地方（provinces）間でも、この原理の作用による以外に、どうして均衡が維持されるであろうか？　この原理こそ、各地方の貨幣水準が一定でなくなることを不可能にし、各地方にある労働と財貨との比率を越えて貨幣が騰落できなくしているのであるから。もし人びとが長年の経験からこの問題を楽観していなければ、ある憂鬱症のヨークシャー人が、諸税や不在地主や商品によってロンドンへ運ばれる金額を計算して誇張し、これと比べて見返り品がはるかに少ないのに気づいたとき、その計算は彼にいかに深い暗澹たる思いを抱かせるであろうか？　また〈七王国〉*Heptarchy* がイングランドに存続していたとすれば、各国の立法府はきっと貿易差額の逆調を恐れて絶えず心配していたであろう。また、これらの諸国家の相互の憎しみは、近接した隣国だけに、おそらくきわめて激しいものであっただろうから、それらは嫉妬深い余計な用心からすべての商業を妨げ抑圧したことであろう。合邦がスコットランドとイングランドとのあいだの障害を取り除いて以来、どちらの国民がこの自由な商業によって相手から利益を得ているのであろうか？　すなわち、もしスコットランド王国が富をいくらか増大したとすれば、それはスコットランドの技術と勤労（art and industry）の増大以外の何かによって合理的に説明できるだろうか？　デュ・ボス師(3)からわれわれが知るところでは、合邦以前には、もし自由貿易が認められたら、スコットランドがほどなくイングランドの財宝を枯渇させるだろうというのが、イングランドの一般的な懸念であった。一方、ツイード川〔両国の国境にある〕の向こう側〔スコットランド〕では、これと反対の懸念が広く行き渡っていた。どちらの当否も、時間が証明した。

人類の小部分に生じることは、より大きな部分にも生じるにちがいない。ローマ帝国の属領が、立法から独立に、属領相互のあいだで、またイタリアとのあいだで、均衡を維持していたことは疑いがない。それは大ブリテンの各州や、そのなかの各教区の場合と同じである。そして今日ヨーロッパを旅する人は誰でも、財貨の価格によって、君主や国家の愚かな嫉妬にもかかわらず貨幣がほとんど同一水準となっていること、およびこの点ではある王国と他の王国とのあいだの差は、同一王国の異なる地域間にしばしば存在する差よりも必ずしも大きくないことを、おそらく知るであろう。人間は首都や海港や航行しうる河川に自然と集まる。そこには〔他所よりも〕より多くの人口、より盛んな勤労と、より多量の財貨とが存在し、その結果としてより多量の貨幣がある。しかし、それでも、貨幣量の差は前者〔人口、勤労、財貨量〕の差と比例を保ち、一定水準が維持されているのである。(4)

フランスに対するわれわれの嫉妬と憎しみは際限がない。この嫉妬の感情は、少なくとも、無理はなく正当な根拠がある、と認められねばならない。こうした情念は、無数の障害と妨害を商業に引き起こしてきたのであって、商業ではわれわれは、一般に、侵略者と非難されているのである。しかし、〔フランスとの〕取引によってわれわれは何を得たであろうか？　われわれはわが毛織物製品に対するフランス市場を失い、ワ

(3) 『誤解されたイングランドの財宝』*Les interest d'Angleterre malentendus* (1703)。

インの商業をスペインとポルトガルに移し、そこでわれわれは質の劣った酒をより高い価格で買っている。もしフランス産ワインがイングランドですべてのエールと国内産醸造酒に、ある程度、取って代わるほど、安くかつ豊富に売られるなら、イングランドはまったく滅びてしまうと考えないようなイングランド人はほとんどいない。しかし、われわれが偏見を取り去るならば、これほど無害でおそらく有利な貿易は他にないことを証明するのは、難しくないであろう。イングランドへワインを供給するために、フランスで栽培されるそれぞれの新しい一エーカーの葡萄園は、フランス人が生活するために、小麦や大麦が蒔かれたイングランドの一エーカーの生産物を買うことを必要とするであろう。だから、この取引によってわれわれがより品質の良い財貨を入手するのは明白である。

新しい葡萄園の栽培を禁じ、最近植え付けられた葡萄園をすべて掘り返すように命じたフランス国王の勅令がたくさんある。すなわち、フランスでは、人びとは他のどのような産物にもまして小麦の価値の高いことを非常によく知っているのである。

ヴォーバン元帥が、ラングドック、ギュイエンヌ、およびその他南部諸州からブルターニュとノルマンディーに輸入されるワインの搬入に負担を課す愚かな関税について、しばしば苦情を述べているが、それには理由がある。(訳注7) 自由貿易を推奨したにもかかわらず、彼は疑いなくブルターニュとノルマンディーの両州は貿易差額を維持できるだろうと考えていた。だから、イングランドへ〔ワインを搬入するのに〕もう幾リーグ〔一リーグ＝約三マイル、五キロメートル足らず〕か航海が伸びても、それは何ら重要でないことは明白である。あるいは、重要だったとしても、それは両王国の財貨に同様に作用するにちがいないのである。

（訳注7） ヴォーバン元帥『王国の十分の一税案』（Sebastien Le Prestre, Seigneur de Vauban（1633-1707), *Projet d'un dixme royale*（1707), *A Project for a Royal Tythe or General Tax*（1708)）。ヴォーバンは軍事技術者として要塞構築でも活躍した。

なるほど、一国の貨幣をその自然的水準以下に下落させる手段が一つあり、またその水準以上に騰貴させうる別の手段が一つある。しかし、こうした場合も、調べてみれば、われわれの一般理論に帰着し、その権威を高めることが分かるであろう。

この国でたいそう実行されている銀行、(訳注8) 基金（funds）、紙券信用の諸制度以外に、貨幣をその水準以下に下落させる方法を、私はほとんど知らない。これらの制度は、紙を貨幣と同等（equivalent）と見なし、それを全国にくまなく流通させて金銀に取って代わらせ、それに比例して労働と財貨の価格を高騰させる。そしてそうすることによって貨幣としての貴金属の大部分を駆逐するか、そのいっそうの増加を妨げる。この主

（4） この論説を通じて私が貨幣水準という場合は、各国家に存在する財貨、労働、勤労、および技量に比例した貨幣水準をいつも意味していることが、注意深く留意されねばならない。だから私は、こうしたものの優越が近隣諸国の二倍、三倍、四倍であれば、貨幣もまた間違いなく二倍、三倍、四倍であろうと主張する。こうした比例の正確さを妨げる可能性のある唯一の事情は、財貨をある場所から他の場所へ輸送する経費である。しかもこの経費はときには等しくないこともある。こういうわけで、なるほどダービーシャーの穀物、家畜、チーズ、バターは、ロンドンの製造品がダービーシャーの貨幣を引き寄せるほどには、ロンドンの貨幣を引き寄せられない。だが、この反論は見かけにすぎない。なぜなら、財貨の運送が高価な限り、その限りでは両地域間の交通は妨げられ、また不完全だからである。

題に関するわれわれの推論以上に近視眼的なものがありうるだろうか？　個人の貨幣の貯えが二倍になれば、それだけその人は富むであろうから、あらゆる人の貨幣が増加すれば、同じ好結果が生じる、とわれわれは想像する。しかし、この際、この事情があらゆる財貨の価格を同じだけ高騰させ、まもなくあらゆる人を以前と同じ状態に連れ戻すことは考慮していない。より多くの貨幣の保有が有利なのは、われわれが外国人と公的に商談と取引をするときだけである。そしてこの場合には、われわれの紙券はまったく無意味であるから、それによって、われわれはかえって貨幣の豊富から生じるすべての悪影響を感じるのであって、少しも利益を得ることはないのである。(5)

〔訳注8〕　O版から「わが国で非常に広く行なわれている」。

ここに一二〇〇万ポンドの紙券が貨幣として国内に流通していると仮定し（というのは、わが国の巨額の基金がすべてこの形態で用いられているとは想像できないから）、国の実際の現金は一八〇〇万ポンドであると仮定しよう。すなわち、ここに三〇〇〇万ポンドの貨幣の貯えを持ちうることが経験から分かっている一国家が存在しているとするのである。ところで、この国がそれだけの貨幣を保有しうるならば、紙券というこの新しい発明によって金銀の流入をわれわれが妨げなかった場合、それを金銀の形で必ず獲得したにちがいない。〈どこからその金銀を獲得したのだろうか？〉　世界のすべての国からである。〈しかし、なぜか？〉　それは、もしこの一二〇〇万ポンドが取り除かれれば、わが国の貨幣はわが近隣の諸国民に比べてその水準以下となり、われわれはすべての近隣諸国民からただちに〔貨幣を〕引き出し、ついに、いわば貨幣の充満・飽和という状態に達して、これ以上は保有できなくなるにちがいないからである。わが現在の政策によって、われわれは、あたかも貴金属の過剰を恐れてでもいるかのように、念入りにも銀行券や小切手というこの結構な財貨で国を満たそうとしているのである。

フランスの地金が非常に豊富なのは、疑いもなく紙券信用のないことに負うところが多い。フランス人は銀行をもたない。そこでは商業手形はわが国のようには流通していない。徴利、すなわち利付貸し出しは直接には認められていない。したがって、多くの人が大金を自分の金庫にしまっている。きわめて多量の金銀器が個人の家庭で用いられているし、またどの教会も金銀器でいっぱいである。そのため、彼らのあいだでは食糧と労働は、金銀がその半分もない国民よりも相変わらず安価である。公共の重大な非常事態においてと同じく貿易上も、こうした事態が有利なことはあまりに明白で、論じるまでもない。

数年前に、金銀器の代わりに陶器を使用するという流行がジェノヴァで始まり、その流行は今なおイングランドとオランダで行なわれているのであるが、上院はその結果を予知して、あの壊れやすい財貨をある程度を越えて用いるのを禁止した。一方、銀器の使用は無制限のままにされた。そして最近彼らが困ったときに、彼らはこの布告の好影響を感じたと私は思う(6)。

(5)　第三論説〔「貨幣について」〕において、貨幣はそれが増加しつつある場合、その増加と物価の騰貴との中間期に勤労を促進すると述べた。この種の好結果は紙券信用からも生じうるであろう。しかし、国事の激動に際して、常に起こるにちがいないような信用の失墜によって、一切を失うかもしれないという危険を冒してまで、むやみと事態を促進するのは危険である〔この脚注はⅠ版から〕。

(6)　この点からすれば、金銀器に課すわが国の税はいささか拙い政策であると言えよう〔この脚注はⅠ版からは本文に組み込まれた〕。

わが植民地に紙幣が導入されるまでは、流通に十分なだけの金銀があった。紙幣の導入以来生じた最小の不便は、貴金属の全面的な放逐である。したがって、紙券が廃止されれば、こうした植民地が手工業と財貨——これは商業上の価値ある唯一のものであり、またすべての人が貨幣を欲しがるのはもっぱらそのためである——をもつ限り、貨幣が戻ってくることには疑問がないのではないか？（訳注9）

（訳注9）　I版まで「?:」があった。

リュクルゴスがスパルタから金銀を放逐したいと思ったとき、紙券信用を思いつかなかったのは、いかに残念なことであったか！　もし紙券信用が用いられていたら、それは彼が貨幣として用いた鉄塊より彼の目的にいっそう適っていただろうし、またその真実の内在的価値は鉄塊よりもはるかに少ないから、外国人とのすべての商業をもっと効果的に阻止したであろう。（訳注10）（訳注11）

（訳注10）　プルタルコス『英雄伝』におけるリュクルゴスの生涯、第九節を見よ。彼が鉄の貨幣を使用する命令を出したのは、隠匿できなくするためであった。**Miller, p. 318 note** より。

（訳注11）　この次に、O版で、二パラグラフが追加された。「しかしながら、ここで認められなければならないことだが、貿易（trade）と貨幣に関するこうした諸問題はすべてきわめて複雑であるから、紙券信用と銀行の長所がそれらの短所に勝ることを示すように、この主題を考えうる観点も確かに存在するのである。紙券信用と銀行とが正金や地金銀を一国から駆逐することは、疑いもなく真実であり、この事情以上に進んだ考察をしない人が、それらを非難するのはもっともなことである。しかし、正金や地金銀は何ものにも代えがたいというほど重要ではないし、また紙幣の正しい使用によって促進されうる勤労と信用の増大から生じる超過差額でさえそうである。貿易商人にとって必要なときに手形を割引できることが、いかに利益であるかはよく知られている。だから、この種の取引を容易にするものは、一国の商業全般にとって有益である。ところが、私営の

銀行家たちは、自らの店舗の預金から得る信用によって、このような信用を供与できるのである。イングランド銀行は、これと同様に、すべての支払において、自らがもつ銀行券発行の自由によって、信用を与えられるのである。数年前にエディンバラの諸銀行によって始められたこの種の考案があったが、これは、商業において実行された最も巧妙な考案の一つなので、スコットランドにとって有利だと考えられもした。それはスコットランドで銀行信用（BANK=CREDIT）と呼ばれており、次のような性質のものである。ある人が銀行へ行って一〇〇〇ポンドの担保を設定するものと仮定しよう。この貨幣またはその一部を、彼には好きなときにいつでも引き出す自由があり、その貨幣が彼の手中にあるあいだは、それに普通の利子を支払うだけである。彼は好きなときに、いくらでも、一〇ポンドのような小額でも、返済でき、利子は返済のその日から減額される。この考案から生じる利益は多数ある。自分の資産にほぼ近い金額の担保を設定でき、自分の銀行信用は現金と同等であるから、商人はそれによって彼の住宅、家具、倉庫内の財貨、彼に支払われるべき外国の債務、および海上の彼の船舶をいくぶんか鋳貨に代えるのであり、必要なときには、あたかも当該国の通貨でもあるかのようにすべての支払いにそれを用いうるのである。ある人が個人から一〇〇〇ポンドを借りるとすれば、必要なときにそれ〔一〇〇〇ポンド〕が必ずしもあるとは限らないうえに、彼は借入金を使用するか否かに関わらず、それに利子を払う。これに対して、銀行信用の場合は、それが彼の役に立つ期間以外には少しも経費がかからない。だから、こうした事情は、彼がはるかに低い利子で貨幣を借りたとした場合と等しい利益がある。同様にまた商人は、相互の信用を維持するうえでもこの考案から大きな便宜を得るのであって、これによって破産は相当防止される。自分の銀行信用を使い果たした場合は、同じ状態にはない隣人の誰かのところへ行って貨幣を手に入れ、それを自分の都合のよいときに返済するのである。

このような慣行がエディンバラで数年間行なわれたのち、グラスゴウでいくつかの商人組合〔会社〕が事態をさらに推し進めた。これらの会社は連合でそれぞれの銀行を設立し、一〇シリングというような小額の手形を発行し、それを財貨や製品や商工業者のあらゆる種類の労働に対する一切の支払いに用いた。こうした手形は、それらの会社の確実な信用に基づいて、国内のいたるところであらゆる支払いに貨幣として通用した。この方法によって五〇〇〇ポンドの資本は、六〇〇〇ポンドや七〇〇〇ポンドと同様の働きができ、貿易商人はそれによってさらに大規模に貿易できたのであって、すべての取引においてより低い利潤で納得するようになった。しかし、こうした考案は、それからどのような利益が他に生じようと、信用に過大な便宜を与えて危険なだけではなく、貴金属を駆逐することがやはり認められねばならない。そしてスコットランドの過去と現状の比較ほど、この問題の明白な証拠となるものはない。合邦後行なわれた貨幣改鋳の際に、スコットランドには一〇〇万ポンドに近い正金があることが分かった。ところが、富の大きい増加とあらゆる種類の商工業の著しい発展とにもかかわらず、現在流通している正金は、イングランドへの金銀の特別大きな流出もなかったのに、はじめの額の三分の一にも達しないと見られている」。

ところが、わが国の愛好する紙券信用の企画が有害であるのと同様に、(訳注12)私の意見では、貨幣をその水準以上に高騰させる唯一の方策は、われわれのすべてが大災害をもたらすとして大いに非難するはずの破滅的な方法、すなわち莫大な金額を国庫に集めて錠を下ろし、その流通を完全に妨げることである。隣接する要素と流通しない流動体は、このような方策によってわれわれの望む高さに引き上げうる。これを証明するには、わが国の現金の半ば、あるいはその一部を消滅させるという、われわれの最初の仮定に戻りさえすればよい。その場合には、このような出来事の直接の結果として、近隣のすべての国からそれに等しい金額が引き寄せられることが分かった。こうした退蔵行為には、事物の性質上、必然的な限界をけっして設けられないように思われる。ジュネーヴのような小都市が、もしこの政策を幾時代も継続するならば、ヨーロッパの貨幣の一〇分の九を独占することもありうる。しかし、実際、人間の本性には富の莫大な増加を妨げる克服しがたい障害があるように思われる。莫大な財宝をもつ弱小国は、遠からず、隣接諸国のなかで、より貧しいがより強力ないずれかの国の餌食になるであろう。一方、大国は危険で無謀な企画に富を浪費し、おそらくそのうえ、もっと貴重なものである国民の勤労、道義、および人口を破滅させてしまうであろう。この場合、あまりにも高く引き上げられた流動体は、それが入っている器を張り裂いて、周りの要素と混ざって、ほどなくその適切な水準まで下落するのである。

（訳注12） O版からは「ところが、わが国の紙券信用の考案が、貨幣をその水準以下に下落させうるほとんど唯一の方策であるのと同様に」。

われわれは普通この原理をほとんど知らないために、すべての歴史家がヘンリ七世の行なった莫大な財宝の集積（それは一七〇万ポンド（訳注13）に達する）という近頃の出来事を異口同音に述べているにもかかわらず、われわれは自分たちの根深い偏見にどうしても合わない事実を承認するより、むしろ歴史家の一致した証言を拒否するのである。この金額がイングランドの全貨幣の四分の三に相当するというのは、なるほどありうることである。しかし、このような金額が狡猾、貪欲、節倹で、しかもほとんど絶対的な一君主によって二〇年間に蓄積されえただろうと考えるのに、どこか差し障りがあるだろうか？ 流通貨幣の減少が国民に敏感に気づかれるか、あるいは国民に少しでも害を与えるかしたとは思えない。すべての財貨の価値の下落は、近隣諸国との商業上、イングランドに有利な立場を与え、それによってその流通貨幣の減少をただちに回復させるはずだからである。

（訳注13） Q版で「二七〇万ポンド」に変更。

アテナイ共和国のような小国が、メディア戦争とペロポネソス戦争のあいだの五〇年ほどのあいだに（7）、その同盟諸国とともに、ヘンリ七世の蓄積額より多い（訳注14）金額を貯えた例もあるのではないか？ というのは、ギリシアの歴史家[8]や雄弁家[9]が一致して認めているところによれば、アテナイ人が城砦内に一万タレント以上も貯えたが、後にそれを分別のない軽率な事業に使い果たし自ら滅亡したということだからである。しかし、この貨幣が流動的となり、その周りの流動体と交わり始めたとすれば、その結果はどうだったか？　貨幣は国内に留まっただろうか？　否である。というのは、デモステネス[10]とポリュビオス[11]が言及しているあの有名な財産登録（census）によれば、それから約五〇年後に、土地、家屋、財貨、奴隷、および貨幣を合わせた共和国の全財産の価値は六〇〇〇タレント以下だったからである。

アテナイ人は、もし市民のあいだで分配しようと思えば、わずか一回の投票でいつでもできたし、また分配すれば各人の富をほぼ三倍にもできるほどの金額を持ちながら、征服を志してそれを国庫に蓄え保持したのであるが、彼らはなんと野心的で意気盛んな国民だったことであろうか！　なぜなら、アテナイの人口とその個人の富は、ペロポネソス戦争の勃発時にはマケドニア戦争の勃発時よりも多くはなかった、と古代の著作家たちが述べていることに注意すべきだからである。

（訳注14）　Q版で「より多い」は「さして劣らぬ」に変更。

フィリッポスとペルセウスとの時代のギリシアの貨幣は、ヘンリ七世の時代のイングランドよりも多くはなかった。それでも、この二人の君主は三〇年間に[12]、小さなマケドニア王国からこのイングランド王の財宝以上の財宝を集積したのであった。アエミリウス・パウルスは、ほぼ一七〇万ポンド・スターリングをローマにもたらした[13]。プリニウスはそれを二四〇万ポンドだと述べている[14]。しかも、それはマケドニアの財宝のほんの一部にすぎなかった。残りはペルセウスの反抗と敗走によって使い果たされたのである[15]。

スタニアンから知りうるように、ベルン州は三〇万ポンドの資金を貸付けており、なおその六倍以上を国庫に貯えていた。だからここには一八〇万ポンド・スターリングの退蔵額があり、それはこのような小国で自然に流通すべき額の少なくとも四倍にあたる。しかも、ペー・ドゥ・ヴォーやこの州のどの地方へ旅しても、あの程度の面積と風土と位置の国において、想像できる以上の貨幣不足は見かけない。それどころか、反対にフランスやドイツの大陸で今日住民がこれほど富裕な内陸地方は他にはまず見られない。もっとも、この州はスタニアンがスイスについての聡明な説明を書いた一七一四年以降に財宝を大いに増大したのであるが[16]。

プトレマイオス家の財宝についてアッピアノス[17]が行なった計算は、あまりにも巨額なので承認できない。

---

(7) ヘンリ七世の時代の一ポンド・スターリングには約八オンスの銀が含まれていた〔この脚注はQ版で削除〕。

(8) トゥキュディデス〔『歴史』〕第二巻第一三章、およびシケリアのディオドロス〔『歴史文庫』 *Bibliothieke*〕第一二巻第四〇節。

(9) アイスキネス（六八八頁）〔Aeschines, *The Speech on the Embassy*, sec. 175〕、およびデモステネス『書簡集』〔Demosthenes, *Third Olynthiac Oration*, sec. 24〕を参照。

(10) 『課税集団について』 *Περὶ Συμμορίας* 第一八三〔Demosthenes, *On the Navy-Boards*, sec. 19〕。

(11) 〔ポリュビオス『歴史』〕第二巻第六二章。

(12) ティトゥス・リウィウス〔『ローマ建国史』〕第四五巻第四〇章。

(13) ウェレイウス・パテルクルス〔『ローマ史』〕第一巻第九章。

(14) 〔『博物誌』〕第三三巻第三章。

(15) ティトゥス・リウィウス、前掲書〔『ローマ建国史』〕。

それに、アレクサンダー大王の他の後継者もまた倹約で、彼らの多くがこれにさほど劣らぬ財宝をもっていたと、この歴史家は述べているから、なおさらである。というのは、近隣の君主たちのこうした蓄財気質は、前述の理論によれば、エジプトの君主らの節倹を必ず阻止したに相違ないからである。アッピアノスが言及している金額は、アーバスノット博士の計算によれば、七四万タレント、すなわち一億九一一六万六六六六ポンド一三シリング四ペンスである。しかもアッピアノスは、彼の計算を公的記録から抽出したと述べており、それに彼自身はアレクサンドリア生まれであった。

以上の諸原理から、ヨーロッパのすべての国民が、イングランドも同様に、貿易に課してきた無数の障壁、妨げ、および関税について、われわれはどのように判断すべきかを知りうる。〔これらの政策は〕流通するあいだはその水準以上にはけっして積み重ならない貨幣を貯えようとする法外な願望からか、それともその水準以下にはけっして下落しない正貨を失うのではないかという根拠の間違った懸念から〔生じたものである〕。わが国の富を失わせるものがあるとすれば、それはこのような無思慮な考案であろう。しかしながら、世界の創造主が隣接する諸国民に、互いに非常に違った風土、気候、および才能を与えることによって意図した、あの自由な交流と交換を、隣接する各国民から奪い取るという一般的な悪い結果は、これらの考案から生じるのである。

わが国の近代の政策（現代政治）は、貨幣を駆逐する唯一の方法である紙券信用の使用を行なっているが、貨幣を集積する唯一の方法である貨幣退蔵の慣行を退けており、そして勤労を阻害し、われわれ自身とわが隣国から技術と自然の共通の利益を奪う以外には、何の役にも立たぬ無数の考案を採用しているのである。

しかしながら、外国の商品に課されるすべての租税が有害、あるいは無益と見なされてはならず、上述の嫉妬に基づく関税だけがそうなのである。ドイツのリンネル（亜麻布）への課税は、国内手工業を奨励し、それによってわが国民と勤労を増大させる。ブランデーへの課税は、ラム酒の売れ行きを増大させて、わが南部植民地を支える。また政府を維持するために、関税が徴収されることが必要であるから、貿易港で容易に捕捉し、課税できる外国商品に関税を課すのがより好都合だと思われよう。しかしながら、関税の算術では、二足す二は四にならず、しばしば一にしかならぬという、スウィフト博士の金言（訳注15）を常に銘記しておくべきである。もしワインの関税が三分の一に引き下げられたなら、関税は政府に現在よりもはるかに多くをもたらすことは疑えない。これによってわが国民は普通にもっと良質で健康によいワインを飲めるし、またわれわれが大いに嫉妬を抱いている貿易差額に悪影響が及ぶこともないであろう。農業以外のエール酒の醸造

（16） スタニアンが言及している貧困は、貨幣をもたらす財貨のない、最も山の多い山岳諸州に見られるだけである。しかもそこでさえ、住民は一方のザルツブルク管区や他方のサヴォアにおけるよりも貧しくないのである〔『スイス事情』、Abraham Stanyan, *An Account of Switzerland Written in the Year 1714* (1714)――Miller, p. 323〕。

（17） 〔『ローマ史』〕「緒言」第一〇〔Appian, *Roman History*, Preface sec. 10, Loeb edition. アーバスノットは『ギリシア、ローマ、ユダヤの度量衡表』*Tables of the Grecian, Roman and Jewish Measures Weights and Coins* (1705) の著者。一七二七年に大幅増補されてタイトルも変更された。*Tables of Ancient Coins, Weights, and Measures*――Miller, p. 323〕。

は些細なものにすぎず、わずかの人手に仕事を与えるにすぎない。ワインと穀物との運送は〔これに〕はるかに劣るわけではないであろう。

（訳注15） スウィフト『アイルランド王国の貧しい住民、商人、労働者の覚書と呼ばれている文書への回答』Jonathan Swift, *An Answer to a Paper called A Memorial of the Poor Inhabitants, Tradesmen and Labourers of the Kingdom of Ireland*（1728）を参照。「ロンドンの税関からずっと以前に聞いた秘密を教えよう。彼らは言った。いかなる財貨であれ、標準率以上の課税をされているように思われたとき、その帰結は収入部門を半分にすることであった。そして税関の紳士の一人は喜んで私に告げた。議会の間違いは、このような場合に、二足す二が四になるという計算間違いによる。しかるに、重い課税を課す仕事においては二足す二はけっして一以上にはならないであろう。それは輸入を減らし、高関税を支払う財貨を逃がす強い誘惑を生み出すからである」。Herbert Davis, ed., *The Prose Works of Jonathan Swift*（Oxford: Blackwell, 1939–68）vol. 12, p. 21——Miller, pp. 324-325.

しかし、国家や王国には、かつては富んで裕福だったが今では貧しく困窮している実例がよくあるではないか？　あるいは、こうした諸国がかつては豊富にもっていた貨幣がそれらの国から流出しなかったか？と読者は言われるであろう。私は答えるが、もしそれらの国が自らの交易、勤労、および国民を失ったのであれば、自らの金銀を保持し続けることは期待できない。なぜなら、こういう貴金属は、前者〔交易、勤労、および国民〕の優位に比例するからである。リスボンとアムステルダムとがヴェネツィアとジェノヴァから東インド貿易を奪ったとき、両都市はこの貿易から生じる利益と貨幣もまた手に入れたのである。政府の所在地が移転する場合、経費のかかる軍隊が遠隔地で維持されている場合、多額の基金〔ファンド、公債〕が外国人に保有されている場合には、こうした諸原因から正貨の減少が自然に生じるのである。しかし、こうした諸原因は、貨幣を運び去る暴力的で強制的な方法であって、やがては一般に人民と勤労の移動を伴うことを、われわれは観察するであろう。しかし、国民と勤労が存続し、貨幣流出が続かない場合、貨幣はまったくわれわれの思いもよらない無数の水路からいつも元に戻ってくるのである。フランダース(訳注16)において、革命以来、三度の長い戦争が進行するなかで、あれほど多くの諸国民によってどれほど莫大な財宝が費やされただろうか？　おそらく現在ヨーロッパにある貨幣の半ば以上だろう。しかし、その貨幣は今どうなっているのか？　それはオーストリア諸州の狭い範囲内にあるのだろうか？　確かに、そこには存在しない。その貨幣はすでに大部分、それが出てきたいくつかの国に戻っており、最初に貨幣を獲得した技術と勤労について行なったのである。しかし、(訳注17)それは多くの秘密で感知できない水路を通って空になってしまった。そして商工業の欠如は現在ローマ法王領をイタリア全土で最も貧しい領土にしているのである。

（訳注16）　当時、フランダースはスペイン領ネーデルラントの一部で、ヒュームが論じている時代（一六八八―一七五二年）には、イングランド、ホラント、フランス、スペイン、神聖ローマ帝国の領土争いが展開し、三度の戦争の結果、この時期には大部分がオーストリアの支配下にあった。Miller, p. 326.

（訳注17）　K版から「千年以上のあいだ、ヨーロッパの貨幣は、公然の感知できる流れをなして、ローマに流れ込んできた」が加筆。

要するに、政府には自らの人民と手工業を注意深く保存すべき大きな理由がある。その貨幣は、懸念や嫉妬を抱かずに、安んじて人事の成り行きに委ねてよいだろう。すなわち、もし政府が後者〔貨幣〕の事情に注意を払うとしても、それが前者〔国民と手工業〕に影響を与える限りでのみそうすべきなのである。

論説六　勢力均衡について

勢力均衡（balance of power）という〈思想〉が、まったく近代の政策（modern policy）に起因するのか、それともその〈言葉〉だけがこうした後の時代に発明されたのかは、問題である〔K版からは「?」が追加〕。クセノフォン[1]が自らの『キュロスの教育』において、アジア諸列強の団結は、メディア人とペルシア人の軍事力の増大に対する嫉妬（jealousy）から生じた、と主張しているのは確かである。したがって、あの優雅な作品は、まったくの作り話（romance）と考えられるべきであるにせよ、この著者によって東洋の君主たちに帰されているこの感情は、古代に広く行き渡った観念であったことの少なくとも一つの証拠ではある。

ギリシアのすべての政治（politics）には、〔勢力〕均衡に関する心配がきわめて明白であり、古代の歴史家によってさえ、明示的にわれわれに指摘されている。トゥキュディデス[2]はアテナイに対抗して結成され、ペ

（1）第一巻第五章第三節〔*Cyropaedia*（The Education of Cyrus）1.5.2-3〕。

（2）〔『歴史』〕第一巻第二三章。

ロポネソス戦争を引き起こした同盟を、まったくこの原理に起因するものとして述べている。またアテナイの衰退後、テーバイ人とラケダイモン人とが覇権(sovereignty)を争ったとき、アテナイ人は(多くの他の共和国と同様に)いつも劣勢な側に味方し、均衡を保つよう努力したことを、われわれは見出す。アテナイ人はレウクトラでエパメイノンダスが大勝利するまでは、スパルタに対抗したテーバイを援助した。この勝利の後に、彼らはただちに被征服者側についたが、これはアテナイ人の主張では、寛大(generosity)からというが、しかし、実際には、征服者に対する彼らの嫉妬からであった(3)。

デモステネスがメガロポリス人に対して行なった演説を読む人は誰でも、ヴェネツィアかイングランドの政略家(speculatist)が思いついたこの原理が、最高に洗練されていることを理解するであろう。またマケドニアの勢力が初めて興隆したとき、この雄弁家はただちに危険に気づいて、ギリシア全土に警鐘を鳴らし、ついには重大で決定的なカイロネイアの戦闘を戦ったあの同盟を、アテナイの旗のもとに結集したのである。

なるほど、ギリシア人の戦争は、歴史家によって、政策(politics)の戦争というより、むしろ競争心(emulation)の戦争と見なされている。またどの国家(state)も、いかなる磐石の権威と支配権を望むよりも、他国を先導するという名誉をいっそう考えていたように思われる。実際に、どの共和国の人口も、ギリシア全体と比較して少ないこと、当時は包囲作戦をとることがきわめて困難であったこと、さらにあの高貴な国民のすべての自由人が、非凡な勇敢さと規律(extraordinary bravery and discipline)をもっていたことを、もしわれわれが考慮するなら、勢力均衡がギリシアにおいてはおのずから十分に維持されており、他の時代なら必要になるかもしれない注意をもって防衛される必要がなかったのだ、と結論するだろう。しかし、ギリシアのすべての共和国に見られる、あの敵味方の交替の原因を、われわれが〈嫉妬深い競争心〉に帰そうと、〈慎重な政策〉に帰そうと、結果は同様であり、どの支配的勢力も必ずそれに対抗する同盟（confederacy）、しかもしばしば昨日の友邦や連盟国からなる同盟に直面することになった。

アテナイの〈陶片追放〉〔専制の予防策として紀元前六世紀にクレイステネスが導入した民主的改革、陶片を用いた投票による民会の議決で危険な市民の一〇年間の国外追放を決めた〕、およびシラクサの〈葉片追放〉〔陶片追放を真似た制度で、オリーヴの葉を使った〕を生み出し、名声か権力で他の市民を凌ぐすべての市民を追放した、この同じ原理、それを羨望（envy）〔訳注1〕と呼ぼうと慎慮（prudence）と呼ぼうと、実は、この同じ原理は自然に対外政策に現われ、その権威の行使においていかに穏健（moderate）であろうとも、やがて先頭に立つ国家に対する敵を興隆させたのである。

〔訳注1〕ヒュームは Jealousy と Envy を区別せず、同義で使っている。

ペルシア王は実際に、その実力では、ギリシアの諸共和国と比較して一小君主であった。したがって、彼は競争心から以上に安全を考えることから、ギリシアの共和国間の争いに関心をもち、どの争いでも弱いほ

（3） クセノフォン『ギリシア史』第六巻および第七巻〔紀元前三七一年のテーバイのスパルタに対する勝利によって、スパルタの覇権が崩壊したが、テーバイの強大化を恐れたアテナイは紀元前三六九年に宿敵スパルタと同盟を結んだ。Miller, p. 333 note より〕。

うを支援しなければならなかった。これはアルキビアデスがティッサフェルネスに与えた助言であったが[4]、それによりペルシア帝国の時代はほぼ一世紀近くも延びた。しかしついに、フィリッポスという野心的な天才が現われたのちに、一瞬この助言を無視したために、あの高く聳え立った壊れやすい建築物は、人類史上ほとんど例を見ない速さで瓦解してしまったのである。

アレクサンダー大王の後継者たちは、勢力均衡〔の維持〕に非常な嫉妬心を示したが、その嫉妬は真の政策と慎慮に基づいていた。したがって、その嫉妬によってこの有名な征服者の死後に実施された領土分割が、数時代にわたって明確に保持されたのである。アンティゴノス[5]〔アレクサンダーの部将〕の幸運と野心のために、彼らは新たに世界王国（universal monarchy）の脅威に晒された。しかし、彼らの団結とイプソスでの彼らの勝利が彼らを救った。またその後の時代においても、東洋の君主たちは、ギリシア人とマケドニア人を、彼らが何らかの交渉をもつ唯一の現実の軍事勢力と見なし、世界のこの地方にいつも警戒の眼を向けていたことを、われわれは見出す。とくにプトレマイオス王家は、最初はアラトス〔将軍〕とアカイア同盟を、ついでスパルタのクレオメネス王を支持したが、これはほかならずマケドニアの君主たちに対する対抗勢力として考えられたのである。そして、以上はポリュビオスがエジプトの政策について与えている説明である[6]。

古代人が〈勢力均衡〉をまったく知らなかったとなぜ推測されるかの根拠は、ギリシア史から以上にローマ史から引き出されるように思われる。そしてローマ史の出来事（transactions）は一般にわれわれに最も馴染みがあるので、われわれはそこからわが結論のすべてを引き出してきたのである。なるほど確かに、ローマ人は、その迅速な征服と公然の野望から当然に予期しうるような、彼らに対決する全般的な団結や同盟にまったく遭遇しなかった。その近隣諸国を平和のうちに次々と服従させ、ついには既知の世界のすべてにその支配権を広げることができた。彼らのイタリア戦争[7]に関する寓話めいた歴史は措くとしても、ハンニバルがローマの国家に侵入したとき〔紀元前二一八年〕には、重大な危機があり、それはすべての文明諸国民（civilized nations）の注意を引きつけたはずである。後にこれは世界帝国を目指す争いであったことが明らかとなった（当時でもそう見て取ることは困難ではなかった[8]）が、しかし、いかなる王も国家もこの争いの出来事あるいは勃発にまったく驚かなかったように思われる。マケドニアのフィリッポスは、ハンニバルの勝利を見るまでは、中立を保ったが、その後、きわめて軽率にもこの征服者と同盟を結んだ〔紀元前二一五年〕。しかもその条件はさらに軽率なものであった。彼が約束したのは、彼はカルタゴの国家のイタリア征服を援助しなければならないこと、そしてその征服の後にカルタゴは、フィリッポスのギリシア諸共和国（commonwealths）の征服を支援するために、ギリシアへ援軍を送るということであった[9]。

ロドス共和国とアカイア共和国は、古代の歴史家によって、その知恵と堅実な政策を非常に称賛されている。しかし、両者ともローマ人がフィリッポスおよびアンティオコスと戦ったとき、ローマ人を援助したのであった。この〔勢力均衡という〕原則が当時一般に知られていなかったということを示す、これ以上に有力

（4）トゥキュディデス〔『歴史』〕第八巻第四六章。

（5）シケリアのディオドロス〔『歴史文庫』〕第二〇巻第一〇六章。

（6）〔ポリュビオス『歴史』〕第二巻第五一章。

な証拠を他に考えられるだろうか。というのは、古代の著作家はただ一人として、そのような政策の迂闊さに注目しなかったし、フィリッポスがカルタゴ人と結んだ、上述のあの馬鹿げた条約を非難することさえしなかったからである。君主と政治家（statesmen）は、いつの時代にも、出来事に関する自らの推論において、あらかじめ、曇った眼しかもたないであろう。しかし、のちになって、歴史家がそれらの出来事についてより健全な判断をもてないというのは、多少異常なことである。

マッシニッサ、アッタロス、プルシアスは、彼らの私的な情念を満たすために、三人ともローマを強大にする道具となった。彼らは自分たちの同盟国の征服を進めて行ったあいだに、自分たち自身を縛る鎖を鍛えているのではないかとは、疑ってみなかったようである。マッシニッサとカルタゴ人のあいだの唯一の簡単な条約と協定――それは相互の利益から非常に必要であった――が、ローマ人のアフリカ侵入を完全に防止し、人類に自由を保持させたのである。

ローマ史のなかでわれわれが出会う君主のなかで、勢力均衡を理解していたと思われる唯一の君主は、シラクサ王のヒエロンである。彼はローマの同盟者であったけれども、ローマの援軍が戦っているあいだ、カルタゴ人に援助を送った。ポリュビオスによれば[10]、「シシリーにある彼の領土を保全するためにも、またローマの友情を保持するためにも、カルタゴが安全であることが必要だと彼は見なした。なぜなら、カルタゴが倒れ、生き残った勢力が、対立や反対なしに、あらゆる目的と企てを遂行できるようになってはならないからである。したがって、そこで彼は大いなる知恵と慎慮をもって行動したのである。というのは、ローマの友情を保持することは、是非とも、見逃してはならないことであり、またかくも強大な勢力が一国の手

（7） 最近、ローマ史の初期時代に関して、強い疑念が批評家のあいだで生じており、私の見解では、これは理由の無いことではない。それらは、ガリア人のローマ掠奪後までは、ほとんどまったくの作り話ではなかろうか。それ以後の、ギリシア人がローマの出来事に注意を払い、それを記述し始めるまでの、いくらかの期間でさえも、疑わしいのではないか、と言うのである。しかしながら、この懐疑論は、私にはローマの国内史に関しては、まず額面通りに支持しうるとはほとんど思われない。というのは、国内史には真実らしさや、〔そうであっただろうという〕蓋然性がかなりあり、仮構や作り話（fiction and romance）に耽るほど道徳、あるいは判断力に欠けた一人の歴史家が作り上げたものとは、ほとんど考えられないからである。〔そこに述べられている〕諸々の革命は、その原因によく釣り合いがとれていると思われる。党争の進展は政治的経験によく合致している。その時代の生活様式や原則はすこぶる一定不変で自然なものであり、どのような真実の歴史でも、これ以上の正しい考察と改善を提供することは、ほとんどできないほどである。リウィウスに関するマキァヴェッリの論評（確かに偉大な判断力と才能の作品である）は、作り話めいていると述べられている、この時代にすべてその論拠を置いていないであろうか。したがって、私の個人的な感情（sentiments）としては、喜んで批評家たちと意見を同じくして、当時の戦闘や、勝利、凱旋は、キケロが述べているように、それぞれの家伝によって極端に歪曲されたことを、快く認めることにしよう。しかし、国内の党争に関する記述には、後世に伝えられる二つの対立する話があったので、この両方が作り話に対する抑制として役立ちもし、同時にまた、後代の歴史家たちが比較と推論から何らかの真実を集めることもできたのである。リウィウスがエクウス人とヴルスクス人に帰している殺戮の半分でさえ、フランスとドイツの住民を絶滅してしまうことになるだろう。だからこの歴史家も、物事の表面しか見ていないと非難されてもおそらくは正当であろうけれども、ついには自分の語りが信用できないものであること衝撃を受けている。この同じ誇張好きがローマの軍勢および〈国勢調査〉の数字を大げさなものにしたと思われる〔K版からは削除〕。

中に帰し、その結果、近隣諸国が無力化され、それに対して自国の権利も守れないということも、あるべきではないからである。」ここには近代政治の目的が明確な言葉で指摘されている。

要するに、勢力均衡を保持するという原則は、大いに常識（common sense）と明白な推論とに基づくものであるから、古代にこの原理がまったく知られていなかったということはありえない。なぜなら、古代には、他の点において、深い洞察力と識別力を証拠立てるきわめて多くの痕跡が見られるからである。この原則が現代ほどには一般的に知られず、認められていなかったとしても、それは少なくともより賢明かつ経験豊かな君主や政治家のすべてに影響を与えていたのである。また実際のところ、現在にあってさえ、思索的な理論家のあいだでいかに一般的に知られ認められていようとも、実践においては、世界を統治する人びとのあいだに、それほど大きな権威をもってはいないのである。

ローマ帝国の没落後、北方の征服者たちが樹立した統治形態は、征服をそれ以上に進めることを大いに不可能にし、長く各国をその固有の国境内に留めることになった。しかし、家臣制と封建的民兵が撤廃されたときに、人類は、多数の王国や公国が皇帝カール〔五世〕の一身において統合されることに由来する、世界君主政（universal monarchy）の危険に新たに脅かされることになった〔カール五世は一五一九年から五六年にかけてヨーロッパの統一帝国を樹立しようとした〕。しかし、オーストリア家の勢力は広大ではあるが分割された領土に基礎をもち、その富を主に金銀鉱山から引き出していたために、彼らに対して築かれた保塁をすべて破壊する以上に、自らの内部的欠陥が原因で自壊する傾向があったように思われる。一世紀も経たないうちに、この凶暴で傲慢な一族の実力は粉砕され、その富裕は消散し、その光輝は陰ってしまった。後を引き継いだ新しい勢力は、ヨーロッパの自由にとっていっそう恐るべきものであり、オーストリア家の利点を全部もち、しかも頑迷と迫害の精神——オーストリア家は非常に長いあいだこの精神に夢中になっていたし、また今日なお大いにそうである——を共有する以外には、オーストリア家の欠点に悩むことはまったく無かった。

ヨーロッパは現在、一世紀以上ものあいだ、人類の市民的、あるいは政治的結合によっておそらくかつて形成された、最大の勢力に対して防衛を続けている。そしてまさに今論じている原則の影響によって、あの野心的な国民は、過去五回の世界各地での戦争において四回勝利を収め、[11]一回だけ失敗した[12]けれども、その領土を拡張することもさほどなかったし、ヨーロッパに対する全面的な優位も獲得しなかった。逆に、これからもずっと長いあいだ、抵抗を続けていけば、人事の自然的な転回（natural revolutions of human affairs）が予見しがたい出来事や偶発事件と合わさって、われわれを世界君主政から防御し、そのような重大な害悪から世界を守りうるのではないか、という希望がまだ残っている。

こうした世界各地での戦争のうち最近の三回では、ブリテンはこの栄光ある戦いの先頭に立った。そして

（8） これは、ナウパクトスのアゲラオスの演説によって明らかなように、全ギリシア会議においてある人びとによって述べられた。ポリュビオス〔『歴史』〕第五巻第一〇四章を参照せよ。

（9） ティトゥス・リウィウス〔『ローマ建国史』〕第二三巻第三三章。

（10） 〔ポリュビオス『歴史』〕第一巻第八三章。

（11） ピレネー、ナイメーヘン、ライスウィック、およびエクス・ラ・シャペルの講和で終結した諸戦争。

（12） ユトレヒトの講和で集結した戦争。

ブリテンは今なおヨーロッパの全般的自由の守護者、人類の保護者としての自らの地位を保持している。(訳注2) 大ブリテンの国民は、その富と位置での利点のほかに、国民精神によって鼓舞され、さらにその統治の計り知れない恩恵を十分に理解しているので、非常に必要でかつ正当な大義のある場合に、その意気はけっして萎えることはないと希望してよい。それどころか、過去に徴すれば、彼らの情熱的な熱意は、むしろ少し穏和にすることさえ必要に思われる。彼らは非難すべき熱意の不足よりも、称賛すべき熱意の過剰から、誤りを犯すことがより頻繁だったからである。

(訳注2) Q版からは以下のようになっている。「この野心に満ちた勢力に反攻して続けられた世界各地の諸々の戦争において、大ブリテンはこれまで先頭に立ってきたし、今なおその地位を維持している」。

〈第一〉に、われわれは近代の政治（modern politics）の慎慮ある見解によって動かされるよりは、古代ギリシアの嫉妬深い競争心（jealous emulation）にいっそうとりつかれてきたように思われる。わが国のフランスとの戦争は、正義とともに、おそらくは必要からさえ、始まったのであるが、しかし、頑固さと激情のために常に行きすぎてきた。後になって、一六九七年にライスウィックで締結された当の講和は、実は早くも九二年に提議されたものである。また一七一二（一七一三）年にユトレヒトで締結された当の講和は、一七〇八年にゲルトルイテンベルクで、同じ好条件で決着をつけられたものである。また一七四八年にエクス・ラ・シャペルでわが国が喜んで受け容れたのと同じ条件を、われわれは四三年にフランクフルトで与えることができたであろう。したがって、以上から分かるように、わが国のフランスとの戦争の半ば以上と、わが国の公債のすべては、隣接諸国民の野望によりもわれわれ自身の軽率な熱狂にもっと起因しているのである。

〈第二〉に、わが国はフランスの勢力との対抗を非常に明確に言明し、わが国の同盟国を油断せずに防衛しているので、同盟国は常にわが国の軍事力を自国の軍事力のように当てにし、わが国の費用で戦争を遂行することを期待して、合理的な貸付条件をすべて拒否している〈従う者は身内と考えられるのに対し、用の無い者は赤の他人と見なされる〉。全世界が知っているように、先の議会のはじめに下院が行なった党派的な票決と、わが国民のもつ公然の気質とのために、ハンガリー女王〔マリア・テレジア〕にその条件を固く守らせる破目となり、ヨーロッパの全般的な平穏をただちに回復できたと思われるプロシアとの協定を妨げてしまったのである。(訳注3)

(訳注3) ヒュームが言及しているのは、一七四一―四七年の議会〔当時は七年議会〕であり、議会はオーストリア継承戦争で、プロシアのフリードリヒ二世と対抗していた、ハンガリー女王、マリア・テレジアを支援するという方針であった。フリードリヒはシレジア地方の一部の割譲を要求し、ウィーンの宮廷に拒否されたときに、彼の軍はシレジアに進攻した。財政窮乏に喘いでいたマリア・テレジアは彼女のオーストリア領の世襲継承権を保証してくれた国に支援を求めた。これに応じたジョージ二世はヨーロッパの勢力均衡を維持するためとしてハンガリー女王を支援すべく軍と援助金を送った。この政策は当初は議会からも国民からも強い支持を得て、大陸での高くつく戦争にイングランドを巻き込むことになったが、マリア・テレジアにシレジアの割譲によって平和を買うことはしないという決断をさせた。ヒュームが言及している「党派的な票決」は一七四二年一二月に行なわれた。議会はいくつかの戦争手段を承認したが、ハノーヴァ選帝侯から一万六千の軍を引き受け支払うということも含まれていた。しかし、マリア・テレジアを支援するというイングランドの熱狂は一七四八年には消え失せた。というのは、彼女はフリードリヒによるシレジア割譲を批准するエクス・ラ・シャペル条約を結ばざるをえなくなったか

らである。Miller, pp. 339-340 noteより。

〈第三〉に、われわれは真の闘士であるために、いったん戦いを始めると、自分自身や自分の子孫のことをすっかり忘れてしまい、ただどうすれば敵を一番苦しめることができるかのみを考える。わが国はただ補助者にすぎない戦争において、わが国の歳入を非常に高い利率で抵当に入れることは、確かに、何らかの政策や慎慮を口にする国民がこれまでに犯した、最も致命的な思い違いであった。〔政府の一時借入金を長期公債に借り換える〕借り換え（funding）という例の救済方法は、それが治療薬であって、猛毒などではないとしても、絶体絶命になるまで取っておくべきであり、最も重大かつ緊急の害悪以外に、そのような危険な手段をとる気にわれわれをさせる害悪はない。

われわれが犯してきた以上のような行きすぎは、有害であり、おそらくやがては、普通よくあるように、正反対の極端を生み出し、ヨーロッパの運命に関して、われわれをまったく不注意で不精にすることによって、さらにもっと有害な別の道になるかもしれない。アテナイ人はギリシアで一番よく奔走し、術策をめぐらす、好戦的な国民であったが、あらゆる紛争に首を突っ込む自らの誤りに気づいてからは、外国の事情に全然注意を払わなくなり、どのような争いにも、勝利者の側にお世辞を述べ、慇懃に振る舞うほかには、どちらの味方にもならなかった。

現在、ヨーロッパが陥る危険にあるような巨大な君主国(訳注4)は、進歩するときも、持続するときも(14)、さらにそれが樹立されてからさほど長くは経たない没落のときにも、おそらく人間本性にとって破壊的である。この君主国を強大にした軍事的精神は、やがて宮廷、首都、およびそのような統治の中心から離れていくのに対し、他方では戦争はきわめて遠隔地で行なわれ、国家のごく一部しか関心がなくなる、愛着から彼らの主権者に引きつけられている古来の貴族は、すべて宮廷で暮らし、遠く離れた野蛮な辺境に赴くことになる軍務をけっして引き受けなくなるであろう。そこに行けば、彼らは楽しみも幸運もともに縁遠くなるからである。したがって、国家の軍事は、熱意も愛着も名誉心も持ち合わせていない、外国人傭兵に委託せざるをえない。彼らは機会あらば、常に君主に寝返りをうつのであって、給料を支払い掠奪を許してくれる、それぞれの絶望的な不満分子に加わるのである。このようにして、人間本性は、その上昇の夢を阻むのである。こうしたことは人事の必然的な成り行きである。かくして野心が見境なく働いて、征服者やその一族、および彼と親しいものや、彼に寵愛されるものをすべて滅ぼそうとする。ブルボン王家が、勇敢で信頼するに足り、同王家への愛着心に富む貴族の支持に頼っているのであれば、同王家はその利点を何の遠慮も制限もなしに追求しようとするであろう。これらの貴族は、栄誉と競争心に焚きつけられているあいだは、戦争の疲労と危険とに耐えることができる。しかし、ハンガリーやリトアニアの守備隊で悩み明け暮れ、宮廷からは忘れられ、君主に近づく寵臣や寵姫の陰謀の犠牲になることをけっして甘受しないであろう。その部隊は、クロアチア兵やタタール兵、ハンガリー兵やコサック兵からなっている。より恵まれた地方の出身の傭兵(soldiers of fortune)がおそらく少しは混ざっているであろう。ローマの皇帝たちのあの陰鬱な運命が、同一

---

(14) かりにローマ帝国に利点があったとすれば、それはただ、ローマ帝国樹立以前に、人類が一般的に、非常に無秩序で文明化されていない状態にあったということから、生じえたにすぎないであろう。

の原因によって、君主国の最終的解体まで、幾度も幾度も繰り返されるのである。

（訳注4）　K版からO版までは「ヨーロッパの脅威となっているような巨大な君主国」に変更、P版からはたんに「巨大な君主国」となる。

論説七　租税について

この国ではわれわれが〈政策家〉*ways and means men* と呼んでおり、フランスでは〈財政家〉*Financiers* や〈徴税人〉*Maltotiers* と称されている人びとのあいだでは、(訳注1) ある原則が広く行き渡っている。すなわち、〈すべての新しい租税は臣民のうちにそれを支払う新しい能力を創り出し、公共の負担の各々の増加は、国民の勤労に比例して増加する〉、というものである。この原則はきわめて濫用される傾向が大きい(訳注2)性質のものであるし、その真理を全面的に否定することはできないだけに、それだけますます危険である。しかし、それは、ある一定の限度内に留めておかれるなら、理性と経験にいくらかの基礎をもつ、と認められねばならない。(訳注3)

(訳注1)　Q版からは「一部の識者のあいだでは」。

(訳注2)　「きわめて濫用される傾向が大きい」はN版から「濫用される傾向が大きい」。

(訳注3)　この原則は、一六六〇年代から一七五〇年頃にかけて重商主義者などによって一般的にもたれていたものである。これについてはセリグマンの古典的研究がある（A. Seligman, *The Shifting and Incidence of Taxation*, 5th ed., rev. New York: Columbia University Press, 1927)。ヒュームはこの原則の部分的真理を容認したが、課税が必需品に及ぶことは退けた。また彼はロックの土地単税論（すべての課税は最終的に土地に転嫁される）を批判したが、それはフランスの重農主義者によって継承され、流布された。ヒュームは一七六六年から翌年にかけて、この問題に関して、重農主義者のチュルゴと手紙で論争した。Miller, pp. 342-333 を参照。

一般民衆が消費する財貨に課税されると、その必然的結果は、貧民がその暮らし向き（way of living）から何かを切り詰めるか、それともこの租税がすっかり富者の負担になるように彼らの賃金を引き上げるかである、と思われるかもしれない。しかし、租税にきわめてしばしば伴う第三の帰結がある。すなわち、貧民がその勤労を増加し、より多くの仕事を遂行し、しかもその労働に対してより多くの報酬を要求せずに、従来と同じように生活する場合である。租税が穏和で、徐々に課され、生活必需品に影響しないときには、こうした帰結が自然に生じる。そしてこのような〔税の〕苦難が、しばしば一国民の勤労を刺激するのに役立ち、最大の有利さを享受している他の諸国民より以上に、彼らを富裕かつ勤勉にすることは確かである。なぜなら、類似の例として、商業の最も発達した国民が必ずしも最も広大な沃地をもっていたわけではないということ、むしろ逆に、彼らは多くの自然的不利のもとで労働してきたということが、観察できるからである。テュロス、アテナイ、カルタゴ、ロドス、ジェノヴァ、ヴェネツィア、ホラントはこの趣旨に合った有力な実例である。しかもすべての歴史を通じて、広大で肥沃な国で、盛大な貿易（trade）を営んだ事例は三つしかない。ネーデルラント連邦、イングランド、そしてフランスがこれである。前二者は、その海運上の位置の利点と、自国の気候のために産出できないものを獲得するために外国の港に常に出入りせざるをえない必要とが誘因になったと思われる。そしてフランスについては、貿易は近年になって導入されたのであるが、それは創意に富む企業的な国民（people）が、航海や商業の開拓によって近隣の諸国民（nations）が獲得した富に注目し、反省と観察を加えた結果であったと思われる。

キケロが(1)彼の時代に最も商業が栄えていたところとして挙げた場所は、アレクサンドリア、コルカス、テュロス、シドン、アンドロス、キプロス、パンフィリア、リュキア、ロドス、キオス、ビュザンティオン、レスボス、スミュルナ、ミレトゥム、コースであった。これらはすべてアレクサンドリアを除けば、小さな島か、狭い領土であった。そしてアレクサンドリアという都市の貿易は、まったく幸運な位置にあるおかげだった。

したがって、ある種の自然的必要や不利が勤労に有益だと考えられてよいからには、どうして人為的な負担が同じ効果をもちえないことがあるだろうか？　ウィリアム・テンプル卿は、オランダ人の勤勉を、すべて彼らの自然的な不利から生じる必要に帰し、アイルランドとの顕著な比較によって自説を例証していることを、われわれは観察しうるであろう。彼の言うところによれば、「アイルランドでは、土壌が広く豊かで、人口が希薄なために、すべての生活必需品がきわめて安いものだから、勤勉な男なら、週に二日労働すれば、残りの日を暮らすのに十分なものを稼げるであろう。この事情が、アイルランドの国民に帰されている怠惰のきわめて平明な理由だと私は考えている。というのは、人間は生まれつき労働より安逸を好むので

(1)『アッティクスへの書簡』第九巻、書簡第二。

あって、怠惰に暮らしていけるものなら骨折りをしようとしないからである。とはいえ、必要から労働に慣れてしまうと、労働をやめることができなくなるのであって、それは労働が健康にとっても、さらにはまさに娯楽にとってさえも必要な習慣となっているからである。それどころか、いつも安逸に暮らしているものが労働するように変わるよりは、いつも労働している者が安逸な暮らしに変わることのほうが、おそらくむしろ難しいくらいだろう」[2]。この後、著者は議論を進め、上述のように、古代と近代において商業（trade）が最も栄えたところを列挙して自説を確証しているが、それらの場所は、勤労が必要となるような狭苦しい領土だと一般に観察されているところなのである。

不作[訳注4]（scarcity）の年には、それが極端でないとすれば、いつも観察されることだが、貧民は怠惰と暴動（riot）をこととする大豊作の年[訳注5]以上によく働き、実際によりよい暮らしをする。ある相当規模の手工業者から私が聴いた話では、パンとあらゆる種類の食糧が非常に高価であった一七四〇年には、彼の職人たち（workmen）はやりくりして暮らしただけではなく、はるかに好況で物が豊かであったそれ以前の数年間に拵えた借金を返済したということである[3]。

（訳注4）　以下二パラグラフはQ版で削除

（訳注5）　トムスンなどの研究によれば、食糧暴動は飢饉のときに限られず、穀物の市場価格が不当に吊り上げられたときに起る、民衆の抗議の意思表明であった。Cf. E. P. Thomson, *Customs in Common*, London: Merlin Press, 1991, pp. 185-258.

それゆえ、この理論（doctrine）は租税に関してもある程度認められるであろう。しかし、その濫用には警戒せよ。法外な重税は、過度の窮乏と同じく、絶望感を生み出すことによって勤労を破壊する。しかも、こうした重税は、この極点に達する以前にさえ、労働者や手工業者の賃金を引き上げ、すべての財貨の価格を高める。注意深く公平な立法部であれば、利益が無くなり損害が生じ始める時点を見て取るであろう。しかし、これと反対の性質〔の立法部〕がはるかに一般的なのであるから、現在のヨーロッパのあらゆるところで、租税がすべての技術と勤労を完全に押し潰してしまうほど増大しているのではなかろうかと懸念される。もっとも、租税の増加は、最初は、他の諸事情とあわさって、上述のような利益の増加に寄与できたのではあるが。

最上の租税は、消費、とくに奢侈的消費にかけられる(訳注6)租税である。なぜなら、このような税は国民に感じられることがより少ない(訳注7)からである。その支払いはある程度、自発的に思われる。というのは、人は課税された財貨をどの程度使用するかを選択できるからである。それらは徐々に、知らず知らずのうちに、支払われる。それらは賢く課税されるなら、自然に節制（sobriety）と節倹（frugality）を生み出す(訳注8)。またそれらは財貨の自然価格と混同されるので、消費者にはほとんど気づかれない。それらの唯一の欠点は徴収に高い費用がかかることである。

(訳注6)　K版からは「かけられるような」。ヒュームは国内産消費財への内国税 excise と輸入財に課される関税を念頭においている。

（2）　*Account of the Netherlands*, chap. 6『オランダについての説明』第六章。

（3）　このためには第一論説〔「商業について」〕の末尾をも参照せよ。

（訳注7） K版からは「最も少ない」。
（訳注8） この文節はQ版で追加。

財産にかけられる税は、費用なしに徴収されるが、しかし、それ以外のあらゆる欠点がある。しかしながら、たいていの国は、いま一つの〔消費税の〕不足分を補うために、この税に頼らざるをえない。しかし、あらゆる租税のうち最も有害なものは恣意的な税である。それらは一般的にその徴収によって、勤労に対する罰に転化するし、またその避けることのできない不平等によって、それが課す真実の負担よりもいっそう過酷である。したがって、それがおよそ文明国民（civilized people）のあいだで存在しているのを見るのは、驚くべきことである。

一般に、すべての人頭税（poll-taxes）は、恣意的なのが普通であるが、恣意的でないときでさえ危険と見なしてよい。なぜなら、要求額に少しずつつけ加えることは、主権者にとっていともたやすいため、こうした税はまったく抑圧的で耐えがたいものとなりがちだからである。他方で、財貨にかけられる税はそれ自体を抑制するものであり、君主（prince）はその課税を増やしても自分の収入が増えないことをまもなく知るであろう。それゆえ、一国民がこのような税によって完全に滅亡することは、容易に生じるものではない。

歴史家の教えるところによれば、ローマの国家滅亡の主要原因の一つは、それまで〈帝国〉***empire*** の歳入を構成していたほとんどすべての十分の一税、関税、および内国消費税の代わりに、全般的な人頭税を課すことによって、コンスタンティヌス帝が財政に導入した変更であった。(訳注9) 人民はすべての属領で〈徴税請負人〉***publicans*** に厳しく虐げられ、苦しめられたので、野蛮人の征服軍のもとに喜んで避難した。なぜなら、彼ら野蛮人の使う必需品はより少なく、技術もより低かったため、彼らによる支配のほうが、ローマ人の洗練された圧政よりもまだ好ましいと思われたからである。

（訳注9） ギボンは『ローマ帝国衰亡史』第一七章で、ヒュームが言及している歴史家を参照しながら、コンスタンティヌスの課税策とその帰結を論じている。Miller, p. 340 note より。

どのように課税されようと、すべての税は最後には土地にかかるという、広く行き渡った意見がある。このような意見は、わが立法権[訳注10]がその手中に委ねられている地主を抑制し、彼らに商工業への大きな関心を保持させるから、そのことによってブリテンでは有用であるかもしれない。しかし、この原理は、初めある一人の有名な著述家〔ジョン・ロック〕によって提唱されたのではあるが、道理に適ったものとはとても見えないし、したがって彼の権威がなければ、誰にも受け容れられなかっただろうと言わざるをえない。

確かに[訳注11]、誰もが課されるどんな租税の負担も自分は免れ、それを他人に押し付けたいと望んでいる。しかし、誰もが皆これと同じ性向をもち、自身を守るのだから、どの部類の者もこの争いで完全に優位を保つとは考えられない。だから、なぜ地主が全体の犠牲となり、他の人びとが自分を守れるのと同様に、自分を守ることができてはならないのか、私には容易に分かりかねる。なるほど、すべての商工業者（tradesmen）は進んで地主を餌食にし、できるものなら彼を自分たちのあいだで分割しようとするが、しかし商工業者は、税が課されない場合でも、この性向を常にもっているのである。だから、課税以前に商工業者のつけ込みに対して地主が自分を守ったと同じ方法は、課税以後にも彼の役に立ち、彼に商工業者と負担を分かち合わせるであろう[訳注12]。

(訳注10)　I版から「主として」が挿入。

(訳注11)　このパラグラフはO版で次のように修正された。「一部の政治論者によって熱心に主張されている一意見は、すべての租税は、彼らはそう言うのであるが、最後には土地にかかるのだから、最初から土地に課税し、消費にかけられるあらゆる税を廃止したほうが、いっそうよいだろうという考えである。しかし、すべての租税が最後には土地にかかるということは、是認されない。もし、ある職人によって消費される何らかの財貨に税が課せられるとすれば、彼にはそれを支払う二つの明白な方策がある。すなわち、彼は支出をいくらか切詰めてもよいし、それとも労働を増やしてもよい。こうした方法のどちらも、彼の賃金を引き上げる方法よりもたやすく、自然である。不作の年に、織布工が消費を減らすか、それとも労働を増やすか、あるいはこうした節倹と勤勉という方策をともに用いるかして、その年の終わりまで持ちこたえうることを、われわれは知っている。自分を保護してくれる公共のために、彼が同じ苦難――もしそれがその名に値するなら――に耐えるべきだというのは、もっともである。彼はどのような方法で自分の労働の価格を引き上げることができるだろうか？　彼を雇う手工業者は彼により多く支払おうとはしないだろうし、またできもしない。なぜなら、織物を輸出する貿易商人は、外国市場で得られる価格に制限されるので、織物の価格を引き上げることができないからである」。

(訳注12)　P版で、このあと結びの文章が追加された。「輸出されるいかなる財貨においても、労働は、外国市場を喪失することなしに、その価格を著しく大幅に引き上げることができない。そしてたいていの製品はその一部が輸出されるのだから、こうした事情は租税が課された後には、ほとんどの種類の労働の価格をほぼ同じ比率に保つのである。さらにこうした事情の影響はすべての種類の労働に及ぶものであると言ってよいであろう。なぜなら、かりにある種の労働が右の工賃以上に支払われるとしたなら、すべての労働者がその労働に集中し、まもなくそれを他の種類の労働と同じ水準まで下落させることになるだろうからである」。これは、変更されて、Q版からは、「職人が彼の労働の価格を引き上げずに勤労と節倹を増大しても、独力で支払えないような租税は、実際に、非常な重税で、またきわめて無分別に課されたにちがいない」。

物事の結果が、一見したところ、こうだろうと期待されるものとは正反対であるという、政治制度においてしばしば生じる事例の一つが租税の場合であることを述べて、この主題を終えることにしよう。トルコ皇帝はすべての人民の生命および財産の絶対的な支配者であるが、彼に新しい税を課す権力がないということは、トルコ政府の根本的な政策上の原則と見なされている。そこで新しい税を課そうとするような企てを行なったトルコ皇帝は皆、それを撤回せざるをえなくなるか、それとも彼の不屈の努力が招いた致命的な結果を悟るにいたったのであった。こうした先入主もしくは世間一般に受け容れられている考えは、圧政に対しては世界で最も堅固な防壁であるかのように人は考えたがるであろう。しかし、その結果は確かにまったく反対である。トルコ皇帝はその収入を増やす正規の方法がないために、すべての官僚や長官が臣民を抑圧し虐待するのを黙認せざるをえない。そして皇帝は、彼らがその統治によって得た収入を目当てに彼らから搾り取るのである。ところが、これと反対に、もし皇帝が、われわれのヨーロッパの君主たちのように、新しい租税を課しうるものとすれば、その限りにおいて、皇帝の利害は人民の利害と一致することになり、したがって、彼はこうした無秩序な貨幣徴収の悪い結果をただちに感じるであろうし、また全般的な賦課によって徴収された一ポンドのほうが、このように不公平で恣意的な方法で取られた一シリングよりも、結果として害が少ないことを知るであろう。

論説八　公信用について

平時にあって戦時の必需品を準備し、さらに征服か防衛かの手段として手許に財宝を蓄え、無秩序と混乱の時代に、臨時の課税に頼らずに、まして借入れには頼らないということは、古代の普通の慣行であったと思われる。アテナイ人や、プトレマイオス王家、およびその他のアレクサンダーの後継者たちによって蓄積された、前述の莫大な金額のほかにも、節倹なラケダイモン人もまた莫大な財宝を集積したことを、われわれはプラトンから学んで知っている。またアリアノスとプルタルコスは、アレクサンダーがスサとエクバタナとを征服して入手した富を詳述しているが、そのうちの一部はキュロス王の時代から保蔵されていたものである。私の記憶が正しければ、聖書もエゼキエルやユダヤ諸王の財宝に言及しているが、同じように世俗

（1）第五論説〔「貿易差額について」〕。
（2）『アルキビアデス第二』一二三。
（3）第三巻第一六章および第一九章。
（4）プルタルコス『アレクサンダー伝』第三六、第三七節。彼はこの財宝を八万タラント、言い換えると約一五〇〇万スターリングと計算している。クイントゥス・クルティウス（第五巻第二章）は、アレクサンダーがスサで五万タラント以上を見つけたと述べている。

の歴史も、マケドニアの諸王、フィリッポスとペルセウスの財宝に言及している。古代のガリアの諸共和国は、通常莫大な額を保蔵していた(5)。内乱のあいだに、ユリウス・カエサルによってローマで押収された財宝のことは誰でも知っている。それ以後では、アウグストゥス、ティベリウス、ウェスパシアヌス、セウェルスその他の賢明な皇帝が、常に先見の明を示して、公共のいかなる非常事態にも備えて巨額を貯蔵したことを、われわれは知っている。

これとは反対に、この現代にあってごく一般的となっている方策は、国家の歳入を抵当に入れることであり、先立つ戦争のあいだに契約された債務(訳注1)は子孫が返済するだろうと信頼することである。また子孫は、賢明な父祖たちのきわめて優れた手本を目の当たりにしているので、これと同じ賢明な信頼を今度は自分たちの子孫に寄せるのである。そしてついに、この子孫は、選択にもまして必要から、新たな子孫に同じ信頼を寄せざるをえないのである。しかし、百の論証の示すところにも勝るほど(6)破滅的であることが明らかな慣行を、時間をかけて非難するまでもない。この点に関しては、古代の原則のほうが現代の原則よりはるかに慎慮に適っていることは、すこぶる明白に思われる。たとえ現代の原則がある適度な範囲内に限定されていたとしても、またたとえ高くつく戦争によって生じた債務を弁済するような倹約を平時に行なってきたとしても、いかなる場合にも、そうなのである。というのは、なぜ公共と個人のあいだでは、それぞれにとって行為の異なる原則を立てさせるほど、事情が異なっているのだろうか？　公共の財源がより大きくなれば、それに必要な諸経費もそれに比例して多くなる。公共の財源はより多数あるとしても、それは無限ではない。それに国家組織は、一個人の寿命はもとより、一家族の存続期間よりもはるかに長期間、持続すると算定されるべきだから、その考えられる存続期間に見合った、大きく、持続的で、かつ寛大な諸原則をもつべきである。偶然の事情や一時的な方策に頼るのは、人事の必要からしばしば避けえないことである。しかし、このような財源に進んで頼る人びとは誰であれ、彼らに降りかかった不幸は、必然性ではなく、自らの愚かさの故とすべきである。

(訳注1) Q版から「祖先が契約した」。

財宝の濫用が、国家に無分別な事業を行なわせたり、その富を頼んで軍事訓練を疎かにさせたりして、危険であるとすれば、抵当の濫用はもっと確実で不可避であって、貧困、無力、外国の諸勢力への服従となる。

現代の政策によれば、戦争はあらゆる破滅的な事態を伴う。すなわち、人員の損失、さまざまな税の増加、商業の衰退、貨幣の消尽、海陸からの掠奪である。古代の原則によれば、戦争が並外れて豊富な金銀をもたらした場合に、国庫を開放することは、勤労への一時的な刺激として役立ち、戦争の不可避的な災害をある程度、償った。(訳注2)

(訳注2) Q版で次のパラグラフが追加。「大臣は、国民に過重な負担をかけたり、自分に対する直接の非難を少しも招いたりせずに、自らをその任期のあいだに偉大にするような方策をどうしても採りたくなる。したがって、借金をする慣行が、あら

(5) ストラボン『地理書』第四巻第一八八節。

(6) Q版から「百の論証の示すところにも勝るほど」は「まったく議論の余地がないほど」に変更。

ゆる政府において、ほとんど例外なく濫用されるであろう。放蕩息子にロンドン中のあらゆる銀行の信用を与えてやることは、子孫を支払人として手形を振り出す権力を政治家に与えること以上に、分別を欠いているわけではほとんどないだろう」。

それでは次の新しい逆説、すなわち、公共の債務はそれを契約する必要性とは別に、それ自体として有益であり、およそ国家には、たとえ外敵に圧迫されなくても、商業を促進し富を増加させるために、基金、公債、租税を無制限に創り出す以上に賢明な手段はおそらくないであろう、という逆説に対しては、どのように言えばよいであろうか？　こうした馬鹿げた原則が偉い大臣たちやわが国の一政党の全体によって贔屓にされていることをわれわれが知らなかったとすれば、こうした議論は、愚行と熱狂に対して、またブシリスとネロに対して、与えられた賛辞と同様に、修辞家のあいだで機知の手慣らしとして通用したとしても当然であろう。(訳注3)そして人を惑わすこうした議論（というのは、それはもっともらしいという名には値しないからである）は、オーフォード卿〔ロバート・ウォルポール〕の行為の基礎であるはずがない――というのは彼にはもっと分別があったからである――けれども、少なくとも、彼の党派の者を落ち着かせ、国民の理解を混乱させるのに、役立ったのである。

(訳注3)　以下はQ版で削除。

わが国内経営のうえで商業と勤労に与える影響と、わが対外交渉のうえで戦争と交渉に及ぼす影響との両方の点で、公債の帰結を検討することにしよう。

わが国では(訳注4)あらゆる人の口に上り、また私の知るところは外国にも及んで、イングランド人を真似て、外国の著作者たち(7)がよく使っている一つの言葉がある。それは流通（CIRCULATION）という言葉である。この語はあらゆることの説明として役立つ。そして、告白するが、私は生徒だった頃から、当面の主題におけるその意味をずっと探し求めてきたのだが、いまだにそれを発見できないでいる。人手から人手へと交債〈stock〉を容易に移転することから国民が得られる利益には、どんなものが考えられるのだろうか？ また小切手や東インド会社の債権（India bonds）の流通と他の財貨の流通とのあいだには、何か類似が引き出されるのであろうか？ 手工業者が財貨を卸売商（merchant）へ、卸売商が小売商（shop-keeper）へ、そして小売商が顧客へと速やかに販売する場合、それ〔流通〕は勤労を活性化し、最初の販売者すなわち手工業者と彼のすべての職人たち（tradesmen）に新しい刺激を与え、彼らにもっと多くの、もっと良質の同種の商品を生産させる。沈滞（stagnation）は、この点で、どこで生じようと、有害である。なぜなら、それは逆行的に作用し、人間の生活に有用なものを生産するうえで、勤勉な手を止めるか麻痺させるからである。しかし、コーヒーやペン、インクや紙の消費を別として、われわれはどんな生産を、またどんな消費さえも、〈取引所街〉（*Change-alley*）に負っているのか、私にはまだ分からない。またその場所とすべてのその住人が大洋に永遠に葬られたとしても、有益な商業や財貨の何か一つが失われるとか衰退すると予測することもできない。

（訳注4） 以下の文章とその次の短いパラグラフはQ版で削除。

しかし、この用語は、流通から生じる利益を強調する人びとによって説明されたことはけっしてないのだ

（7） フランスで出版されたパンフレットにおけるムロン、デュ・ト、ロー。

が、わが国の債務から生じる、類似の種類のいくらかの利益があるように思われる。また実際に、いくらかの利益を伴わないような、どんな人間の悪があるだろうか？　われわれがそれにどの程度〔の利益を〕認めるべきかを評価するために、この説明に努めよう。

公債（public securities）はわれわれにとって一種の貨幣となり、金銀と同じほど容易に時価で通用している。何か利益のある事業が現われる場合にはいつも、いかに経費がかかろうと、それに応じるだけの人に不足することはけっしてない。〔一定の〕金額を公債（public stocks）でもっている商人は、最も大規模な取引（trade）に乗り出すのを恐れる必要がない。なぜなら、彼に起こりうる最も突発的な需要にも対応する資金（funds）が彼にはあるからである。相当な額の現金を手許にもっておく必要があると考える商人はいない。銀行債（bank stock）や東インド会社債（India bonds）、ことに後者は現金とまったく同じすべての目的に役立つ。なぜなら、彼はそれらを一五分で処分するか、銀行家に抵当として差し出すか、できるからである。また同時にそれら〔の債券〕は、彼の机のなかにあるときでも遊んでいるのではなく、彼に恒常的な収入をもたらす。要するに、わが国の国債（national debts）は、商人に一種の貨幣を提供するのであって、それは商人たちの手中で絶えず増殖し、彼らの商業利潤のほかに確実な利得を生み出すのである。このことは、彼らがより低い利潤で商業を行なう（trade）ことを可能にするにちがいない。商人のこの低利潤は、財貨をいっそう廉価にし、より大きい消費をもたらし、一般民衆の労働を促進し、技術と勤労を社会全体の隅々にまで広げるのに役立つのである。

またイングランドや、商業を営み公債も所持するすべての国（states）には、半ば商人で半ば公債所有者であって、わずかの利潤で進んで貿易〔trade〕を行なおうとすると思われる一団の人びとがいることが、観察しうるであろう。なぜなら、商業は彼らの主要なあるいは唯一の生計の資ではなく、公債による収入が彼ら自身とその家族とを養う確実な資産だからである。もし公債がなかったなら、大商人〔great merchants〕は、土地を購入する以外に、その利潤のどの部分も実現ないし確実にする手段をもたないだろう。しかも土地には公債と比べて多くの不利な点がある。より多くの注意と監視が必要なために、土地は商人の時間と注意力を分裂させる。商業上、何か魅力的な引き合いとか特別な出来事があった場合に、土地はそう容易には貨幣に変えられない。しかも土地には、それが与える多くの自然的な楽しみと、それがもたらす権威とによって、〔人びとを〕引きつけるところがきわめて大きいため、それはやがて市民を地主紳士〔country gentlemen〕に変える。したがって、公債のあるところでは、多くの資本〔stocks〕と所得をもったより多くの人が、商業を継続して当然と思われる。そして、これは商業の利潤を低減させ、流通を促進し、勤労を奨励することによって、商業にいくらか利益を与えるものであることが認められねばなるまい(8)。

しかし、これらの二つの有利な事情がおそらくさほど重要とも思われないのに対して、わが公債に伴う多くの不利益は、国家の〈国内〉経済〔*interior* oeconomy〕全体において、重大である。公債から生じる害悪と

(8) この主題について私が次のように述べても、議論の筋道を乱すことはないであろう。すなわち、わが国の公債の増大はむしろ利子を低下させるのに役立つのであり、また政府が多くの借入をすればするほど、一見したところとは反対に、また一般の見解にも反して、人びとは安く借りることを期待できるであろう。商業〔trade〕の利潤は利子に影響するのである。第四論説〔「利子について」〕を参照せよ〔P版からこの注は削除〕。

利益とは比較にならないことが分かるであろう。

〈第一に〉、国債の利子を支払うために地方で徴収される莫大な金額によって、またおそらく国債が王国の他の地方にいる人びと以上に首都にいる商人に、上述した商業上の利益を与えることによっても、国債が人口と富の首都への大きな集中を引き起こすことは確かである。わが国の場合、問題はすでにこのような巨大な規模に達していて今なお膨張しつつあるように思われるロンドンに、きわめて多くの特権が与えられることが、公共の利益になるかどうかである。その結果に懸念をいだく者もある。私としては、頭が身体の割に大きすぎることは疑わないけれども、しかしあの大都市はきわめて地の利を得ているために、その法外な大きさから生じる不便は、〔ブリテン〕より大きな王国に〔ロンドン〕より小さな首都という場合の不便に比べてさえも少ない、と考えざるをえない。パリとラングドックとのあいだのすべての食糧品価格の差異は、ロンドンとヨークシャーのあいだのそれらよりも大きい〔訳注5〕。

〔訳注5〕　Q版で次の文章が追加された。「ロンドンの巨大さは、実際に、恣意的権力を許さない政体のもとでは、国民を党派的、反抗的、扇動的にし、またおそらくは反逆的にさえさせる。しかし、国債にはこの害悪に対してそれ自体が解決策になるという傾向がある。公共の秩序の崩壊が眼に見えて進行し始めるとか、あるいはその直接的危険があるときでさえ、最も危ない財産の所有者である国債所有者（stockholders）のすべてを不安にさせるにちがいない。だから、ジャコバイト〔一六八八年の名誉革命以後におけるステュアート家の信奉者〕の暴力によって脅かされるのであれ、民衆の狂乱によって脅かされるのであれ、彼らを政府の支持に飛んで行かせるであろう」。

〈第二に〉、公債は一種の紙券信用であるから、この種の貨幣に伴うすべての不利益がある。公債は国家の最も重要な商業から金銀を駆逐して、それらを一般の流通に落とし込み、それによってすべての食糧品と労働とをそうでない場合よりも高価にする[訳注6]。

（訳注6） P版では次の文章が追加。「またわれわれは、紙券信用から生じるこの価格上昇は、それが金銀の多大な増加から生じる場合よりも、いっそう持続的でより危険な影響をもたらすと述べてよいだろう。というのは、貨幣の偶発的な過剰が労働と財貨の価格を引き上げる場合には、その害悪はすぐにおのずと解消する。すなわち、この貨幣はやがてすべての近隣諸国民へと流出し、価格は一定の水準まで下落する。そして勤労は以前と同様に続けられるであろう。ところが、流通している貨幣が主として紙券からなっていて、内在的価値（intrinsic value）が少しもない場合には、こういう救済策を期待することができない」。

〈第三に〉、こうした公債の利子を支払うために課せられる税は、勤労[訳注7]に対する妨げであり、労働の価格を騰貴させ、また貧民階層への圧迫となる。

（訳注7） O版からは次のように変更。「労働の価格を騰貴させるか、それとも貧民階層への圧迫となるかの、いずれかになりがちである」。

〈第四に〉、外国人がわが国債（national funds）の一部[訳注8]を保有するときには、彼らはある意味でわが公共を彼らに従属させ、やがてわが国民とわが国の勤労との移転を引き起こすかもしれない。

（訳注8） 「一部」はQ版から「大きな部分」に変更。

〈第五に〉、公債の大部分は、公債からの収入で生活している怠惰な国民の手中に常にあるから、この観点からすれば、わが公債は、無益な非活動的な生活を大いに奨励する。

しかし、わが国の公債が商業と勤労に与える損害は、全体の均衡をとる上では非常に大きいと思われるが、この損害は、諸国民からなる社会（society of nations）のなかで自立しなければならず、戦争や外交折衝において他の諸国家とさまざまな交渉を行なう、政治体と考えられる場合の国家に帰する損失と比較すれば、取るに足りないものである。この場合、その害悪は純粋で混ざり物を含まず、害悪を償う有利な事情はまったく存在しない。それはまた最高にして最も重要な性質の害悪でもある。

公債は大部分、われわれのあいだで支払われ、ある人から受け取ったと同額の財産を他の人にもたらすのだから、公共は公債のためには少しも衰退しないということを、実際にわれわれは聞いている。それは右手から左手へと貨幣を移すようなものであり、それはその人を以前よりも富裕にも貧乏にもしないというのである。(訳注9) このような冗漫な推論と包括的な比較は、われわれが原理に基づいて判断しない場合には、いつも通用するであろう。私は問うが、主権者が国民のなかにいる場合でさえ、国民に過重な税を課すことが、物事の本性上、はたして可能だろうか？　この疑問自体がきわめて大きいと思われる。なぜなら、あらゆる国家（commonwealth）〔R版から「共同体」community〕で、そのなかの労働する階層と怠惰な階層とのあいだに一定の比率が守られることが必要だからである。しかし、もしわが国の現在の租税が全部抵当に入れられてしまえば、われわれは新しい租税を案出しないであろうか？　そしてこの事態は破滅的で破壊的な程度にまで達してしまわないであろうか？

(訳注9)　ムロン『商業についての政治論』第二三章を見よ。「一国の公債は右手が左手に対して負う債務である。その身体は、もし必要不可欠の食糧の一定量があり、その分配方法を知っているならば、けっして衰弱しない」。Melon, Jean François,

Essai politique sur le Commerce (1734), chap. xxiii, 1761 ed. p. 296.

各国民には、その国民の生活様式と彼らが使用する財貨に適した、他の方法よりもいっそう容易に貨幣を徴収するいくつかの方法が常に存在する。ブリテンでは(訳注10)麦芽とビールに課される内国消費税(excises)が非常に〔Q版から「非常に」は削除〕巨額の収入をもたらす。なぜなら、麦芽作りと醸造の作業は非常に〔Q版から「非常に」は削除〕うんざりするほど長くかかり、隠せないからであり、同時にまた、こうした財貨は、その価格騰貴が貧民層にきわめて大きな影響を与えるほど、生活に絶対に必要というわけではないからである。こうした税が全部抵当に入れられてしまえば、新しい税を見つけるのはなんと難しいことか！　貧民の苦悩と破滅とはいかばかりであろうか！

(訳注10)　O版から「大ブリテンでは」。

消費財に課される税は、財産に課される税よりいっそう平等で容易である。前者がすべて使い果たされ、われわれがもっと過酷な徴税方法に頼らねばならないというのは、公共にとってなんという損失であろう！すべての土地所有者が公共の管理人(stewards)にすぎないとすれば、必要は彼を強いて、管理人が用いるあらゆる抑圧策を用いさせないであろうか？　というのは、土地所有者の不在や怠慢が〔徴税の〕取り調べから彼らを守っているからである。

国債にはけっして限度を設けるべきではないということ、またたとえ現行のすべての関税と内国消費税だけではなく、一ポンドにつき一二ないし一五シリングの地租が担保に入れられるとしても、公共は少しも衰弱しないであろうということは、ほとんど主張されないであろう。したがって、この場合には、ある人から他の人へのたんなる財産の移転以外の何かがある。五〇〇年経てば、今馬車に乗っている人びとの子孫と御者台にいる人びととの子孫とは、おそらくその立場を変えているであろうが、こうした交替（revolution）は公共に影響を与えないままであろう。(訳注11)

（訳注11） O版で、以下の六パラグラフが追加された。「今かりに、公共が非常に驚くべき速さで到達を急いでいる上述の状態に、いったん実際に達したものと仮定しよう。そして土地が一ポンドにつき一八ないし一九シリングの割合で課税されるものと仮定しよう。というのは、土地は二〇シリング全部を負担できないからである。すべて内国消費税と関税が、国民の商工業を必ずしも失わせることなしに、国民の負担できる最大限まで搾り取られるものと仮定しよう。なお、以上の財源（funds）がすべて永続的に抵当に入れられ、すべてのわが企画者の考案と機知によっても、新しい借金の基礎となりうる税を見つけられないと仮定しよう。そこで、こうした状態から生じる必然的な結果を考察することにしよう。われわれの政治的知識が不完全な状態にあり、人びとの能力も限られているため、これまで試みられたことのないどの方策からであれ、生じる結果を予測することは難しいけれども、この場合には、もっとも不注意な観察者の眼にもとまるほど、破滅の種子がおびただしくばら撒かれている。

こうした不自然な社会状態においては、自らの勤労の直接的結果以上の収入を得ている唯一の人びとは、すべての関税と内国消費税がもたらすものは別として、土地や家屋のほとんどすべての賃料（rent）を取得する公債所有者である。こうした人びとは国家と何の結合もなく、彼らが選んで住む地球上のどこででも収入を享受でき、自然に首都や大都市に身を埋め、気概も野望も楽しみもなく、愚かで勝手気ままな奢侈による無気力に陥っていく人びとである。貴族、地主紳士、家柄という観念はすべて、さらば、である。公債は、瞬く間に移転が可能であり、かくも変動する状態にあるために、父から息子へと三代に渡って伝えられることはほとんどないであろう。またもし公債が一家族のなかに非常に長く留まったとしても、それは世襲の権威（hereditary authority）や信用をその所有者に譲渡しないであろう。このようにして、自然の手（hand of nature）で任命される国家における一種の独立した為政者となるいくつかの階級の人びと（several ranks of men）が、まったくいなくなってしまう。そして権威ある人は皆、自らの影響力をもっぱら主権者による委任から引き出す。傭兵以外には蜂起を防止したり鎮圧したりする手段は残らなくなる。暴政（tyranny）に抵抗する手段もまったく残らない。選挙はもっぱら賄賂と腐敗（bribery and corruption）によって左右される。また国王と人民のあいだの中間権力（middle power）がすっかり排除されるために、悪辣な〔O版からP版までは「恐ろしい」〕専制政治（despotism）が必ず支配する。貧しさのゆえに蔑まれ、抑圧するゆえに憎まれる土地所有者は、専制政治にまったくどんな反対もなしえないであろう。

商業を害い、勤労を挫くいかなる税もけっして課さないという決断が立法府によってなされるべきであるけれども、このようなきわめて繊細な主題においては、けっして間違わないというほど正しく推論すること、またごく切迫した難問のさなかで、その決断を放棄しないことは、人間には不可能であろう。商業上の継続的な変動のために、租税の性質はどうしても不断に変更されることになる。そのために立法府は、意識的な誤りも無意識的な誤りもともに犯す危険に絶えず晒される。したがって、無分別な税によろうと他の偶発事件によろうと、およそ商業（trade）に対して強力な一撃が加えられると、それは統治組織の全体を混乱に陥れるのである。

しかし、商業（trade）が依然として最高の繁栄状態を続けるものと想定しても、国家の対外戦争と事業を維持し、自国の名誉と利益あるいは同盟国のそれらを守るために、公共は今やどのような手段を採用しうるであろうか？　われわれがわが国自体の自然的な力だけではなく、最大の諸帝国の力さえ凌いだ、わが近時の戦争中に維持されたような巨大な力を、いかにして公共が発揮できるのかを、私は問うているのではない。この濫費は、現在われわれが晒されているすべての危険の源泉として非難されている濫用なのである。しかし、一切の財源が抵当に入れられた後でも、なお大きな商業と富裕が残っていると想定しなければならないから、こうした富はそれに応じた力によって防衛されなければならない。それでは、公共はその力を維持する歳入をどこから引き出せるのだろうか？　それは明らかに年金受給者に対する不断の課税によるか、それとも、同じことだが、緊急事態が発生するたびに、年金の一定部分を新たに抵当に入れるかして、年金をその受給者自身の防衛と国民の防衛とに寄与させることによらねばならない。しかし、国王が絶対的な支配者になったと仮定しても、あるいはまた、年金受給者自身が必然的に支配的な勢力をもつにちがいない国民議会によって、国王が依然として制御されるものと仮定しても、この政策体系に伴う難点は容易に明らかになるであろう。

こうした事態から当然に予想されるのであるが、もし君主が絶対的になれば、年金受給者に対する国王の課税――これが唯一残された君主が自由にできる貨幣に等しい――を増加することは、彼にはいともたやすいために、この種の財産はやがてすっかり信用をなくすであろうし、国家の各個人の所得のすべては完全に君主の意のままになるにちがいない。これはいかなる東洋の君主国（oriental monarchy）もいまだかつて達成しなかったほどの専制政治である。これとは反対に、もし年金受給者の同意があらゆる課税に必要なら、彼らは政府を維持するに足るだけの租税の納付さえけっして納得しないであろう。この場合には、年金受給者の収入の減少は眼に見えて大きいので、内国消費税や関税の一部門といった装いをとっても隠せないであろうし、またすでにぎりぎりまで課税されていると考えられる、国家の他のどの階層によっても分担されないであろう。いくつかの共和国では、〔年金の〕一〇〇分の一ペニーが、またときには五〇分の一ペニーが国家を維持するために提供される例がある。しかし、これは常に権力の異常な行使であって、恒常的な国防の基礎とはなりえない。ある政府がその歳入をすべて抵当に入れてしまった場合、その政府はどうしても無気力、不活動、無能力の状態に陥ることを、われわれは常に見てきたのである。

以上がこうした状態――大ブリテンは明らかにそこへ向かいつつある――のもつ当然予測しうる不都合な点である。予測できない無数の不都合はここでは述べないが、それらの不都合は、大臣や企画家の豊かな想像力が考え出しえた、あらゆる種類の関税と内国消費税を、公共に与えるだけではなく、公共を土地の主要なあるいは唯一の所有者にするほどの恐ろしい事態から生じるにちがいないのである」。

私は認めざるをえないのだが、公債に関して、長年の慣習から、あらゆる階層の人びと（all ranks of men）の心に忍び込んでいる奇妙な閑却があり、それはちょうど宗教上の教義に関して聖職者がきわめて熱心に苦情を言っていることに似ていなくもない。われわれ皆が認めているのであるが、現在の内閣も将来のどの内閣も、わが公債の支払いが相当の進歩を示すほど、厳格で着実な倹約を行なうであろうとか、あるいは国際情勢が長期間、このような企てに十分な、時間的余裕と平静を許してくれるであろうとかは、最も楽天的な想像力でも望みえない。(9)〈それではいったい、われわれはどうなるのか?〉もしわれわれがきわめて善良なキリスト教徒で、神の摂理に非常に従順であるなら、これは興味深い問いであり、思索的な問いであるとさえ考えられるであろうが、これについて何か推測的な答えをすることはまったく不可能というわけではない、と私には思える。この場合、事柄は戦闘、交渉、策略、党争のような偶発事件(contingencies)にはほとんど依存しないであろう。事物の自然な成り行き(natural progress of things)があると思われるのであって、それがわれわれの推論を導くであろう。われわれがこうした〔国家の歳入を〕抵当に入れる慣行を最初に始めたとき、人間や大臣の本性から、事態が当然、われわれが見ている程度にまで必然的に達するであろうと予測するには、ほどほどの慎慮しか要しなかったであろうから、したがって、今や事態がついに首尾よ

(9) 公債の支払いが可能な唯一の時である平和で安全な時期には、貨幣階級(money'd interest)は一部の償還を受け取りたがらない。なぜなら、彼らはその有利な使用法を知らないからである。一方、地主階級(landed interest)は、そのために必要な租税の継続を嫌う。だとすれば、関係者のすべてにこれほど嫌われる方策に大臣はどうして固執するのだろうか? それは、大臣が絶対に見られない子孫とか、あるいは物事を合理的に考えるごく少数の人びとのためだ、と私は想像する。ところが、後者の人びとの勢力を合わせても、おそらくイングランドで最小の選挙区さえ大臣に確保してやれないだろう。およそ大臣であってこれほど拙い政略家はいそうにもない。こうした視野の狭い破壊的な政治方針については、大臣はすべてその道の立派な玄人なのである〔この注はQ版で削除〕。

く右の程度に達したからには、その結果を推測するのも難しいことではなかろう。実のところ、それは次の二つの結果のいずれかであるにちがいない。すなわち、国民が公信用を破壊するにちがいないか、それとも公信用が国民を滅ぼすかである。国民と公信用がこれまで管理されてきた仕方によっては、いくつかの他国におけると同様に、わが国においても、この両者がともに存続することは不可能である。

実際に、わが国の国債を償還する一計画はあった。それは三〇年以上前に一人の優れた市民、ハチンスン氏〔アーチボールド・ハチスンを指す〕によって提案され(訳注12)、分別のある数名の人から大いに賛同されたが、けっして実現しそうにないものであった。彼の主張によれば、公共がこの債務を負うと想像することには誤謬がある。というのは、実際には各個人が応分の割合で債務を負担するのであり、各人が納める租税によって、こうした課税の経費のほかに利子の応分の負担も支払うのだからである。そうだとすれば、この債務をわれわれのあいだに比例的に〔Q版から「比例的に」は削除〕配分し、各々が自分の財産に応じた額を納税し、これによってわが国の国債と公共の抵当を一挙に返済するほうがよくはないだろうか、と彼は述べている。労働貧民が必要額のうちの比例的な負担部分を一度に前払いすることはできないであろうけれども、自らの年々の消費によって租税の相当な部分を支払うことを、ハチンスン氏(Mr. Hutchinson)は考慮しなかったように思われる。言うまでもないが、貨幣形態の財産や商業上の資本(stock in trade)は、容易に隠したり誤魔化したりできるのであって、したがって、実際には土地や家屋の形をとった眼に見える財産が最後には全負担を賄うだろう。これは不平等で抑圧であるが、それはけっして消滅しないであろう。しかし、この企ては実現しそうにないけれども、まったくありえなくはないのは、国民が自らの債務に心からうんざりし、また債務によってひどく圧迫されるとき、とある大胆な企画家が夢想的な償還計画を携えて登場することである。そして公信用がそのときまでに、少し弱くなり始めると、〔摂政時代の――Q版の加筆〕フランス〔一六四三年から六一年、ルイ十四世の幼年時代で、枢機卿マザランが統治〕でたまたま起こったように、ほんの少し触れただけで公信用は崩壊してしまうだろう。このようにして、それは〈医者がもとで死ぬ〉ことになるであろう。(10)

(訳注12) アーチボールド・ハチスン『国債と基金に関する諸論稿』(Archibald Hutcheson, *A Collection of Treatises relating to the National Debts and Funds* (1721))。ヒュームのスペリングは間違い。

しかし、公信用(national faith)が壊れるのは、戦争、敗北、不幸、公共の災害の、あるいは、おそらくは

(10) いくつかの近隣の諸国は、公債を軽減する安易な方策を行なっている。フランス人は(ローマ人が以前にもっていたように)その貨幣を増大する〔名目価値を引き上げる〕慣習をもっている。そしてこの国民はこの慣習にとても慣れているために、それは勅令によって非常に多くの債務を実際に一挙に取り除くものであるけれども、公信用には害を与えない。オランダ人は債権者の同意なしに利子を引き下げる。あるいは同じことだが、彼らは他の財産と同様に公債にも恣意的に課税する。もしわれわれがこれらの方法のいずれかを実行できるのであれば、国債から圧迫を受けなくて済むであろう。しかも、以上の方法の一つか、もしくは他のある方法が、わが国の債務や困難が増大したときに、あらゆる冒険をおかして試みられることも、不可能ではないだろう。しかし、この国の人びとは自らの利害に関することなら、どんなことでも非常に優れた推論を行なうから、このような企画に誰ひとり欺かれないであろう。したがって、これほど危険な試みが行なわれるなら、公信用はおそらくただちに崩壊するであろう〔この注はQ版から削除〕。

勝利や征服さえもの、必然的結果であるということは、よりありそうである。実は、君主や国家が、債務と公債と公共の抵当のまっただなかで、戦い争っているのを見ると、陶磁器店での棒術試合をいつも私に思い起こさせるのである。主権者が、自らと国家のいずれにも有用な生命と財産に対して、ほとんどわずかしか同情をもたないときに、彼が自らにも公共にも有害な種類の財産を節約するであろうと、どうして期待できるであろうか？　その年の緊急事態に備えて創出された新公債が引き受けられず、計画された貨幣が調達できない時が来るとしよう（その時が来るのは確実である）。国民の現金が底をつくか、これまで非常に余裕のあったわが国の信用（faith）がわれわれの期待を裏切り始めたと仮定しよう。こうした苦難の最中に、国民が侵略の脅威に晒され、国内では反乱の疑いがあるか、あるいは勃発し、艦隊は給与、食糧、修理品の不足から装備できず、あるいは、外国からの援助金さえ前払いされえないと仮定しよう。このような非常事態に、君主や大臣は何をしなければならないか？　自己保存の権利は、あらゆる個人が譲渡できないが、ましてあらゆる社会の場合いっそう譲渡できない。だから、わが政治家が安全を守る手段を握りながら、それを使用しなければ、その場合にはわが政治家の愚かさは、最初に債務を契約した人びとの愚かさよりも、あるいはさらには、この公債の安全をかつて信用した、あるいは今なお信用し続けている人びとの愚かさよりも、もっとひどいにちがいない。創出されて抵当に入れられた基金は、その頃までに、国民の防衛と安全に十分なだけの巨額の歳入を年々もたらすであろう。貨幣はおそらく年四回の利払いに備えて大蔵省に置かれているであろう。必要が求め、恐怖が追い立て、理性が勧告し、同情心だけは大声で訴える。この貨幣は最も厳粛な言明――これはおそらくすぐに取り消されるようなものだが――のもとに、現在の事業（current service）のためにただちに押収されるであろう。だが、これだけでもう十分である。すでにぐらついている全機構は瓦解し、その廃墟に数千人を埋葬する。だから、これは公信用の〈自然死〉と呼んでよい、と私は思う。というのは、公信用はちょうど動物の肉体が自然に死滅と破壊とに向かうのと同様に、この時期へと自然に向かうからである。(11)

(11)　人類の大部分は非常に欺かれやすい人びとであるために、イングランドにおける人為的な破産が引き起こすと思われる、公信用に対するこのような激しい衝撃にもかかわらず、信用が以前と同じく盛んな状態に回復するまでには、おそらく長くはかからないであろう。現在のフランス王は、今次の対戦中、その祖父がかつて借りたよりも低い利子で貨幣を借りた。これはイングランド、フランス両王国における利子の自然率を比べた場合、イングランドの議会が借りるのと同じほど低いものであった。そして人間は通例、確実さがどうあろうとも、予測するものによって支配されるよりも、見たことのあるものによって、いっそう支配されるのではあるけれども、しかし、約束や断言や有望な情勢は、当座の利益の誘惑とともに、抵抗できる人がほとんどいないほど強力な影響力をもっている。人類はいつの時代にも同じ誘惑につかまるものである。つまり、何度も繰り返し行なわれた同じ策略が、今なお彼らを欺いているのである。人気と愛国心を高く煽ることが、今もなお権力と暴政への踏み均された道であり、追従は裏切りへ、常備軍は恣意的統治へ、そして神の栄光は聖職者の世俗的利益へと至る踏み均された道なのである。信用の永久的破壊の恐れは、害悪とは認められるとしても、余計な脅かしである。実際、慎慮ある人は、現在〔貸付ける〕より、むしろ〔将来〕、公共が彼らの公債に利益をつけ加えた直後に、公共に貸付けようとするであろう。これはちょうど、金持ちのならず者が、たとえ人は彼に返済を強制できないにせよ、正直な破産者よりはましな債務者である、というのと同様である。というのは、前者は彼の債務が法外な額でない限り、事業を続けるためには、債務を返済するのが

上に仮定された二つの結果は、不幸ではあるが、しかし最大の不幸というわけではない。それによって数千人が数百万人の安全のために犠牲にされる。しかし、これと反対の結果が生じるという、そして数百万人が数千人の一時的な安全のために永久に犠牲にされるという、危険がわれわれにないわけではない。(13) わが民主政府は、おそらく大臣が自発的な破産というようなきわめて絶望的な方策に挑むのを、難しくするか、危険なものとするであろう。そして上院は、すべて地主によって構成されており、下院も主としてそうであって、したがって、両院ともに公債で大財産を所有しているとは考えられないのであるが、それでも議員と〔公債〕所有者との関係は非常に大きいように思われるから、議員は慎慮、政策、厳密に言うなら正義さえもが求める以上に、執拗に公共の信用（public faith）を守るであろう。そして、おそらくわが外国の諸敵国は、あるいは敵国は（というのは、われわれが恐れるべきは一国しかないからである）(訳注13)、非常に政略に長けているので、わが国の安全が絶望的であるのを発見するかも知れず、またその危険が不可避となるまで、それをあからさまに公にしないであろう。ヨーロッパの勢力均衡はあまりにも不均衡なために、われわれの注意と支援なしでは維持できない、とわれわれの祖父たちも父たちもわれわれもすべてが考えてきた。だが、われわれの子供たちは争いに飽き、債務に囚われ、安全に座り込んで、近隣の諸国が圧迫を受け征服されるのを座視するかもしれない。そして最後には、彼ら自身も彼らの債権者も征服者の意のままになるであろう。だから、これはわが公信用の〈暴力死〉と名づけて十分に適切であろう。

〔訳注13〕 Q版では、「おそらくわが外国の諸敵国は、あるいは敵国は（というのは、われわれが恐れるべきは一国しかないからである）」という表現が簡略化されて、「そしておそらくまた、わが諸敵国は」となる。

このようなことは、さほど遠い将来の出来事ではなく、理性が、時の胎内にあるものすべてを予測しうる

利益だということに気づくだろうからである。ところが、後者には返済能力がない。タキトゥスの推論[12]——これは永遠に真理であるが——は、われわれの今の場合に非常によく当てはまる。〈しかし民衆は特権の規模に関心があった。最も愚かな者は特権を貨幣で買った。しかし、賢明な人びとは、国家が支えるとしても、与えもできず受け取ることもできない特権は無益だと考えた。〉公共は、誰もそれに支払いを義務づけられない債務者である。債権者が公共に対してもっている唯一の抑制は、信用を維持することの利益（interest）である。しかし、この利益は、莫大な債務によって、また、その信用が回復できないとさえ思われる、困難で途方もない非常事態の発生のために、簡単に相殺されてしまうかもしれない。言うまでもなく、国家は、当面の必要から、厳密に言えば、その利益に反するような手段をしばしば採らざるをえない〔この注は、Q版では本文に格上げされる〕。

(12)『歴史』第三巻第五五節。

(13) わが国全体の債権者は、本国人と外国人を合わせても、わずか一七〇〇〇人にすぎないと計算されてきた、と私は聞いている。これらの債権者はその所得によって現在の異彩を放っているが、しかし公共が破産した場合には、たちまち国民のうちで最も不幸であるとともに最低の人びとになるであろう。地主紳士と貴族の威厳や権威は、これよりもはるかに土台がしっかりしているから、われわれがあの極端な状態に達したとすれば、〔地位の〕競争を非常に不平等にしてしまうであろう。わが公信用がまったく予想以上に持続したことによって、われわれの父祖の時代に行なわれたこの種の予言の誤りであることがすでに分かっていなかったとしたら、こうした事態の発生は、それを例えば半世紀といったごく近い時期に帰したいと思われるであろう。フランスの星占い師たちがアンリ四世の死を予告していたときに、彼は「この連中の言うことは、最後にはあたるにちがいない」と言っている。したがって、われわれは、およそ正確な期日を予測するよりももっと慎重な態度をとるであろうし、ただその事態を一般的に指摘することだけで満足するであろう。

のとほとんど同様に、明確に予測しうる出来事であると思われる。そして古代人は、予言の賜物を得るためには、一種の神的な激情ないし狂気が必要であると主張したけれども、以上に述べたような予言を発するためには、民衆うけをする狂気や幻想に影響されずに、ただ正気であること以上に何も必要でない、と断言してよいであろう。

論説九　若干の注目すべき慣習について

私は三つの賛美された統治に見られる三つの注目すべき慣習（custom）を考察し、その全体から次の結論を引き出すことにする。すなわち、政治のすべての一般原則（general maxims）は、大いに留保して確立されねばならないこと、そして不規則で異常な現象（appearances）が、道徳界〔人間の世界 moral world〕において、自然界（physical world）においてと同様に、しばしば発見されるということである。社会におけるそのような現象が発生した後には、おそらくわれわれはそれらの現象を、各人が内省や観察によって、最も強い確信と信念をもっている動機（springs）と原理（principles）から、〔自然界の異常現象よりも〕、よりよく説明することができる。しかし、人間の慎慮がそれらの現象を予見、予告することは、しばしばまったく不可能である。

一、人が、討議するすべての最高会議か議会にとって不可欠と考えると思われるのは、完全な言論の自由がすべての構成員に認められるべきであり、また審議中の問題点を明らかにするのに何らかの貢献をなしうる動議や論議はすべて認められるべきである、ということである。人が、それ以上の確信をもって結論すると思われるのは、ある動議が出され、それが立法部の置かれている議会によって採決され承認されてからは、その動議を提出した議員は将来、裁判や査問にかけられることを、永久に免除されねばならないことである。しかし、動議を提出した議員が、少なくともあらゆる下級の司法から守られねばならないこと、またそれに劣らず、同じ最高立法議会がその後に開かれる会期において、以前に議会が承認した動議や演説に対して、彼に説明責任をとらせることほど、一見して、議論の余地なく見える政治原則はありえない。しかし、こうした原理は、それがいかに争う余地のないものに見えようと、アテナイの統治においては、ほとんど不可避的と思われる原因と原理のために、すべて失敗したのである。

〈グラフェー・パラノモーン〉γραφὴ παρανόμων、すなわち、〈違法容疑による告訴〉*indictment of illegality*（これは今まで古代研究家あるいは注釈家によって注目されたことはないけれども）によって、誰であれ普通裁判所において審問され、処罰されたのであるが、それは、その人の動議に基づいて民会で可決された法律が、裁判所に不正であるとか、公共に有害であると思われた場合のことである。こうして、デモステネスは、建艦税（ship money）が不規則に課されていること、またガレー船の艤装に貧者が富者と同額の負担をしていることに気づいて、その経費負担を各個人の所得収入に比例したものにする、きわめて有益な法律によって、この不平等を是正した。彼は民会でこの法律を動議として提出し、その利点を証明し(1)、アテナイの唯一の立法機関である民会を納得させた。こうして、この法律は可決され、実施されるにいたった。しかし、彼が財政に導入したこの変革に憤慨した富者の不満がもとで、彼はこの法律のために刑事法廷で審問された(2)。彼は、実際に、無罪を宣告されたが、その法律の有用性を新たに証明したことに基づいてであった。

クテシフォンは、共和国を愛し貢献する市民に特別の名誉が授けられるように、デモステネスに特別の名誉が授けられるべきだ、という動議を民会に提出した。その通りだと確信した人民は、彼に名誉を与えることを可決した。しかし、クテシフォンは〈グラフェー・パラノモーン〉によって裁判にかけられた。とりわけ他の論点において、デモステネスはよき市民でもなければ、共和国を愛してもいないという反対論が主張された。そこでこの雄弁家は、彼の友人を、したがってまた自分自身を弁護することを求められたが、これを彼は、それ以来、人類の称賛を受けてきた、あの崇高な雄弁によって果たしたのである。[訳注1]

（訳注1）ヒュームは、『王位について』*On the Crown* におけるデモステネスによるクテシフォンの弁護に言及している。**Miller** の注 **p.** 368 を参照。

カイロネイアの決定的な戦い[訳注2]の後、ヒュペリデスの動議に基づいて、奴隷に自由を与え、彼らを軍隊に編入する法律が可決された。[3] この雄弁家は、この法律ゆえに、上述の告訴によって裁判にかけられた。そこで彼は、とりわけプルタルコスとロンギノスが称賛したあの弁論によって、自らを弁護したのであった。〈この法律を動議として提出したのは私ではない。それは戦争の必要であった。それはカイロネイアの戦いであった〉、と彼は言った。デモステネスの弁論は、この種の裁判の例を多数含んでおり、この種の裁判以上

（1）これに対する彼の大弁論は今なお残っている。*Περὶ Συμμορίας*『シュンモリア論』〔Demosthenes, *On the Navy-Boards, sect.* 17–22〕。

（2）『クテシフォン弁護論』〔Demosthenes, *In Defense of Ctesiphon* (or, *On the Crown*), sets. 102–109〕。

に一般に行なわれていたものはなかったことを、はっきり証明している。

（訳注2） N版から「決定的な」は削除。

アテナイの民主政は、現代の世界にいるわれわれにはほとんど考えも及ばないような騒々しい政治であった。民衆の全集団が、いかなる財産上の制限も、身分上の差別もなく、政務官や元老院(4)による抑制もなく、したがって、秩序、正義、あるいは慎慮もまったく省みずに、すべての法律に投票を行なった。アテナイ人は、やがて、この国制に伴う弊害に気づくようになった。しかし、およそ何らかの規則や制限によって自己規制することを嫌ったので、彼らは将来の処罰と審問という恐怖によって、少なくとも彼らの扇動政治家や政務相談役を抑制しようと決心したのである。したがって、彼らは、この注目すべき法律を制定したのである。この法律は彼らの統治にとってきわめて必要不可欠と見なされたので、それが廃止されるか、無視されるなら、アテナイの民主政が存続不可能になることは周知の真理であると、アイスキネスはそれについて力説している(5)。

アテナイの民衆は、刑事法廷の権威から生じる、自由へのどのような悪影響も少しも恐れなかった。なぜなら、これらの法廷は、民衆から籤引きで選出された、きわめて多数の陪審員による裁判にほかならなかったからである。しかも、彼らは自分自身をちょうど（訳注3）未成年状態にあると見なし、したがって、理性を用いるようになった後には、すでに決定されたことを撤回したり制限したりするだけではなく、後見人に説得されて彼らが採用した方策ゆえに、その後見人を処罰する権威もまたもつと考えたのである。これと同じ法律はテーバイにも(6)存在したが、それが設けられた理由も同じであった。

（訳注3） P版からここに「永続的な」が挿入。

きわめて有用である、あるいは民衆に人気があると見なされる法律が制定される場合、その取り消しや撤廃を永久に禁止することは、アテナイにおける通常の慣行だったように思われる。こういうわけで、公共の収入のすべてを芝居や見世物の興行に流用した扇動政治家たちが、この法律の撤廃を動議として提出することまでも犯罪にしたのであった(7)。こうして、レプティネスは、以前に許可されたすべての免税権を取り消すだけでなく、将来さらに免税を許可する権限を民衆から奪い取る法律を動議として提出したのである(8)。この

（3） プルタルコス『十大雄弁家伝』〔『道徳論集』*Moralia* 所収。マケドニアのフィリッポスが前三三八年のカイロネイアの戦いでアテナイ人とテーバイ人を破った〕。デモステネスはこの法律について別な説明をしている。『アリストギトス駁論』、『弁論集』第二巻八〇三—八〇四。彼によれば、この法律の目的は、〈市民権喪失者の権利を回復すること〉*ἄτιμοι ἐπίτιμοι*、あるいは公職につく特権を公職不適格と宣告されたものに対して回復することであった。このいずれも同法の条項であったと思われる。

（4） 豆元老院（The senate of the Bean）は民衆のあいだから籤引きで選出された、より少数の群集（mob）にすぎず、したがってその権威も大きくなかった。

（5） 『クテシフォン弾劾』において〔Aeschines, *Against Ctesiphon*, secs. 5-8〕。クリティアスと三十人僭主が民主政を瓦解させた後、最初に行なったことが、デモステネスの『ティモクラテス弾劾』から分かるように、〈グラフェー・パラノモーン〉の廃止だったことは注目すべきである。この雄弁家はこの弁論において、〈グラフェー・パラノモーン〉を確立する法律について述べている。オールダス版、二九七頁。そして彼は、われわれがここで推論しているものと同じ原理から、それを説明している。

（6） プルタルコス『ペロピダス伝』第二五節あたり。

（7） デモステネス『オリュントス弁論』第一、第二節。

（8） デモステネス『レプティネス弾劾』第四五七節。

ようにして、公権剝奪に関するすべての法案が禁止されたのである、(9)すなわち共和国全体には及ばずに、一人のアテナイ人だけに影響する法律が禁止されたのである。立法機関が虚しくも自らを永久に縛ろうとした、このような不条理な条項は、民衆が自らの軽率と移り気を普遍的に感じていたことから生じたのである。

二、ドイツ帝国に見られるような、車輪のなかの車輪は、シャーフツベリ卿によって政治における不条理と見なされているが、(10)しかし、相互にまったく抑制も制御も従属もなしに、同一の政治機構を支配しながら、しかも最大の調和と和合を保持しているような二つの相等しい車輪については、どう言わねばならないのだろうか？　それぞれが自身のうちに完全で絶対的な権威をもち、それぞれの作用を有効にするために、互いの援助をまったく必要としないような、二つの別個の立法機関を作ること、それは野心、競争心、貪欲といった情念――これらはこれまで人間の主要な統制原理だった――によって人間が動かされる限り、もともとまったく実行不可能であるように思われる。したがって、私が念頭に置いている国家が、二つの異なる党派に分かれ、それぞれが異なる立法機関において優勢となったのであるが、しかもこれらの独立した二つの権力の衝突は生まれなかった、と私が主張するとすれば、このような想定は信じがたく思われるであろう。そしてこの逆説（paradox）を強調するために、もし私がこの支離滅裂で変則的な政体はこれまで世界の舞台に現われた、(訳注4)最も活発で、最も勝ち誇った、最も輝かしい共和国（commonwealth）であると主張するとすれば、そのような政治的怪物(訳注5)は詩人の幻想と同じく、馬鹿げたものだと確実に言われるであろう。しかし、上述の想定の現実性を証明するためには、長々と吟味するには及ばない。というのは、これは実際にローマ共和国がそうだったからである。

（訳注4）「世界の舞台に」はQ版から削除。

（訳注5）Q版から「聖職者と詩人」。

ローマ共和国では立法権は〈兵員会〉*centuriata* と〈区民会〉*comitia tributa* に委ねられていた。周知のように、兵員会では人民はその〈財産登録〉*sensus* に従って投票した。その結果、第一階級の意見が全員一致した場合（一般にそうだったが）には、その階級にはおそらく共和国の国民の一〇〇分の一も含まれなかったけれども、その階級が全体を決定し、元老院の権威と一緒に、法を制定した。区民会においては、投票はすべて平等であり、そこでは元老院の権威は必要でなかったので、下層の民衆がまったく優勢であり、国家全体の法を制定した。最初は〈パトリキウス〉*Patricians* と〈プレブス〉*Plebeians*、後には貴族と平民のあいだに見られた、あらゆる党派分割において、貴族階級の利害は第一の立法部において支配的であり、平民階級の利害は第二の立法部において支配的であった。一方は他方の制定したものをいつでも破壊することができたし、それどころか、一方が突如の予見しがたい動議によって他方の機先を制し、このような国制の本質からして十分に法としての権威をもつ投票によって、対抗相手を全滅させることもできたであろう。しかし、このような抗争ないし闘争（訳注6）は、ローマ史にはまったく見られない。これらの二つの立法部相互のあ

（9）デモステネス『アリストクラテス弾劾』第六四九節。

（10）『機知とユーモアとの自由についてのエッセイ』第三部第二節。

いだの争いの例も一つもない。もっとも、それぞれの立法部を支配した党派間には多数の争いがあったけれども。きわめて稀有に思われるのだが、こうした和合はどこから生じたのだろうか?

（訳注6） N版から「ないし闘争」は削除。

セルウィウス・トゥリウスの権威によってローマに樹立された立法機関は、〈兵員会〉であった。これは例の諸王の排斥後に、ローマの政体を、しばらくのあいだ、まったく貴族政的にした。しかし、平民は数と力を頼みとし、また対外戦争における度重なる征服と勝利に意気高揚しており、苦境に追い込まれたときはいつも優勢になり、元老院からまず護民官の職を、ついで〈区民会〉の立法権を奪取したのである。したがって、貴族たちは、平民を怒らせないように、これまで以上に注意深くならざるをえなくなった。というのは平民はいつももっている実力のほかに、今や立法上の権限も所有するようになっており、したがって、彼らに直接に対立するどんな秩序や制度もただちに粉砕できたからである。貴族たちは陰謀、影響力、貨幣、共謀、および彼らの人となりに払われた尊敬により、しばしば優勢となり、政治機構全体を指導することもできたであろう。しかし、もし彼らが、自らの〈兵員会〉を〈区民会〉に公然と対立させるならば、彼らは執政官、法務官、按察官、および兵員会によって選出されるすべての為政者職とともに、兵員会の利点をすぐに失ったであろう。ところが、〈区民会〉は、〈兵員会〉を尊重すべき同様な理由がなかったので、貴族階級に有利な法律をしばしば廃止した。区民会は貴族の権威を制限し、平民を抑圧から保護し、元老院と政務官の行動を制御した。〈兵員会〉は常に服従するのが好都合であると理解していた。そして権威（authority）においては対等であるけれども、しかし権力（power）において劣るために、区民会が制定した法律を廃止したり、あるいは区民会によってすぐ廃止されることがあらかじめ分かっているような法律を制定したりして、もう一つの立法部〔区民会〕に直接に衝撃を与えるようなことは、あえてしなかったのである。

これら両会の対立あるいは闘争については、アッピアノスが、彼の『内乱記』第三巻において、些細な類のものがあったことに言及しているのを除けば、事例はまったく見出されない。マルクス・アントニウスは、デキムス・ブルートゥスから、アルプス以南のガリア地方の統治を奪おうと決心して、ローマの広場でブルートゥスを罵り、元老院によってすでに命じられていた〈区民会〉の会合を妨害するために、〈兵員会〉を招集した。しかし、当時は、事態は非常な混乱に陥っており、ローマの国制は最終的な解体の一歩手前だったから、このような手段で何らかの示唆を引き出せるものではなかった。そのうえ、この抗争は、党派よりも統治形態に基づくものであった。国制、あるいは少なくとも統治形態によって、属領の処遇をもっぱら処理しうる〈兵員会〉の会合を妨害するように〈区民会〉に命じたのは、まさに元老院なのであった。

キケロは〈区民会〉により、すなわち〈区民会議〉***plebiscitum*** によって追放されたが、〈兵員会〉によって呼び戻された。しかし、彼の追放は、われわれの見るところ、平民の自由な選択や意向から生じた合法的行為とはけっして見なされなかった、と言えよう。それはいつでも、もっぱらクロディウスの暴力と、彼により統治に持ち込まれた無秩序によるものであった。

三、われわれが考察しようとする〈第三の〉慣習は、イングランドに関係したものである。それは、アテナイやローマにおいてわれわれが指摘した慣習ほど重要ではないとしても、それらに劣らず風変わりで注目すべきものである。権力は、いかに大きかろうと、法によって一人の優れた為政者に与えられた場合には、いかに小さかろうと、暴力と簒奪によって獲得された権威ほど、自由にとって危険ではない——このことは、われわれが争う余地のない普遍的なものと即座に認める、政治上の原則である。というのは、法が授けるあらゆる権力をその法が常に制限することに加えて、権力を譲与されたものとして受け取ること自体が、当の権力が引き出される権威を確立し、国制の調和（harmony of the constitution）を保存するからである。ある大権が法によらずに掌握される〔と、それが権利となって〕その同じ権利から、別の大権もまた要求され、さらにまた別のもっと融通の利く大権が要求されることになろう。他方、最初の二つの簒奪はともに後の簒奪の既成事実となり、後の簒奪を維持させる力を与える。こうして、議会によって課されたのでない二〇シリングの税を納めるのではなく、むしろ王の迫害の暴力のすべてに耐えたハンプデンの英雄的行為〔船舶税拒否事件〕[訳注7]、王権の最初の侵害（encroachments）を防ごうとするイングランドのすべての愛国者たちの配慮、さらにまた今日におけるイングランドの自由（English liberty）の存在は、まさにもっぱらこの点に由来するのである。

（訳注7） 内乱に導いたチャールズ一世と議会の争いの一つは、議会の同意なしに、海軍を装備するために「船舶税」を課すという国王の権利であった。ジョン・ハンプデン（一五九四—一六四三年）は下院議員で、クロムウェルの従兄弟であったが、一六三五年に彼の所領に対して令状によって課された船舶税二〇シリングの支払を拒否した。一六三八年に財務裁判所で審問にかけられたハンプデンは七対五で有罪となった。しかし、この裁判で彼は下院の指導者となり、国王大権を制限して自由と所有を守ろうとする人びとのシンボルとなった〔Miller, p. 374 note 参照〕。

しかしながら、議会がこの原則から離れた例が一つある。それは例の〈船員の強制徴募[訳注8]〉の場合である。

この場合、非合法な〔訳注9〕権力の行使が暗黙のうちに国王に許されている。そしてこの権力はいかにすれば合法的なものにできたか、またどのような制限のもとにそれは主権者〔国王〕に認められえたのかについて、これまで頻繁に熟慮されてきたけれども、その目的に適う安全な方策はけっして提出できなかった。したがって、自由に対する危険は、いつも簒奪より法律からいっそう生じるように思われたのである。この権力が艦隊に乗り組ませる以外の目的に行使されない場合には、人びとはその権力の有用性と必要性を察知するので、それに喜んで服従する。そしてもっぱらその影響を受ける船員は、法がイングランドの全臣民に無差別に与えている権利と特権を要求するとき、誰も彼らを支持しないことを見出すのである。しかし、この権力が党争か内閣の圧政（ministerial tyranny）の手段にされるなら、反対の党派と、実にすべての愛国者は、ただちに警鐘を鳴らし、被害者側に味方するであろう。こうして、イングランド人の自由（liberty of Englishmen）が主張され、陪審員たちは容赦しないであろう。またこの圧政の道具は法と公平（equity）に反して振る舞うために、最も激しい報復に出会うであろう。他方、もし議会がこのような権威を承認すれば、彼らはおそらく次の二つの不都合のいずれかに陥ることになるであろう。すなわち、彼らは、王の権威を拘束することによって、その権威の効力が無に帰すほどの多数の制限を課してそれを与えるか、それとも、彼らは、その場合いかなる救済策もありえないような重大な濫用を生み出すかもしれないほど、その権力を巨大で包括的なものにするかであろう。現在では、この権力の非合法性〔訳注10〕自体が、その濫用に対するきわめて安易な救済策となることによって、その濫用を防止しているのである。

〔訳注8〕 中世からブリテン国王は、海軍に同意なしに徴募する強制権力を要求してきた。十九世紀以前には「プレス・ギャン

グ」として知られる海洋派が水兵の徴募を強制するためにしばしば利用された。国王によるブリテンの臣民の植民地への強制徴用は、アメリカ革命を引き起こす原因となる不平の一つであった〔Miller, p. 374 note 参照〕。

(訳注9) R版から不規則な (irregular)。

(訳注10) R版から不規則性 (irregularity)。

私は以上の推論から、船員の登録に工夫を加え、自由を危険に晒さずに、船員を艦隊に乗り組ませることのできる可能性をすべて排除するつもりはない。ただ私が言いたいのは、この種の満足すべき計画はこれまで一つも提出されなかったことである。われわれはこれまでに考案されたどのような計画を採用するよりも、むしろ外見上、最も不合理で最も訳の分からない慣行を続けているのである。権威は、国内の平和と和合とが十分に保たれている時代には、法に対して武装している。王権における継続的で公然の簒奪が、国民の最大の嫉妬と警戒のまっただなかで許容されている。いな、それは、これらの原理そのものから生じているのである。最高の自由をもつ国において、自由はいかなる援助も保護もなしに、それ自体の自衛にすべて委ねられている。人類の最も文明化した社会の一つにおいて、野生の自然状態が復活している。(訳注11) そして最も人間味豊かで、最良の性質をもった国民のあいだで、(訳注12) 巨大な暴力と混乱が、罰せられずに行なわれている。一方の政党が最高為政者への服従を訴えているあいだに、他方の政党は基本法の許諾(訳注13) を主張しているのである。

(訳注11) ミラーが指摘するように (Miller, p. 376)、ここでヒュームは、自らがかつて『人間本性論』や『道徳原理の研究』において否定していたホッブズ、ロック的な「自然状態」論に接近している。

（訳注12）「最も人間味豊かで、最も善良な性質をもった国民のあいだで」は、Q版から削除。

（訳注13）許諾（permission）はK版から裁可（sanction）。

論説一〇　古代諸国民の人口稠密について(1)

世界を永遠ないし不滅（incorruptible）と断定すべき根拠は、理性によっても観察によっても、存在しない。物質の絶え間ない迅速な運動、あらゆる部分が揺り動かされる激しい変転（revolution）、天界に認められる変化、大洪水の伝説とその明白な形跡、あるいは四大基本要素の大激動、これらすべては、世界というこの組織の死すべき運命と、腐敗（corruption）や解体によるある状態から他の状態への変遷を非常によく証

（1）数年前、古代諸国民の人口という、これと同じ問題に関する論説を書いたエディンバラの優れた一牧師が、最近それを本書の著者に報せてくれた〔ロバート・ウォレス『古代と近代の人類の数に関する一論』Robert Wallace, ***A dissertation on the numbers of mankind in antient and modern times***, Edinburgh（1753）の付録を除く本文〕。その論説には本書の主張とは正反対の議論が主張されており、また多くの該博な知識と優れた推論が含まれている。本書の著者は、その論説から二つの計算、すなわちベルギウムの住民数に関するものと、エピルスの住民数に関するものを、少し修正して借用したことを認める。もしこの博学な紳士が彼の論説の出版を承諾してくれれば、それは博識を必要とするあらゆる問題の解明に役立つであろう。（訳注1）

明している。したがって、世界というこの組織は、それが含む各々の形態のものと同様に、幼年期、青年期、壮年期、および老年期をもっているにちがいない。そしてあらゆる動物および植物と同様に、人間もまたこれらすべての変化にあずかるものと思われる。世界の盛期には、人類は心身ともにいっそう大きい活力、より立派な健康、より旺盛な元気、より長い寿命、そしてより強い生殖性向と生殖力をもつはずである、と期待できよう。しかし、事物の一般的な組織が、人間社会ももちろんのこと、たとえこのような漸次的な変転を受けるとしても、その変転はあまりにも緩慢なので、歴史と伝統によって理解されるような短期間には、それは見分けられない。身長や体力、寿命、それに勇気や才能の程度でさえ、これまでのすべての時代において、ほとんど同じであったと思われるのも当然である。なるほど技術と学問は、ある時期に栄え、ある時期に衰えたことはある。しかし、その技術や学問が、一国民のあいだで最高の完成に達したときでも、それらが近隣のすべての国民におそらくまったく知られなかったこと、また、ある時代に全面的に衰えたけれども、しかし続く時代に再び復活し、世界中に広まったことを、われわれは観察しうるであろう。したがって、観察が及びうる限り、人類にはそれと見分けられるような全般的な差異はない。また、世界〔宇宙〕(universe)は、動物と同様に、幼年期から老年期への自然な進行(natural progress)をするということが認められたけれども、現在、世界がその完成点へと進みつつあるのか、それともそれから後退しつつあるのかは、やはり不確かとするほかにないから、これによって人間本性における衰退を推定することはできない(2)。したがって、一般に想像されているような古代の優越した人口数を、世界(world)の若さや活力を想定して証明したり説明したりするのは、およそ公正な推論をする者には承認されないであろう。こうした

〈一般的な自然的〉諸原因は、この問いから全面的に除外されるべきである。(訳注2)

(訳注1) この脚注は、後のK-P版では次のように変えられた。「一人の独創的な著者が、品位と博識と良識に満ちた返答によってこの論説に栄光を与えてくれた。その反駁は非常に博学であって、もし著者が最初からいつも疑いをもつように用心してかからなかったら、著者の推論はまったく覆されたのではないかと思わせたほどのものである。そこで著者は、この立場を利用したので、力ではるかに劣るけれども、全面的な敗北を免れえたのである。その牧師は彼の論敵がきわめて論破しがたいまでに固めていることをいつも見出すだろう。こうした状況をつくって、ウァッロはハンニバルに対して身を守りえたのである。しかしながら、著者は、その論敵が著者の典拠ならびに推論における多くの間違いを発見したこと、またもっと多くの誤りが言及されなかったのは、まったくその論敵の寛大さによることを真に喜んで認める。この版では彼の博識な批判が利用されたので、この論説は以前より不完全でなくなっている」。

(訳注2) ヒュームは一七五〇年の手紙でこの論説に言及し、ヴォッシウス〔Vossius, *Variarum Observationum Liber*, 1685〕とモンテスキューを古代人口優位論者として述べているが、一七五一年の夏に、エディンバラの哲学協会の会員であるロバート・ウォレスの古代人口優位論にたつ草稿を読んだ。原注(1)のようにヒュームはそれに言及したので、ウォレスは一七五三

(2) コルメッラは〔『農業論』〕第三巻第八章において、エジプトとアフリカでは〈双子がよく誕生し、普通でさえあった〉*gemini partus familiares, ac poene solennes sunt* と述べている。もしこれが本当であれば、地方や時代が違えば生理的な差異があることになる。というのは、現在これらの地方について、そのようなことを述べている旅行者はいないからである。反対に、それどころか、われわれは北方の諸国民のほうがもっと多産的だと考えがちである。それらの両地方は、ローマ帝国の属領だったので、コルメッラほどの人が両地方について間違いを犯していると考えるのは、まったくおかしいことではないにしても、考えがたいことである。

年に出版したとき、付録でヒュームの議論を批判した。それでヒュームは後の版でウォレスに反論する注を付けた。ヒュームはウォレスが典拠と推論に関してヒュームの間違いを正してくれたことをありがたく認めたが、修正はあまりしていない。ミラーによれば(Miller, p.379 note)、ブラント(P. A. Brunt)が彼の古代イタリア人口研究において(*Italian Manpower : 225 B.C.-A.D.14*〔Oxford : Clarendon Press, 1971〕, PP. 11-12.)、ヒュームのこの論説を画期的な人口研究であり、文献研究から推測するヒュームの手法は、イタリア共和国の人口が一四〇〇万か七〇〇万、ないし八〇〇万にすぎないのかを決定することを可能にする唯一の方法として、研究者が採用しなければならないものだとしている。

実のところ、もっと〈特殊な自然的〉諸原因で非常に重要なものがある。古代には現代の医学にほとんど知られていないさまざまな病気が挙げられているが、一方、現代には古代史にまったくその形跡もない新しい病気が発生し蔓延している。この点で比較すれば、現代のほうがずっと不利だと言えよう。そのほかこれほど重要でないものについては言うまでもない。あの天然痘は、それだけで古代に帰せられる〔人口数の〕大きな優越を説明してしまいかねないほどの猛威を振っている。世代ごとに人類の一〇分の一ないし一二分の一が死ぬとすれば、人口数のうえできわめて大きな開きを生み出すはずだと考えられる。だから、今、いたるところに広まっている新しい疫病である性病と一緒になれば、天然痘はそれが持続的に作用することから、人類の三大天刑である戦争、ペスト、飢饉におそらく匹敵するであろう。したがって、古代のほうが現代よりも人口が多く、しかも社会的諸原因がこのような大変化を引き起こしたのではないことが確かならば、多くの人びとの意見では、以上の自然的原因だけがこの点について十分満足な説明を与えることになるであろう。

しかし、古代には現在主張されているほど人口が多かったというのは、確かであろうか？　この問題に関するヴォッシウスの主張が極端であるのはよく知られている。しかし、もっとはるかに優れた才能と判断力をもつ著作家でも、この主題に利用しうる最善の計算によれば、現在、地球上にはユリウス・カエサルの時代の人類の五〇分の一もいないとあえて断言している。(3)　われわれがたとえ古代史の舞台、すなわち、ヨーロッパと地中海周辺の諸国民だけに考察を限っても、この場合、右の比較が不完全であるにちがいないことは容易に分かるであろう。われわれは現在、ヨーロッパのどの一国の人口、あるいはどの一都市の人口も、正確には知らない。歴史家がきわめて不完全な記録しか残してくれていない古代の都市および国家の人口を計算できると、いかにして主張できるのだろうか？　私としては、問題は非常に不確実なように思えるため、この主題に関していくらかの考察を一括して行なうつもりなので、〈原因〉に関する研究と〈事実〉に関する研究とを取り混ぜることにする。これは、事実がかなりの確かさで確認できる場合には、けっして許されるべきものではない。〈第一に〉、両時代の社会状態についてわれわれが知っているところから、古代には人口がもっと多かったにちがいないということが、蓋然的にありうるかどうかを考察しよう。〈第二に〉、現実にそうであったかどうかを考察しよう。〔古代の人口に関する〕断定が、古代に有利に主張されているほ

（3）〔モンテスキュー〕『ペルシア人の手紙』。また『法の精神』第二三巻第一七、一八、一九章も参照せよ〔ウォッシウスは、ローマの人口を一四〇〇万人、パリとロンドンをあわせた面積の二〇倍の面積とした。モンテスキューは『ペルシア人の手紙』一七二一年で現在の世界の人口は古代最盛期の一〇分の一、一七五八年版では一五分の一とした〕。

ど確かなものではない、ということを私が明らかにできるならば、私の望みはすべて達せられる。

一般に、さまざまな時代と王国の人口比較に関する問題は、非常に重要な帰結を意味するものであり、通常それによって、その時代ないし王国の全体的な政治（police）、生活様式（manners）、統治構造の優位性を決定できると言えよう。というのは、すべての人びとには、男女のいずれにも、普遍的に発揮されている以上の活動的な生殖の欲求と能力があるので、それらの欲求と能力を抑えつけている規制は、人びとの境遇のさまざまな困難から生じているにちがいない。したがって、この困難を注意深く観察して取り除くのは、賢明な立法者のなすべきことである。家族を維持しうると思うほとんどすべての男子は家庭をもつであろう。そして、年頃になると誰でも皆すぐに結婚するものとすれば(訳注3)、この率で繁殖すれば、人類は世代ごとに二倍以上となるであろう。すべての植民地と新しい入植地では、人類はどれほど急速に増加しているであろうか？　なぜなら、そこでは家族を養うのはたやすく、また人びとは確立されてから久しい政府のもとにあるような困難や制限を受けないからである。一国民の三分の一ないし四分の一をなぎ倒してしまったような疫病がしばしばあったことを、歴史は教えている。しかし、一世代ないし二世代が経つうちには、その人口の破滅は目立たなくなり、この社会は再び以前の人口を獲得したのであった。耕作された土地、建設された住宅、生産された財貨、獲得された富は、生き延びた人びとがただちに結婚して家族を養うことを可能にし、この家族が亡くなった人びとの分を埋め合わせたのである(4)。また同様な理由で、賢明、公正、穏和な統治はすべて、その臣民の生活状態を安楽かつ安全にすることによって、常に、財貨と富だけでなく、人口も最も多いであろう。実際に(訳注4)、気候と土壌が葡萄の栽培に適している国は、確かに穀物しか産出しない国より人口が多く、また牧畜にしか適さない国より人口が多いのは当然であろう。しかし、他のすべてのことが同一であれば、最大の幸福と徳と最も賢明な諸制度があるところで、最も多くの人びともまたいると期待するのは、当然のように思われる。

(訳注3) N版では「年頃になると誰でも皆すぐに結婚するものとすれば」が削除。

(訳注4) Q版では次の一文が追加された。「一般に、温暖な気候のところは、住民の生活上の困窮がより少なく、そのうえ植物の成長がいっそう強力であることから、人口が最も稠密であると思われる」。

したがって、古代と近代の人口の稠密さに関する問題は、きわめて重要なものと認められるから、もしこれに何らかの結論を与えようとするのであれば、両時代の社会的諸原因(moral causes)によって事実を判断するために、これら二つの時代の〈家内〉状況と〈政治〉状況を比較することが必要であろう。これが両時代を考察するために、われわれの提案した〈第一の〉観点である。

古代の〈家内〉経済と近代のそれとのあいだの主要な相違は、古代に支配的に行なわれ、過去数世紀間に

(4) これはまた、天然痘がそれぞれの地方の人口を、はじめに想像されたほどには減少させないことの十分な理由でもある。人口増加の余地があるところには、帰化法の助けなどなくても、いつでも人口増加は生じる。ゲロニモ・デ・ウスタリス氏が述べているところでは、スペインの諸州のうち、最も多数の人びとを西インド諸島に送り出している州は、人口が最も稠密である。そしてこのことは、そうした州の富が他よりも大きいことから生じているのである〔『商業と航海の理論と実践』Gerónimo de Uztáriz, *Theorica, y paractica de comercio, y de marina* (1724), *The Theory and Practice of Commerce and Maritime Affairs* (1751), chap. 12〕。

ヨーロッパの大部分で廃止された奴隷制という慣行にある。古代人の情熱的な賛美者と、市民的自由の熱狂的な党派には（というのは、これらの二つの感情〔古代人の情熱的な賛美と市民的自由への熱狂〕は、どちらも、大体において、きわめて正当なものであり、またそれらを分離することはほとんどできないと思われるから）、この制度が無くなったのがどうしても残念だという人もいる。だから、彼らはただ一人の支配する政府へのすべての服従に奴隷制という不快な烙印を押しながら、他方では人類の大部分を平気で実際の奴隷制と隷属に従わせるであろう。だが、この問題を冷静に考察する人には、人間本性は現在、一般にヨーロッパの最も恣意的な政府のもとでさえ、古代の最盛期よりも多くの自由を実際に享受していることが明らかであろう。その領地の広さがただ一都市ほどでしかないような小君主に対する服従は、大国の国王に対する服従よりも辛いが、ちょうどこれと同じように、家内奴隷制はどのような市民的服従よりもいっそう残酷で抑圧的である。支配者が、地位と身分の点で、われわれから隔たれば隔たるほど、それだけわれわれは多くの自由を享受でき、われわれの行為はそれだけ監視されたり拘束されたりすることが少なく、またわれわれ自身の服従と他人の自由、さらにはその支配とのあいだの、あの不快な比較対照は、それだけますます小さくなる。アメリカ植民地とヨーロッパのいくつかの国民に残存する家内奴隷制を見るなら、これをもっと世界に行き渡らせたいという願望は確かにけっして起こらないであろう。幼い頃から同胞に大きな権威を揮い、人間性を踏みにじることに慣れてしまった人たちに一般的に見出される、あの人間愛（humanity）の乏しさは、それだけでもそのような権威に対して、われわれに嫌悪の情を抱かせるに十分であろう。また古代のあの過酷な、あえて言えば、野蛮な風習を説明できる蓋然的な理由も、この家内奴隷制の慣行以上にはありえない。この慣行によって、身分のある人はすべて小暴君とならされ、彼の奴隷の追従（flattery）、服従、および卑しいへりくだりのただなかで教育されたのであった。

古代の慣行によれば、下級者には、服従の義務に束縛しておくために、あらゆる拘束が課されたが、上級者には、寛大さと人間愛という互恵的な義務（reciprocal duties）に従わせる拘束は、少しも課されなかった。現代〔近代〕では悪い召使が善い主人を見出すことも、悪い主人が善い召使を見出すことも容易でない。したがって、拘束は相互的であり、理性と公平という不可侵の永遠の法に適っている。

年老いているか、役に立たないか、あるいは病気の奴隷を、タイバー川のなかの島に遺棄し、そこで餓死させるという習慣は、ローマではすこぶるあたり前であったと思われる。そしてそのように風雨に晒された後に生き返ったものは誰でも、皇帝クラウディウスの勅令によって自由が与えられた。もっとも、この勅令では、ただ老年とか病気とかいう理由だけで奴隷を殺すことも禁じられてはいた(5)。しかし、たとえこの勅令が厳重に守られたとしても、奴隷の家内での待遇を改善したり、あるいは奴隷の生活をもっとずっと快適にしたりしたであろうか？　無用な負担と彼が見なしたものを養っておくより、むしろどんな価格でもよいから、彼の老いぼれた奴隷を売り払うことが、大カトーの公然たる原則だったようなときに、他の人びとがどのようなことを行なっていたかは、想像がつくであろう(6)。

鎖に繋がれた奴隷が強制的に働かされる場所である〈エルガストゥラ〉*ergastula* すなわち土牢は、イタ

（5）スエトニウス『クラウディウス伝』第二五節。

（6）プルタルコス『カトー伝』第四節。

リアのどこでもごくありふれたものであった。コルメッラ[7]は、土牢は常に地下に造るように忠告している。彼はまた、こうした奴隷が逃亡した場合、ただちに知るために、連隊や船客を点呼するのと同じように、奴隷の点呼を毎日行なうことを注意深い監督者の義務として勧めている。[8] これはこうした〈エルガストゥラ〉がしばしば造られ、そのなかに多数の奴隷が常に監禁されていたことを証明するものである。「土牢がイタリアの一部を荒廃から守る」、とリウィウスは言っている。[訳注5]

（訳注5） K版では、この間違った引用は削除された。

オウィディウス[9]や他の著作家たち[10]の著作から明らかなように、門番として使う鎖つき奴隷はローマでは普通であった。彼らの同類のあの不幸な人びとに対するすべての同情の念（all sense of compassion）を、これらの人びとが捨てさっていなかったとしたら、彼らは友人が訪問してきた早々に、彼らに、主人の過酷さと奴隷の惨めさを思わせるようなことをしたであろうか？

すべての裁判において、民事訴訟の場合さえ、奴隷の証言を求めることほどありふれたことはなかった。そしてこの証言はいつも最も強烈な拷問によって強要されたのである。デモステネスは次のように述べている。[11] 同一事件に対し、自由人か奴隷かのどちらかを証人として出せる場合には、より確実な証言として、裁判官はいつも奴隷の拷問を選んだのである、と。[12]

セネカは昼を夜に、夜を昼に代えて、日常のあらゆる仕事のすべての決まった時刻を逆転させるような、あの無茶苦茶な奢侈を描いている。例えば、食事の時刻と入浴の時刻をずらすというようなさまざまな事柄のなかで、彼がとりわけ述べているのはこうである。このような虚偽の洗練に耽っているある人の近隣の者たちが、夜中の三時頃になると決まったようにヒュー・ビシッと鞭打つ音が聞こえるので、調べてみると、この人がこの時刻に召使の行動を調べ、それ相応の折檻と懲罰を加えているのだった、と。これは、残酷な例として述べられているのではなく、最もありふれた規律正しい行動においてさえも、既定の習慣によって決められた時刻を変えてしまうような、生活の乱脈ぶりの例として述べられているにすぎないのである(13)。

しかし、われわれの当面の問題は、一国の人口に対する奴隷制の影響を考察することだけである。この点では古代の慣行には限りないほどの長所があり、これが古代に想定されているかの極度の人口稠密の主要原因だった、と主張されている。現在では、すべての主人が男性の召使〔奴隷〕の結婚を妨げ、女性の召使〔奴隷〕の結婚を許していない。というのは、結婚すれば、女性の召使は主人の用事ができなくなると考えられているからである。しかし、召使の財産が主人に委ねられている場合には、召使の結婚は主人の富を作り、老齢や病気のために無能となった奴隷の埋め合わせをする奴隷を次々と生み出す。したがって、主人は、牛の繁殖と同じほど奴隷の繁殖を奨励し、同様な注意を払って子供の奴隷を飼育し、彼にとってもっと役に立

(7)〔『農業論』〕第一巻第六章。

(8)前掲〔『農業論』〕第一一巻第一章。

(9)『恋愛歌』*Amores*、第一巻第六歌。

(10)スエトニウス『修辞家伝』第三節。この古代の詩人が「門番が鎖をガタガタさせるのが聞こえる」と言っているのも、同じ意味のものである。

(11)『オネトル弾劾』第一節、第八七四節。

(12)これと同じ慣例はローマでもごくありふれたことであった。しかし、キケロはこうした証言を自由な市民の証言ほど確実ではないと考えているようである。『カエリウス弁護論』第二八節。

つか、値打ちあるものになるような何らかの技術や職業を教え込む。富裕な人びとは、このやり方によって、貧民の福祉には関心がなくても、貧民を生かしておくことには少なくとも関心を示し、彼らの自由になるこうした人びとの数と勤労とを増加させることによって、自らを富裕にする。主人は誰でも、彼自身の家族内では主権者であるから、君主が国家に関心を寄せるように、家族に対して同様の関心を寄せるのであり、君主とは違って、彼の小独立国の人口を減少させてしまうような、野心的ないし虚栄的な動機をもたない。この独立国のすべては、いつでも彼の監視下にある。だから、彼には、彼の臣民の結婚と教育についてきわめて些細な点まで監視する余裕がある(14)。

事物のうわべを最初にちょっと見たところでは、こうしたことが家内奴隷制の結果である。しかし、この問題にもっと深く立ち入ると、われわれの下した性急な断定を撤回せねばならない理由がおそらく見つかるであろう。人間の管理と牛の管理との先の比較はぞっとするようなことだが、この問題に適用されるときにはきわめて適切であるから、この比較の結果を追求することは適当であろう。首都やすべての大都市の近辺や、人口が稠密で富裕で、勤労が盛んな地方では、牛が飼われることはまずない。そこでは飼料、牛小屋、世話、労働が高価である。だから、比較的辺鄙で物価の安い地方から、一定の年齢に達した牛を買うほうが、割がよいことが分かる。この結果、こうした地方が牛を飼育する唯一の地方となる。ところで、人間が牛と同じ立場に置かれる場合には、同様の理由から、こうした地方はまた、人間を飼育する唯一の地方となる。役に立つことができるまで、子供をロンドンで養育すれば、スコットランドやアイルランドから同年齢の子供を買うよりも、はるかに高くつくだろう。なぜなら、スコットランドやアイルランドでは、子供は小屋で生まれ、ボロに包まれ、オートミールやジャガイモで大きくなるからである。したがって、より富裕で、より人口稠密なあらゆる地方で奴隷をもつ人びとは、女奴隷の妊娠を抑制し、出産を妨げるか、あるいは殺すであろう。人類が最も急速に増加するはずの場所において、人類は滅亡するであろう。だから、もっと貧しい、もっと寂れた地方からの永続的な〔人口の〕補充が必要であろう。このような不断の人口の枯渇

(13)『書簡』第一二二。ローマで公開されたあの非人道的スポーツも、奴隷に対するローマの人民の軽侮から生じた結果と考えて差し支えないであろう。そしてこれらはまた、ローマの君主や支配者の一般的な非人道性の大きな原因ともなった。あの円形劇場での催し物の記録を、戦慄を覚えずに読める人がいるであろうか？　またローマの皇帝たちは、ローマの人民が奴隷を取り扱うのと同じやり方で常に人民を扱ったと知っても、誰が驚くであろうか？　このような折に、人間の人道心は、人民たちには首が一つしかなかったらと願ったカリグラ帝のあの野蛮な願望を復活しそうになる。およそ人間であれば、このような一種の怪物たちを一撃のもとに殺してしまいたくなるであろう。右に引用した著者セネカは（『書簡』第七）、ローマの人民に語りかけながら、神に感謝するがよい、諸君の君主（すなわち、穏和で慈悲深いネロ皇帝）は、諸君の手本から残虐さを習うようなことのできないお方だ、と言っている。これはネロの治世の初めに言われたのであるが、後になって彼はすっかり人民のように残虐になってしまった。彼が幼い頃から見慣れてきたさまざまな野蛮な事柄によって、それが相当強められたことは疑いない。

(14)　この場合、われわれが観察しうるのは、たとえ家内奴隷制が実際に人口を増加したとしても、それは社会の幸福とその人口の稠密とは必然的に相伴うという一般原則に対する一つの例外であろうということである。主人は、その気質や利害から、自分の奴隷を非常に不幸にするかもしれないが、利益から、奴隷を増やすことに注意することはあるだろう。奴隷の結婚は、彼らの他の生活行為と同じく、彼らにとっては選択の問題ではない。

は、その国の人口を減少させる強力な傾向をもち、大都市をわが国の都市と比較して一〇倍も人口破壊力の高いものにするであろう。というのは、わが国の都市では、各人がすべて彼自らの主人であり、貪欲な利害の打算からではなく、自然の強力な本能から子供を養育するからである。もしロンドンが現在、大した人口増加を見せず、通常計算されているように、田舎から年々五〇〇〇人の補充を必要とするとされた場合、もし商工業者と平民の大部分が奴隷であり、貪欲な主人たちによって子供の養育が妨げられるとすれば、同市はどれだけの補充を必要としなければならないであろうか?

古代のすべての著作家が述べるところでは、イタリアに、辺鄙な地方、ことにシリア、キリキア[15]、カッパドキア、小アジア、トラキア、およびエジプトから、奴隷が不断に流入した。しかし、イタリアの人口数は増加しなかった。そして著述家たちは勤労と農業の連続的な衰退をこぼしている[16]。それでは一般に想定されているローマの奴隷のあの極端な繁殖〔の理由〕は、どこにあるのだろうか? 彼らは増加するどころか、莫大な数の補充がなければ、元の人口（stock）さえ維持できなかったと思われる。そして多数の奴隷が絶えず解放されてローマ市民とされたけれども、国外の諸属領にローマ市の自由が伝わるまでは、ローマ市民の数でさえ増加しなかったのである[17]。

家族内で生まれて育てられた奴隷の呼び名は〈ウェルナ〉***verna***[18]であり、このような奴隷は慣習によって他の奴隷に勝る特権と恩恵とを与えられたようである。これは主人たちがこの種の奴隷を多数養育したがらなかった十分な理由である[19]。わが植民者の原則を知っている人なら誰でも、この考察の妥当性を認めるであろう[20]。

(15) キリキアのデロスでは、一日に一万人の奴隷がローマ人用に売られることがよくあった。ストラボン〔『地理書』〕第一四巻第六六八節。

(16) コルメッラ〔『農業論』〕第一巻「緒言」と第二章および第七章。ウァッロ〔『農業論』〕第三巻第一章。ホラティウス第二巻第一五編。タキトゥス『年代記』第三巻第五四章。スエトニウス『アウグストゥス伝』第四二章。プリニウス〔『博物誌』〕第一八巻第一三章。

(17) タキトゥス『年代記』第四巻第二七章によれば、「一般国民のうち本土生まれの者の数は日ごとに次第に減って」とある。

(18) 〈セルウス〉***servus*** は類の名称、〈ウェルナ〉は種の名称であって、両者は類似しておらず、このことから、後者ははるかに少数だったという有力な推定が成り立つ。一つの全体のうちの関連した二つの部分が、数、順序、あるいは重要性において、相互に何らかの釣り合いをもっている場合には、この二つの部分に応じて、それらの相互関係を表わす相関的な用語がいつも考案されるということは、言語について行なわれる一般的な考察である。もしこの二つの部分が相互に少しも釣り合いをもたないなら、数の少ない部分を表わす用語だけが考案され、全体から区別される。このようにして、〈男〉と〈女〉、〈主人〉と〈召使〉、〈父〉と〈息子〉、〈君主〉と〈臣民〉、〈余所者〉**stranger** と〈市民〉は、相関的な用語である。ところが、〈水夫〉、〈大工〉、〈鍛冶屋〉、〈仕立屋〉〔以上の対句は、初版と二版ではローマン体、K版からイタリック、ここでは例外的にK版に従っておく〕などの言葉には、水夫や大工などでない人びとを表わす相関的な用語はない。こうした区別がなされる特定の言語に関しては、言語はきわめて異なっている。だからここから、異なる諸国民の生活様式と習慣(**Manners and customs**)に関して、きわめて有力な推論ができるであろう。ローマの歴代皇帝の軍国的統治が軍人階層の地位を非常に引き上げた結果、その階層は国家の他のすべての諸階層と平衡を保つようになった。ここから、〈軍人〉***miles*** と〈地方人〉***paganus*** とは相関的な用語となった。これは、そのときまで古代の言語に知られず、今なお近代の言語にも知られないものである。近代の迷信が聖職者の地位を非常に高めた結果、彼らは国家全体との釣

（訳注6）　R版では次の文章が加筆された。「わが国の植民者の経験によると、雇われる召使が手に入るところはどこでも、奴隷制は奴隷にとっても主人にとっても有利であることはめったにないということを、つけ加えておこう。主人には奴隷に着せたり食べさせたりする義務がある。一方、彼は召使に対しても同じことをする。したがって、奴隷の最初の購買価格だけ、主人にとっては損失である。言うまでもなく、解雇されて別の仕事が見つからないという恐れが自由人から引き出すほど多くの労働を、処罰の恐れによって奴隷から引き出すことはけっしてないであろう（訳注7）」。

（訳注7）　この奴隷制の不生産性認識は重要であり、スミスが『国富論』一七七六年で継承する思想である。

アッティクスは、自分の家族を家族内で生まれた奴隷から補充するように配慮したということで、彼の伝記を書いた歴史家に大いに称賛されている(21)。ここから、こうしたやり方が当時はあまり一般的でなかった、ということを推論できないであろうか?

ギリシア喜劇に出てくる、シュロス、ミュソス、ゲタ、トラクス、ダウズ、リュドス、フリュクスなどという奴隷の名前から、少なくともアテナイでは、大部分の奴隷が外国から輸入されたという想定が許される。ストラボンの言うところによれば(22)、アテナイ人は自分たちの奴隷にリュドス、シュロスのように、奴隷が買付けられた国の名前をつけるか、それともフリュギア人に対してはマネスとかミダス、パフラゴニア人に対してはティビアスといったように、買付け先の国民のあいだで最もありふれた名前をつけたのである。

デモステネスは、他人の奴隷を殴打することをすべての人に禁じた法律に言及したのち、この法律の人道性を称賛し、もし奴隷が買い入れられた先の野蛮人たちが、自分たちの同胞がこのように寛大な待遇を受けているという情報を得たら、彼らはアテナイ人に対して大いに尊敬の念を抱くだろう、とつけ加えている(23)。

イソクラテス(24)もまた、すべてのギリシアの奴隷は野蛮人であったと述べている。(訳注8)

(訳注8) M版で以下のように増補改定。「イソクラテスもまた、ギリシア人の奴隷は一般的に、あるいはきわめて普通に野蛮

り合いを上回った。ここから、すべての近代語では、〈聖職者〉*clergy* と〈俗人〉*laity* とが対立する用語となっているのであり、しかもそれは近代語だけに見られる。だから、この同じ原理から、もしローマ人によって外国から買われた奴隷の数が、国内で養育された奴隷の数をあまり極端に上回らなかったら、〈ウェルナ〉には、外国から買われた奴隷を表わすはずの相関語があっただろう、と私は推論する。しかし、これらの外国から買われた奴隷が古代の奴隷の本体をなしており、〈ウェルナ〉はわずかに例外にすぎなかったと思われる。

(19) ウェルナという言葉は、その奴隷がすねたり、横柄であったりしたために、ローマの著作家たちには、〈道化師〉*scurra* の同意語として用いられた。マルティアリス、〔『寸鉄詩集』〕第一巻、寸鉄詩第四二。ホラティウスも〈図々しいウェルナたち〉*vernae Procases* に言及している。さらにペトロニウス〔『風刺』*Satyricon*〕第二四章「荒っぽいおしゃれ」*vernala urbanitas*. セネカ『摂理について』第一章「ウェルナたちの気まま」*vernularum licentia*.

(20) 西インド諸島では、奴隷を補充するために新しい奴隷が買われないとすると、現有の奴隷は、毎年その五パーセントが使えなくなると計算されている。衣服や食糧が非常に入手しやすい温暖な地方でさえ、奴隷はその数を維持できない。ましてやヨーロッパの諸地方や、大都市の内部あるいはその近くにおいては、こうしたことが起こるにちがいないのではないだろうか?(訳注6)

(21) コルネリウス・ネポス『アッティクス伝』。アッティクスの財産は主にエピルスにあり、ここは辺鄙な寂しい場所であるから、そこで奴隷を養育することは彼に有利であっただろう、と言ってよいだろう。

(22) 〔『地理書』〕第七巻第三〇四節。

(23) 『メディアス弾劾』二二一頁、オールダス版。

(24) 『オリンピア大祭演説』

人であったことを仄めかしている。アリストテレスは、彼の『政治学』[25]において、奴隷がいつも外国人であることをはっきりと想定している。古代の喜劇作家たちは、奴隷を野蛮な言葉を話すものとして描いたのであった[26]。これはありのままの描写なのであった」。

デモステネスが、未成年の頃に巨額の財産を後見人たちから詐取され、後年、法律に訴えて彼の世襲財産(patrimony)の価値〔相当額〕を回復したことはよく知られている。そのときになされた彼の弁論は、今なお残っており、貨幣、商品、家屋、および奴隷の形で、彼の父から遺された全財産の正確な明細を[27]、それぞれ個々の相当金額とともに含んでいる。そのうち、奴隷は五二人で、手工職人(handicraftsmen)であった。すなわち、三二人の刀工と二〇人の家具工で、すべて男性である[28]。ところが、もし奴隷から子供が生まれるのがアテナイでは普通であったとすれば、奴隷が確かにもっていたと思われるはずの、妻子や家族については、一言も触れられていない。だから、全遺産での相当金額はこの〔妻子と家族の有無という〕事情に大いに依存したにちがいない。まして女奴隷は、彼の母の所有に属したいくにんかの家政婦を別として、言及されもしていない。こうした議論はまったく決定的というわけではないにせよ、大きな論証力を持っている。

大カトーについて語っているプルタルコスの次の章句を考慮してみるがよい[29]。「彼は多数の奴隷をもっていたが、彼はそれを捕虜の売立で注意深く買った。そして彼は若い犬や馬を調教するのと同じように、どのような食事や生活様式にも容易に慣れ、またどのような仕事や労働でも仕込むことができるように、若い奴隷を選んだのである。――また愛欲がすべての混乱の主な源だと考え、彼は男奴隷が彼の家族内の女奴隷と関係するのを許したが、この特権を得るのに一定の金額を支払うことによってである。だが、彼は彼の家族以外の者との密通をすべて厳禁した。」奴隷の結婚と繁殖ついて、古代人に想定されているあの配慮の何らかの兆候が、この叙述にあるだろうか？　もしそうした配慮が一般的な利益に基づく普通の慣行だったとすれば、偉大な家政家（economist）であり、また古代の節倹で質素な生活様式が、なお信用と名声を保っていた時代に生きたカトーに、それはきっと受け容れられたであろう。

奴隷からの繁殖を期待して奴隷を買う人はほとんどいないということが、ローマ法に関する著作家たちによってはっきり述べられている。(30)

わが下男や下女が種を増加するのにあまり貢献していないことを、私は認める。ところが古代人は、自分の身の回りの世話を自分でする人のほかは、彼らの労働をほとんどすべて奴隷にやらせた。(31) そして、これらの奴隷のうちの多くは家族内に生活していた。また権勢のあるものは、一万人を越える奴隷を所有した。したがって、もしこの制度が人口増殖に不利であったという何らかの疑いがあるなら（その場合は、同じ理由が、少なくとも一部は、近代の召使と同じく古代の奴隷についてもあてはまる）、奴隷制がいかに人口に破壊的かが明らかにされたにちがいないのではないか？

歴史がローマの一貴族について述べるところでは、彼は一つ屋根のもとに四〇〇人の奴隷をもっていた。

---

(25) 第七巻第一〇章以下。

(26) アリストファネス『騎士』一、一七行。古代の注釈者は *βαρβαρίζει ὡς δοῦλος*「彼は奴隷のように野蛮に話す」というこの章句に注釈を加えている。

(27) 「アフォボス弾劾」第一節、第八一六節。

(28) *κλινοποιοί* すなわち古代人が食事のときに横になった寝台を作る者。

(29) 『カトー伝』第二一節。

そしてそのうちのある奴隷の狂暴な復讐によって彼が家庭内で暗殺されたために、法が厳重に執行され、一人の例外もなくすべての奴隷が処刑された。[32] 他の多くのローマの貴族も、これと同じくらいか、あるいはもっと多数の家族をもっていた。だから、もしすべての奴隷が結婚し、また女奴隷は繁殖するものだと考えられるなら、こうしたことはほとんど実行不可能であろうと、誰もが認めるものと私は信じる。[33]

早くも詩人ヘシオドス[34]のときに、結婚した奴隷は、男女を問わず、きわめて不都合なものと見なされていた。ローマにおけるような、途法もない規模にまで家族が増大し、しかも古代の生活様式の質素さがすべての身分の人びとから消え失せてしまった場合には、どれほどいっそう不都合なものと見なされたのであろうか？

クセノフォンは、農場の管理について指針を与えた彼の『家政論』*Oeconomics* において、男奴隷と女奴隷とを互いに引き離しておくように、厳重な配慮と注意を払うことを勧めている。彼は奴隷が結婚するとは想定していないように思われる。ギリシア人のうち、自らの種族を保持し続けたと思われる唯一の奴隷は、〈ヘロテス〉であって、彼らは別に家を持ち、個人の奴隷というよりはむしろ公共の奴隷であった。[35](訳注9)

(訳注9)　この後、K版で次のパラグラフが加筆。「この同じ著者は、[36] ニキアスの奴隷監督が、その主人との協定により、奴隷を維持しその数を保つほかに、奴隷一人当たり一日に一オボロスを主人に支払うように義務づけていたことを告げている。もし古代の奴隷がすべて繁殖用動物だったのならば、この契約の最後の条項は余計なものであっただろう」。

古代諸国民は、各々の奴隷に割り当てられた食糧の分量が一定であったことをきわめて頻繁に述べているから、[37] 奴隷がほとんどすべて独身で生活し、そのような一定量の食糧を一種の賄つき賃金として受け取っ

(30)〈下僕たちがその事情のために、やたらと子を生むように仕向けられることはない〉。『学説彙纂』第五巻、題目第三「相続権について」、第二七条。以下の引用文も同じ意味である。〈去勢者は病的でも悪いものでもないどころか、ただ一つでも睾丸がなくても子供を作ることができるような人と同様に健全であるというのが、私にはいっそう本当であると思われる〉。『学説彙纂』第二巻、題目第一「按察官告示について」、第六条第二項。〈しかし、このように必要不可欠な身体の部分がまったく欠けているほど生殖能力に欠けている人は病的である〉。前掲、第七条。去勢者の交接不能が問題とされたのは、それによりその人の健康や生活が影響を受ける場合だけに限られたようである。その他の点では、彼は他の男性とまったく同じように価値があった。同じ推定は女奴隷に関してもなしうる。〈いつも死産する女は病気なのかと問われたとき、サビヌスは、もしウルウァエ(vulvae)に疾患が生じたら、彼女は病気であると述べた〉。前掲、第一四条。妊婦は不健全であるか、あるいは欠陥があるかどうかということが、疑問にさえ思われており、彼女が健全であると断定されるのは、彼女が産む子供の価値ゆえではなくて、子供を産むことは女の自然の役割ないし役目であるという理由からである。〈もし妊婦が来るとしたら、彼女が健全であることを認めない人は一人もいないであろう。なぜなら、女の最大の特別の任務は、妊娠し、胎児を守ることだからである。また、無事に分娩できることもよいことである。もし外部から何も加わらずに彼女の身体が健康に保たれる場合には、彼女は健康である。不妊者については、カエリウスは、トレバティウスがその区別をしていると述べている。すなわち、もし生来の不妊であれば、彼女は健全であるが、しかし身体上の欠陥による場合にはそうではないと〉。前掲。

(31) Q版で「し、手工業さえ行なわせた」を追加。

(32) タキトゥス『年代記』第一四巻第四三章。

(33) 大きな家の奴隷は、〈ケッラエ〉*cellae* と呼ばれる、彼らに割り当てられた小部屋を持っていた。ここから〈セル〉*cell* という名は修道院の修道士の部屋の意に転じたのである。この主題については、さらにユストゥス・リプシウス、『サトゥルナリア』第一巻第一四章を参照〔ヒューた、という結論に当然導かれる。

奴隷を結婚させる慣行は、実際に、当然もっと期待されてよい田園の労働者のあいだでさえ、さほど一般的ではなかったようである。カトーは[38]、一〇〇エーカーの葡萄園に取り組むのに必要な奴隷の数を計算して、一五人になるとしている。監視人とその妻、すなわち〈ウィッリクス〉*villicus*と〈ウィッリカ〉*villica*、および一一人の男奴隷、および一三人の男奴隷である。二四〇エーカーのオリーヴ農園には監視人とその妻、および一一人の男奴隷が必要である。そして農園や葡萄園の大小に比例して人数は増減する。

ウァッロは[39]、カトーのこの章句を引用して、彼の計算は最後の文句を除けば、あらゆる点で正しいと認めている。というのは、彼が言うには、葡萄園や農園が大きかろうと小さかろうと、監視人とその妻が必要であるから、これは比例関係の正確さを変化させるにちがいないからである。カトーの計算が他の何かの点で間違っていたとすれば、非常に些細な間違いでも見つけ出すのが好みと思われるウァッロによって、きっと訂正されたことであろう。

この同じ著者は[40]、コルメッラ[41]と同様に、監視人には、その主人に仕えることにもっと強い愛着心を持たせるため、妻を与えることが必要であるとして推奨している。したがって、このことは非常に大きな信頼が寄せられている奴隷に与えられる特殊な恩典なのであった。

同じ箇所で、ウァッロは、家族のなかで奴隷が徒党や暴動を起こさないように、同じ国民からあまり多数の奴隷を買わないのが有益な用心であると述べている。ここからイタリアにおいては、田園で労働する奴隷でさえ（というのは、彼はこれ以外の奴隷については語っていないから）その大部分は遠い属州から買われたという推測が成り立つ。周知のように、見世物と奢侈の道具だったローマの家内奴隷は、普通、東方から輸入された。プリニウスは、主人たちの嫉妬深い気遣いについて語りながら、〈このために奴隷たちの群が増え、家庭内では余所者の群れが増え、それでまた召使奴隷のために名前を呼ぶ役目をする奴隷が必要になった[42]〉と言っている。

歳をとった羊飼いから若い羊飼いを家族のなかで増殖させることは、実際に、ウァッロ[43]によって推奨されている。というのは、牧草地は辺鄙で安価な場所にあるのが普通であり、また各々の羊飼いは別々に離れて小屋で生活していたために、彼の結婚と増殖は、物価がより高い場所で、多くの召使が家庭内に住む場合

ムの言及は *Saturnalium sermonum libri duo*（1585）であろう。それはローマの祭とグラディエーターの闘いを論じている。Miller, p. 393 note より〕。以上のことは、家内奴隷の結婚と繁殖を否定する有力な推測となる。

(34)『仕事と日々』*Opera et Dies* 第四〇五行、第六〇二行。

(35)ストラボン〔『地理書』〕第八巻第三六五節。

(36)『歳入について』*De ratione redituum* 第四章と第一四章。

(37)カトー『農業論』第五六章。ドナトゥス『フォーミオン弾劾』第一巻第一節、第九節。セネカ『書簡』第八〇を参照。

(38)『農業論』第一〇、節一一章。

(39)〔『農業論』〕第一巻第一八章。

(40)第一巻第一七章。

(41)〔『農業論』〕第一巻第一八章。

(42)〔『博物誌』〕第三三巻第一章。タキトゥス『年代記』第一四巻第四四章も同じ〔タキトゥスの参照はK版で追加〕。

(43)〔『農業論』〕、第二巻第一〇章。

――これは、ローマの農場のうちワインや穀物を生産するような農場では全般的に妥当した――と同じ不都合をきたすことはなさそうだったからである。もしわれわれが羊飼いに関するこの例外を考慮し、その理由を比較考量すれば、それは前述のわれわれのあらゆる疑問に対する有力な確証として役立つであろう。[44]

コルメッラが[45]、三人以上の子供を主人のために産んだ女奴隷に報酬を与え、自由さえ与えるように主人に忠告していることを、私は認める。これは古代人がときとして彼らの奴隷から繁殖したという一証拠であり、それは実際に否定できないことである。もしそうでなかったら、奴隷制の慣行は、古代においては非常にありふれたことであるから、どのような方策をもってしても回復できないほどまで、人口に破壊的だったにちがいない。以上の推論から、私が引き出そうとするすべては、奴隷制は一般に人類の幸福と人口の両方に不利であり、雇いの召使を用いる慣行にとって代わられるほうがはるかによいということである。

グラックス兄弟の法律、あるいは一部の著作家がそう呼んでいるように、彼らの扇動は、イタリア全土にわたる奴隷の増加と自由な市民の減少を、彼らが看取したことから生じた。アッピアノス[46]はこの増加の原因を奴隷の繁殖に求めている。プルタルコス[47]は鎖を付けられ投獄された野蛮人、〈捕虜となった蛮人〉*βαρβαρικὰ δεσμωτήρια* の購入のせいにしている。[48]両方の原因が同時に起こったものと想定すべきである。

シシリーは〈土牢〉*ergastula* に満ち、鎖で縛られた労働者によって耕された、とフロルス[49]は述べている。エウヌスとアテニオは、奴隷戦争を引き起こし、こうした恐ろしい牢獄を破壊し、六万人の奴隷に自由を与えた。小ポンペイウスは、これと同じ手段により、スペインおいて、彼の軍隊を増やした。[50]もしローマ帝国を通じて、田園労働者が一般にこうした状況にあり、またもし、都市の召使の家族のために独立した住居を見つけるのが困難であるか、見つけられないとすれば、家内奴隷制という制度は、人間性にとってと同じく人口増殖にとっても、いかに不利と見なされねばならないだろうか？

コンスタンティノープルは、現在、あらゆる属領からの、ローマが昔やったのと同様な奴隷の補充を必要としている。だからその結果、これらの属領は、人口が稠密だとはおよそ言えない状態にある。

エジプトは、メレ氏によれば、黒人奴隷の植民団を絶えずトルコ帝国の他の地方に送り、その代わりに同数の白人奴隷を毎年受け取っている。前者はアフリカの内陸地方から、後者はミングレリア、キルカッシア

---

(44) 〈この男は粗野な羊飼いの息子で、かの男は農夫の子である。〉ユウェナリス『風刺詩』第一一篇一五一。

(45) 〔『農業論』〕第一巻第八章。

(46) 『内乱記』第一巻第七節。

(47) 『グラックス兄弟伝』

(48) 大セネカの『論争』第五巻第五節の章句もこれと同じ目的のものである。〈昔は国民によって耕された田舎が今ではそれぞれの土牢の所属となり、そこでその奴隷監督どもが昔の王たちよりももっと広い土地を支配している。しかも今では、畑地を鎖に縛られた足、罪を宣告された手、烙印を押された顔が耕している〉とプリニウスは述べている。〔『博物誌』〕第一八巻第三章。マルティアリスも同様である。〈そしてトスカーナの畑は、無数の足枷に鳴り響くであろう〉。第九巻「寸鉄詩」第二二。

またルカヌスは、

〈そのとき、広い田畑の境域が合わせられ、
またかつてはカミルスの堅い鋤によってすかれたり、
クリウスらの古い鍬で耕されたりした広い畑地が、
卑しい農奴の足下に広がり〉。第一巻第一六七行。

〈ヘスペリアの畑は縄に縛られた掘り手によって耕される〉。第七巻第四〇二行。

(49) 〔『ローマ史概要』〕第三巻第一九章。

(50) 前掲〔『ローマ史概要』〕第四巻第八章。

およびタタールから連れてこられる。

われわれの近代の修道院は、疑いもなく、きわめて悪い制度である。だが古代においては、イタリアにおける、そしてまたおそらく世界の他の地方におけるすべての大家族が、一種の修道院だったのではないかと疑われる理由がある。そしてカトリックの諸制度のすべてを最もひどい(訳注10)迷信の温床として、公共にとって厄介なものとして、また男女を問わず、そのなかに捕われた哀れな人びとにとって抑圧的なものとして、嫌悪すべき理由があるけれども、しかし、一般に想像されているほどそれが一国家の人口にとって破壊的であるかどうかは疑問であろう。もし、修道院の所有する土地が一貴族に与えられるならば、彼はその収入を犬、馬、馬丁、従僕、料理人、および家政婦に使ってしまうであろう。だから彼の家族は修道院以上に多くの市民を供給することはないであろう。

(訳注10) Q版から「最もひどい」は削除。

なぜ親が娘を尼僧院に押し込むかの一般的な理由は、家族があまりにも多くて負担が過重にならないようにということである。だが古代人は、これとほとんど同じくらい罪がなく、その目的を達するためにいっそう有効な方法、すなわち幼児遺棄という方法をもっていた。この慣行はごくありふれたものであった。だからそれは当時のいかなる著作家によってもそれにふさわしい戦慄を抱きながら語られていないし、非難をこめてさえもほとんど語られていない(51)。プルタルコス、あの人情味豊かで気立てのよいプルタルコスでも(52)、ペルガモンの王アッタロスが、彼の兄弟のエウメネスの息子に王位を譲るため、彼自身の子供を全部殺すか、あるいはそう言いたければ、捨ててしまい、こうしてその息子よりも優先して自分を後継者としてくれたエウメネスに対する感謝と愛を示したことを、彼の徳として述べている。両親に自分の子を殺す許可を法律によって与えたのは、ギリシアの賢人のうちでも最も令名高い賢人の、ソロンであった(53)。

それでは、こうした二つの事情はお互いに補い合う〔一方が増えれば他方が減る〕、すなわち、修道誓願〔monastic vows 修道院に入ること〕と幼児遺棄は人類の増殖にとって同じ程度に不利だと見なしてよいだろうか？ この点では、古代のほうが有利なのではないか、と私は思う。いろんな原因が奇妙に結合することによって、古代人の野蛮な慣行は、むしろ当時を〔近代よりも〕人口稠密にすることができたかもしれない。家族の人数があまりにも多すぎるという恐れを取り除くことによって、それは多くの人びとを結婚させたであろう。そして自然の愛情の力が非常に強いために、いよいよ捨てるというときになると、以前からの意図を実行に移すに十分な決心をもっている人は、比較的ごく少ないであろう。

こうした幼児遺棄の慣行が現在広く行なわれているただ一つの国である中国は、われわれが知っている最も人口の多い国である。そして、誰もが二〇歳になるまでに結婚している。もし子供を取り除くこのような安易な方法を見込めないとすれば、このような早婚はほとんど一般化できなかったであろう。プルタルコス(54)が、幼児遺棄を貧民のきわめて普遍的な原則だと述べていることを、私は認める。ところが、富者は当時、

(51) タキトゥスはそれを非難している。『ゲルマニアの習俗について』*De moribus Germ.* 第一節。

(52) 『友愛について』。セネカもまた病弱な幼児の遺棄を是認している。『憤怒について』第一巻第一五章。

(53) セクストス・エンペイリコス、第三巻第二四章〔『ピュロン主義の概要』*Outlines of Pyrrhonism*, 3. 24〕。

(54) 『子供愛について』

彼らの遺産を当て込む人びとから求婚されたために、結婚を嫌ったので、公共は彼らのあいだに挟まって、不都合な状態にあったにちがいない(55)。

すべての学問（sciences）のうち、政治学ほど、最初に一見した外観が人を欺きやすいものはない。捨て子養育院（hospitals for foundlings）は人口増加に有利なように見える。そして、適当な制限のもとで維持される場合には、おそらくそうであろう。しかし、養育院の門戸がすべての人に差別なく開かれるときには、それはおそらく反対の結果をもたらし、国家に有害である。パリで生まれる九番目の子供は皆養育院に送られると推測されている。もっとも、人事の普通の成り行きによれば、その子供の両親に子供を養育し教育する能力がまったくないということは、一〇〇人の子供につき一人もないのが確実と思われるのだが。健康、勤労、徳性について、養育院での教育と個人の家庭での教育のあいだに見られる、際限のない(訳注11)違いを考えれば、われわれはそう気軽に喜ばしい思いで子供を養育院に入れる気になるはずがない。自分自身の子供を殺すことは本性にとって衝撃的であり、したがってきわめて異例にちがいないが、しかし子供の面倒を他人に押し付けることは、人類の生得的な怠惰にとってきわめて誘惑的である。

（訳注11）Q版から「際限のない」が削除。

以上で、古代人の家内生活と生活様式を、近代人のそれらと比較して考察したが、その結果、当面の問題に関する限り、概して、われわれのほうがどちらかと言えば優れていると思われる。今や両時代の〈政治的な〉慣習と制度を検討し、人口増殖を抑制するか促進する、それらの影響力を比較考量することにしよう。

ローマの支配権が増大する以前には、あるいはむしろその支配権が完全に確立されるまでは、古代史の舞台となったほとんどすべての国民は、小領土あるいは小共和国に分割されていた。そこではもちろん財産の大きな平等が広く行なわれ、また統治の中心はいつもその辺境のごく近くにあった。(訳注12)こうしたことは、ギリシアとイタリアにおいてだけではなく、またスペイン、ガリア、ドイツ、アフリカ、および大部分の小アジアにおける状況でもあった。だから人類の増殖にとって、これほど有利な制度はありえなかったことが認められねばならない。というのは、過大な財産をもった人は、他の人よりも多く消費はできないので、彼に仕え、付き従う人びとにそれを分かち与えざるをえないけれども、しかし、彼らの財産は不安定であるから、各人が小額でも確実で独立した財産をもつ場合と同じような、結婚への奨励を彼らは感じないからである。そのうえ、巨大な都市は、社会にとって破壊的で、あらゆる種類の悪徳と騒動を生み出し、辺鄙な属州を飢

(55) 近親者があっても、友人に多大の金額の貨幣を遺贈する慣行は、ルキアノスから推測できるように、ローマだけではなくギリシアでも一般的であった。この慣行は、近代では行なわれることが非常に少ない。したがって、ベン・ジョンソンの『ヴォルポーン』*Volpone* は、ほとんどまったく古代の著作家からの抜粋であって、古代の生活様式(manners)によりよく適合している。

ローマにおける離婚の自由が結婚に対するもう一つの障害であった、と考えるのは正当であろう。そのような慣行は、〈気分〉*humour* を原因とする夫婦喧嘩を妨げないで、むしろ増加させるし、また〈利害〉*interest* に起因する夫婦喧嘩を引き起こすことにもなり、これは〔気分によるものよりも〕、はるかに危険で破壊的なものである。この点については、さらに『道徳・政治論集』第二一論説〔O版から、『道徳、政治、および文学論集』第一部第一九論説に変更〕を参照。おそらく古代人のあの不自然な情欲も、ある程度重要なものとして考慮に入れられるべきであろう。

えさせ、さらには、すべての食糧の価格を騰貴させることによって、自ら飢えさえするのである。各人が自分で小さな家と畑を持ち、各州が自由で独立した首都を有するところでは、人類の状態はなんと幸福であろうか！　それは勤労と農業にとって、結婚と増殖にとって、なんと好都合であろうか！　もし困窮と窮迫が人びとの生殖力に課しているあの抑制がなくなり、生殖力が十分に活動したなら、それは各世代の人数を二倍にするであろう。そして、このような小共和国ほど、また市民のあいだにおけるこのような財産の平等ほど、生殖力により多くの自由を与えうるものは確かにない。すべての小国は当然、財産の平等を生み出す。なぜなら、小国には〔財産の〕巨大な増大の機会がないからである。しかし、小共和国は、それに本質的である権力と権威の分割によって、いっそう多く財産の平等を生み出すのである。

（訳注12）N版からはここで改行。

クセノフォン(56)が、キュロスに同行したあの有名な遠征から帰ったとき、彼はトラキアの王、セウテスに仕えるために自ら雇われるとともに、六〇〇〇人のギリシア人を雇った。そして彼の合意の条項には、各兵卒は一ヵ月に一〈ダリック〉(訳注13)、各隊長は二〈ダリック〉、そして彼自身は将軍として四〈ダリック〉を受け取ることになっていた。これはわが近代の将校たちを少なからず驚かせる報酬の規定である。

（訳注13）ダリックとは古代ペルシアの金貨、ダリウス一世にちなんでつけられた。

デモステネスとアイスキスネスが、他の八人とともに、マケドニアのフィリッポスのところへ使節として派遣されたとき、四ヵ月以上に及ぶ彼らの任務の報酬は一〇〇〇〈ドラクマ〉であって、これは使節一人について一日一ドラクマ以下である。(57)ところが、一日一〈ドラクマ〉、いなときには二〈ドラクマ〉(58)は、歩兵の兵卒の給与であった。

ローマ人からなる百人隊長（centurion）は、ポリュビオスの時代には、[59]兵卒のただ二倍の報酬しかもらわなかった。したがって、ここから、われわれは凱旋後のあの恩賜金がその比率で定められたことを理解する。[60]しかし、マルクス・アントニウスとその三頭政治は、百人隊長に他の者の報酬の五倍を与えた。[61]共和国の膨張が市民のあいだの不平等をこれほどまで増大させたのである。[62]

財産の平等と同じく、市民的自由に関しても、近代の状況は、人類の増殖にもその幸福にも、非常に有利というわけではないことが、認められねばならない。ヨーロッパは大部分が大きな君主国に分割され、その君主国は小領土に分割されているが、これらの各地方は、普通、絶対君主によって統治されており、彼らは巨大な君主の宮廷の豪華さと大人数の軍隊をまねる滑稽な模倣によって、[訳注14]その人民を破滅させている。スイスとオランダとだけは古代共和国に似ている。そして前者は土壌と気候、あるいは商業の利点をまったく有していないけれども、しかし、その人口が、ヨーロッパのあらゆる兵役に応募しているにもかかわらず、豊

(56)『アナバシス』第七巻第六節。
(57) デモステネス『いかさま使節について』第三九〇節。彼はそれを相当な金額と呼んでいる。
(58) トゥキュディデス〔『歴史』〕第三巻第一七節。
(59)〔ポリュビオス『歴史』〕第六巻第三七章。
(60) ティトゥス・リウィウス〔『ローマ建国史』〕第四一巻第七、一三章、およびその他いたるところ。
(61) アッピアノス『内乱記』第四巻第二〇。
(62) カエサルは百人隊長に兵卒の一〇倍の報酬を与えた。『ガリア戦記』*De bello Gallico* 第八巻第四節。後に述べられるロドスの捕虜交換条約書では、軍隊での階級によって身代金を区別することはなかった。

かであることは、彼らの政治制度の利点を十分に証明するものである。

（訳注14）P版から「滑稽な」は削除。

古代共和国は、その主要なあるいは唯一の安全をその市民の数から得ていた。トラキア人が多数の国民を失ったとき、生き残った者は、同胞市民の遺産によって私腹を肥やすことをせず、彼らの首都スパルタに新しい住民集団を送ってくれるように求めた。スパルタ人はただちに一万人を集めた。そしてこれらの人びとに、旧市民は、亡くなった以前の所有主の土地を配分した(63)。

ティモレオンは、ディオニュシオスをシラクサから追放し、シシリー事件を解決してのち、専制、戦争、および党争のために、シラクサとセリヌンティウムの両都市の人口が極度に減少しているのを見出したので、これら両都市の人口を回復させるために、はるばるギリシアから新しい住民を招き寄せることにした(64)。ただちに四万人（プルタルコス(65)は六万人と述べている）が申し出た。そして彼は彼らに非常に多くの土地を分配し、古くからいる住民を大いに満足させたのであった。これは富よりも人口の多いことを好んだ古代の政策原則と、こうした大きな植民団をただちに供給しえた、あの小国ギリシアの極度の人口稠密におけるこうした原則の好結果を、同時に証明するものである。初期のローマ人の場合も、これとあまり異ならなかった。七エーカーで満足できない人は有害な市民である、とM・クリウスは述べた(66)。平等に関するこうした考え方が、必然的に多数の人口を生み出したのである。

ここでわれわれは、人口に関して、古代人がどのような不利益のもとにあり、また彼らはその政治原則と政治制度からどのような抑制を受けたかを考察しなければならない。人間に関する条件にはすべて相殺〔補償〉があるのが普通であり、それはたとえいつも完全に等しくはないにせよ、少なくとも、支配的な原理を抑制するのに役立つ。こうした相殺を比較し、それらの影響力を評価することは、それが同じ時代に、しかも隣り合った国で生じる場合でさえ、実にきわめて難しい。しかし、いくつかの時代が中間に介在し、ただ断片的な光しか古代の著作家からわれわれに与えられない場合は、興味ある問題について〈賛〉〈否〉の意見を述べ、それによってすべての早急かつ乱暴な断定を修正することで満足する以外に、何ができるであろうか？

〈第一に〉、われわれが観察するように、古代共和国は、ほとんどいつも戦争をしていたが、それは、彼らの武勇の精神（martial spirit）、自由の愛好、相互の競争心（emulation）、およびすぐ近隣に住む諸国民のあい

---

(63) シケリアのディオドロス〔『歴史文庫』〕第一二巻第五九節。トゥキュディデス〔『歴史』〕第三巻第九二節。
(64) シケリアのディオドロス〔『歴史文庫』〕第一六巻第八二節。
(65)『ティモレオン伝』第二三節。
(66) プリニウス〔『博物誌』〕第一八巻第三章。この同じ著者は第六章で、〈本当のことを言うと、荘園がイタリアを滅亡させた。しかし今ではもう属州を滅亡させるにいたっている。皇帝ネロが六人の地主を殺したときは、彼らはアフリカ州の大半を所有していた〉と述べている。この見方からすれば、初期のローマ皇帝たちが行なった野蛮な虐殺も、おそらくわれわれが想像するほど、公共にとって破壊的ではなかったであろう。これらの皇帝は、その共和国の後半の時代に世界の掠奪者となった名門をすべて滅ぼしてしまうまで、虐殺をやめなかった。タキトゥス『年代記』第三巻第五五章から分かるように、彼ら名門に代わって興隆した新貴族は、以前ほど際立ったものではなかった。

だに概して支配的となっている憎しみの自然の結果であった。ところで、小国の戦争は大国の戦争よりもはるかに破壊的である。なぜなら、前者の場合には、全住民が軍務につかねばならないからであり、また国がすべて前線となり、前線すべてが敵の侵略に晒されるからである。

古代の戦争の原則は、近代のそれよりずっと破壊的であった。それは主として掠奪の横行によるのであって、兵士たちは掠奪に没頭したのであった。わが軍隊の個々の兵卒は、非常に低級な、ならず者であって、そのためにその純然たる俸給を越えていくらかでも豊かになると、混乱と騒動を生み、規律の全面的な崩壊をもたらすのが見られる。近代の軍隊を満たしているこうした連中の、まさに浅ましさと賤しさこそが、かえって彼らが侵略する国にとってより破壊的でないものしているのである。これは、すべての政治的推論に見られる、最初の外観の欺瞞性という多く事例のなかの一つである。[67]

古代の戦闘は、それに使用された武器のまさに性質のために、はるかに血なまぐさいものであった。古代人は兵士を一六列あるいは二〇列に、ときとして五〇列に縦に厚く並べ、これが狭い戦闘前線を形成した。だから、両軍が整列し、戦闘を交えることができる戦場を見つけるのは困難ではなかった。部隊のうちのなんらかの一団が、生垣、丘、木立、あるいは谷間道のために、進行を妨げられたところでさえ、戦闘は交戦部隊間でそれほど早く決着しないから、他の一団が彼らに立ちはだかっていた障害物を克服して戦闘に参加する余裕があった。このようにして全軍が交戦し、各兵士がその敵兵と接近して格闘したので、戦闘は普通、きわめて血なまぐさいものであり、双方の側に、ことに敗北した側に大量の殺戮がなされた。火気の出現で必要になった、あの横に長く奥行きの浅い戦線と、戦闘のあのすばやい決着とのために、近代の戦闘はたんに部分的な遭遇戦となり、戦闘の初めに破れた将軍が、その軍隊の大部分を、無傷でそのままの姿で撤退させることができるようになっている。もしフォラール[訳注15]〔フランスの軍人〕の縦列隊形計画が実行可能なら（それは不可能と思えるが[68]）、それは近代の戦闘を古代の戦闘に劣らず破壊的なものにすることであろう。

（訳注15）Q版では以下が削除。

古代の戦闘は、その期間が長いことと一騎打ちに似た戦いとによって、後の時代にはまったく知られない、激烈な程度まで達した。その場合、捕虜を奴隷にして利益を得ようとする望み以外には、戦士たちに助命を許すようにさせるものは何もなかった。タキトゥス[69]から分かるように、内乱においては、戦闘は最も血なまぐさいものであった。なぜなら、捕虜は奴隷ではなかったからである。

敗者がこのような過酷な運命を予想する場合、いかに頑強な抵抗が行なわれるにちがいないであろうか！

戦争の原則が、あらゆる点において、非常に血なまぐさく、また過酷である場合、その激怒はいかに執念深

（67）古代の兵士は、最低の階層よりも上の、自由な市民であったから、すべて結婚していた。わが近代の兵士は未婚生活を強いられるか、あるいは彼らの結婚は人類の増加にわずかしか貢献していないかである。これは、古代人に有利な、ある程度重要なこととして、おそらく考慮されるべき事情である。

（68）縦隊が敵の横隊を打ち破った後には、それにはどのような利点があるだろうか？　敵の側面を攻め、四方八方から砲火を浴びせて、その近くにあるものをすべて四散させることだけである。ところが、縦隊が敵を打ち破るまでに、敵に側面を見せ、そのうえ、敵の小銃や、もっと悪いことには、大砲の砲火に晒されないであろうか？

（69）『歴史』第二巻第四四章。

いものであろうか！

古代史には、都市が包囲され、その住民が城門を開けるよりむしろ自らの妻子を殺し、そしておそらく敵に報復する一縷の望みに悲しみを和らげつつ、自ら進んで死へと突進したという例がきわめてしばしばある。バルバロイ〔野蛮人〕だけではなく、ギリシア人もしばしばこうした程度にまで狂暴になったことがある。[70]またそれほど有名ではない多くの他の例の場合でも、これと同じ断固たる精神と残酷さは、すぐ隣り合って生活しながら、絶えず戦争や争いをしている小共和国においては、人間社会をきわめて破壊するものであったにちがいない。

ギリシアの戦争はときとしてまったく侵略や山賊行為、また海賊行為によって続けられた、とプルタルコスは述べている。[71]このような戦争方法は、小国家においては、最も血なまぐさい戦闘や包囲戦にもまして、いっそう破壊的にちがいない。

十二銅表の法律によれば、二年間の占有で土地の取得時効（prescription）が成立し、一年で動産の取得時効は成立した。[72]これは、当時のイタリアには、現在タタール人のあいだに見られる以上の、秩序、平静、および安定した治安がなかったということを示す。

古代史において私が記憶している唯一の捕虜交換条約（cartel）は、デメトリオス・ポリオルケテスとロドス人とのあいだのものであり、このとき、自由な市民は一人につき一〇〇〇〈ドラクマ〉、武装した奴隷は五〇〇〈ドラクマ〉で返還されることが協定された。[73]

しかし、〈第二に〉、古代の風習（ancient manners）は、戦時だけでなく平時においても、市民的自由と平等の愛好――それは私が思うに相当に重要であるが――を除けば、どの点においても、近代の風習よりも不都合であったと思われる。自由な統治から党争を排除することは、まったく実行できないわけではないにしても、きわめて困難である。しかし、党派間のこのような執念深い敵愾心と、このような血なまぐさい原則は、近代では宗派間にしか見出されないものであって、そこでは偏狭な信念に凝り固まった僧侶が告訴人、裁判官、死刑執行人なのである。[訳注16] 古代史においては、貴族であろうが庶民であろうが（というのは、次の点で、私には相違が見られないからである）[74]、一つの党派が支配的となった場合、彼らがその手に捕らえた反対党の者をすべて即座に惨殺し、幸運にも彼らの憤激を免れた者は追放したというようなことを、われわれはいつも見ることができる。そこには訴訟手続きの形式も、法も、裁判も、赦免も何ひとつない。都市の四分の一、三分の一、おそらくは半ば近くの人が革命のたびに惨殺されるか、追放された。したがって、亡命

---

(70) リウィウス〔『ローマ建国史』〕第三一巻第一七章、およびポリュビオス、第一六巻第三四節に言及されているアビュドス人がその例である。アッピアノス『内乱記』第四巻第八〇節のクサントス人もその例である。

(71) 『アラトス伝』第六節。

(72) 『ローマ法解説』第二巻第六章〔N版では続いて「この同じ法律がユスティニアヌスの時代まで続いたらしいのは事実である。しかし、野蛮人から持ち込まれたさまざまな悪弊は、必ずしも文明によって矯正されない」と加筆〕。

(73) シケリアのディオドロス〔『歴史文庫』〕第二〇巻第八四節。

(74) 自ら民衆派に属していて、三十人僭主からやっとのことで逃れたリュシアスは、民主政は寡頭政と同じく暴虐な政体であったと言っている。『弁論』第二四、『国民の現状について』〔ロウブ Loeb 版、演説二五、『アテナイの民主政転覆弾劾に反対する擁護論』〕。

者はいつも外敵に加わり、新しい革命によって十分に復讐できる力を幸運が彼らに与えるまで、同胞市民にありとあらゆる害悪を加えた。そしてこのような暴力的な統治においては、こうしたことは頻繁に生じたから、そこに蔓延っていたにちがいない騒動、不信、嫉妬、敵意は、現代の世界のわれわれには容易に想像できないものであった。

(訳注16) Q版から「そこでは偏狭な信念に凝り固まった僧侶が告訴人、裁判官、死刑執行人なのである」は削除。

古代史において私が思い出すことのできる革命で、非常な峻厳さも、虐殺ならびに暗殺による大きな流血騒ぎもなくて済んだのは、わずかに二つしかない。すなわちそれは、トラシュブロスによるアテナイの民主政の復活と、カエサルによるローマ共和国の征服である。われわれは古代史から、トラシュブロスが過去の一切の違法に対する大赦(general amnesty)を通過させ、大赦という言葉をその実施とともに、ギリシアで初めて導入したということを知っている。(75) しかしながら、リュシアスの多くの演説からすれば、(76) 先行の専制時代〔三十人僭主時代〕の主要な犯罪者や、下位の犯罪者の一部さえも、裁判にかけられ、死刑にされたように思われる。これは古事学者や歴史家によっては明らかにされておらず、気づかれてさえいない難しい点である。(訳注17) またカエサルの寛大さについても、それは大変有名であるけれども、現代であればさほど称賛されないであろう。例えば、彼はウティカの支配者となったとき、すべてのカトー派の元老院議員を惨殺した。(77) そして、これらの人びとがその党派のうちの最も価値のない人びとではなかったことを、われわれは容易に信じることができよう。この簒奪者に対して武器を取ったすべての者は財産を没収され、ヒルティウス〔カエサルの部下〕の法律により、一切の公職につけないことが宣告されたのであった。

（訳注17） R版でこの一文は削除。

これらの人びとは自由を非常に愛好したが、自由を十分によく理解していたとは思われない。三十人僭主が初めてアテナイで支配権を確立したとき、彼らは民主政の時代にきわめて厄介者だった追従者と密告者をすべて逮捕し、恣意的な宣告と処刑によって、彼らを殺害し始めた。〈すべての人がすべてこうした処刑を喜んだ〉のであって、自由はこの瞬間から消滅したことを考えなかった、とサルストゥス(78)とリュシアス(79)は述べている。

トゥキュディデスの最高の力、雄渾な文体(訳注18)、およびギリシア語が持つあの豊かさと表現力も、彼がギリシア全土のすべての諸共和国の党争から生じた騒乱を叙述しようと試みるときには、たちまち振わなくなるように思われる。彼は言葉では伝えられないほど偉大な思想となおも苦闘しているのだ、と読者は想像するであろう。そして彼は、きわめて洗練もされ堅実でもある所見で、自らの感動的な叙述を結んでいる。彼は言う、「こうした抗争においては、最も鈍感で最も愚かで、それに最もわずかしか先見の明のない者が一般的

---

(75) キケロ『フィリッピカ』第一巻第一節。

(76) 例えば『弁論』第一一「エラトステネス論駁」。『弁論』第一二「アゴラトス論駁」、『弁論』第一六「マンティオス弁護」（ロウブ版で、演説一二、一三、一六）。

(77) アッピアノス『内乱記』第二巻第一〇〇節。

(78) 『カティリナ戦争』第五一節あたりのカエサルの演説を参照。

(79) 『弁論』第二四（ロウブ版では二五）。また『弁論』第二九（ロウブ版では三〇「ニコマコス論駁」）で、彼はこうした不法な処罰が人を喜ばせないことの唯一の原因として、党争（N版から「民衆の集会がもつあの党派精神」となる）に言及している。

に支配した。というのは、彼らはこの弱点に気づいており、したがって、もっと洞察力に富む人びとに追い越されるのを恐れて、事前によく考えもせず、武力によって性急に行動し、それによって、彼らを滅ぼすために優れた計画と企画を立てていた相手方の機先を制したからである」[80]。

（訳注18）K版から「トゥキュディデスの雄渾な文体のもつ最高の力」と変更。

一万人以上の同胞市民を平然と惨殺したと推定されている大ディオニュシオス[81]、彼よりさらにもっと残虐なアガトクレス[82]、ナービス[83]、その他については言うまでもないが、自由な国家においてさえ、ことの遂行はきわめて狂暴で破壊的であった。アテナイで、三十人僭主と貴族たちは、一二ヵ月のあいだに、裁判もせずに約一二〇〇人を虐殺し、生き残った市民の半数以上を追放した[84]。アルゴスでは、これとほぼ同時期に、人民が一二〇〇人の貴族を殺し、その後、彼ら自身の扇動者も殺してしまった。なぜなら、扇動者がそれ以上の告発を拒んだからである[85]。コルキュラでも、人民はまた一五〇〇人の貴族を殺戮し、一〇〇〇人を追放した[86]。これらの国々がきわめて小さいことを考慮すれば、こうした数がいっそう驚くべきものと見えるであろう。しかし、古代史の全体はこのような例で満ちているのである[87]。

アレクサンダー大王があらゆる都市のすべての亡命者を復帰させるよう命じたとき、全部で二万人に上ることが分かった[88]。これはおそらく、なおいっそう大規模な殺戮と虐殺の生き残りであろう。古代ギリシアのような小国で、これはなんと驚くべき多数であろうか！　したがって、党派抗争がこのように激烈で絶望的なほどまで高まった場合には、どんなに激しい国内の混乱、嫉妬心、不公正、復讐熱、やり場のない不満が都市を引き裂いたにちがいないことであろうか！

(80)〔『歴史』〕第三巻。ヨーロッパのうち、私が観察したことのある国で、党派抗争が最も激しく、党派的な憎悪が最も激しいのはアイルランドである。これは新教徒とカトリック教徒とのあいだの、最もありふれた礼儀的交際をさえ断絶するにいたっている。彼らが互いにやりあった残虐な暴動と過酷な復讐が、この相互の悪意の原因である。そしてこの悪意は、あの国の騒乱、貧困、および人口減少の主な原因である。私が想像するには、ギリシアの党争は、さらになお激烈な程度にまで燃え盛った。というのは、革命は一般的にもっと頻繁で、暗殺という原則がはるかに頻繁に公言され承認されていたからである〔Q版でこの注記は削除〕。

(81) プルタルコス『アレクサンダーの武勇と堅忍について』。

(82) シケリアのディオドロス〔『歴史文庫』〕第一八巻、第一九巻。

(83) ティトゥス・リウィウス〔『ローマ建国史』〕第三一、三二、三三巻。

(84) シケリアのディオドロス〔『歴史文庫』〕第一四巻〔第五節〕。イソクラテスは追放されたのは五〇〇〇人にすぎなかったと述べている。彼は殺害された数は一五〇〇人に上るとしている。『アレオパギティコス』〔第六七節〕。アイスキネスは『クテシフォン弾劾』〔第二三五節〕で、これと正確に同数を上げている。セネカ（『心の平静について』第五巻）は、一三〇〇人と述べている。

(85) シケリアのディオドロス〔『歴史文庫』〕第一五巻〔第五八節あたり〕。

(86) シケリアのディオドロス〔『歴史文庫』〕第一三巻〔第四八節あたり〕。

(87) ギリシアの最も輝かしい時代のうちの六〇年間に起こった二、三の虐殺をシケリアのディオドロスだけから述べることにしよう。シュバリスから貴族とその徒党の五〇〇人が追放された。〔『歴史文庫』〕第一二巻七七頁、ロドマヌス版。キオス人のうち、六〇〇人の市民が追放された。〔『歴史文庫』〕第一三巻、一八九頁。エフェソスでは三四〇人が殺され、一〇〇〇人が追放された。〔『歴史文庫』〕第一三巻、二二三頁。キュレネ人のうち、五〇〇人の貴族が殺され、残りの全部が追放された。〔『歴史文庫』〕第一四巻、二六三頁。コリント人は一二〇人が殺され、五イソクラテスはフィリッポスに、現在ギリシアでは都市からよりも浮浪者から軍隊を徴募するのがより容易であろう、と述べている。

事態がこのような極端にまでいたらないときでさえ（このような極端な事態を、人びとは一世紀に二、三度、ほとんどあらゆる都市で経験した）、財産は古代の統治の原則によって非常に不安定にされた。クセノフォンは『ソクラテスの饗宴』において、アテナイの民衆の暴政について、きわめて自然に、ありのままに叙述している。カルミデスは言っている。「かつて富をもっていたときよりも、貧乏な現在のほうが私ははるかに幸福である。それはちょうど恐怖よりも安心な状態にあるほうが、奴隷よりも自由人が、機嫌をとるより取られるほうが、疑われるより信頼されるほうが、幸福であるのと同じである。以前は、私はあらゆる密告者に気を使わざるをえず、いくばくかの賦課金がいつも私にかけられ、また旅に出るか都市を留守にすることは、私にはけっして許されなかった。ところが、貧乏な今では、私は偉そうな顔つきをし、他人を脅している。金持ちは私を恐れ、あらゆる種類の礼儀と尊敬の念を私に示してくれる。だから私はこの都市で一種の僭主になっている」と。(89)

雄弁家のリュシアス(90)は彼の弁論のうちの一つにおいて、貨幣が欲しくなればいつでも、財産没収するために、外国人とともに市民のなかの金持ちの誰かを殺害するのがアテナイの民衆の原則であった、と非常に冷静に、事のついでに語っている。これを述べるにあたって、彼には彼らを非難する意図はないように思われる。まして彼の聴衆であり裁判官であった民衆を憤慨させる意図などは、さらにないように思われる。

そのような民衆のあいだでは、人は市民であろうと外国人であろうと、自ら貧困になるか、それとも民衆〇〇人が追放された。〔『歴史文庫』〕第一四巻、三〇四頁。スパルタ人フォイビダスは三〇〇人のボイオティア人を追放した。〔『歴史文庫』〕第一五巻、三四二頁。ラケダイモン人が没落したとき、民主政が多くの都市で復活され、ギリシアの仕方に倣って、貴族に対してひどい復讐がなされた。しかし、事態はそこで終わらなかった。というのは、追放された貴族は多くの場所で戻ってきて、フィアレ、コリント、メガラ、フリアシアで、彼らの敵対者を虐殺したからである。この最後に挙げた場所では、彼らは三〇〇人の人民を殺した。しかし、これらの人民がまた反逆し、六〇〇人以上の貴族を殺し、残りを追放した。〔『歴史文庫』〕第一五巻、三五七頁。アルカディアでは一四〇〇人が追放され、そのうえ多数が殺された。追放された人びとはスパルタとパランティウムに退いた。しかし、後者に逃げた者は、その国の者に引き渡されて全部殺された。〔『歴史文庫』〕第一五巻、三七三頁。アルゴスとテーバイから追放された人びとのうち、五〇〇人〔Green & Grose版以降、五〇九人と誤植が踏襲されている〕はスパルタ軍のなかにいた。前掲、三七四頁。この同じ著者による、アガトクレスの残虐のうち最も有名なものの詳細がここにある。アガトクレスが政権を簒奪する前に、人民は六〇〇人の貴族を追放した。〔『歴史文庫』〕第一九巻、六五五頁。その後、この暴君は人民と協力して四〇〇〇人の貴族を殺し、六〇〇〇人を追放した。前掲、六四七頁。彼はゲラで四〇〇〇人の人民を殺した。前掲、七四一頁。アガトクレスの兄弟によってシラクサから八〇〇〇人が追放された。〔『歴史文庫』〕第二〇巻、七五七頁。四万人に上るエゲスタの住民が男女子供の別なく殺害され、彼らのもっていた貨幣のために拷問にかけられた。前掲、八〇二頁。彼の率いたリビア軍のすべての親族、すなわち父、兄弟、子供、祖父が殺された。前掲、八〇三頁。彼は降服させた後に、七〇〇〇人の亡命者を殺した。前掲、八一六頁。注意すべきことは、アガトクレスが分別と勇気に富む人であったということである。[訳注*]〔*訳注　P版では、以下に「したがって、彼の暴虐な専制は、当時の政策の有力な証拠である」が追加されたが、Q版からは追加部分が「したがって、その時代の原理に反して勝手気ままな残虐行為を行なったのではないか、などとは怪しめない」に変更。〕

のほうが彼を貧困にし、そのうえおそらく彼を殺すかのどちらかが、実際に求められたように思われる。雄弁家リュシアスは、公共のサーヴィスに費やされたある財産について面白い説明をしている[91]。すなわち、その三分の一以上は、覗きからくりと仮装ダンスに使われたのである。

まったく恐ろしいものであったあのギリシアの暴政について、くどくど述べる必要はない。共和政が導入される以前には、ギリシアの大部分の古代国家が統治された政治形態である、あの混合君主政でさえ、きわめて不安定であった。アテナイを別とすれば、どの都市も四代ないし五代と王位が継承されることはほとんどなかった、とイソクラテスは述べている[92]。

古代君主政の不安定性を説明する他の多くの明白な理由のほかにも、各自の家庭における兄弟間のあの財産の均分が、その必然の結果として、国家を不安定にし、撹乱させるのに影響しているにちがいない。近代の統治において[訳注19]、年長者に与えられているあの一般的な優先権は、財産の不平等を増大させるけれども、しかし、王位継承の際に、人びとにこれと同じ考え方に慣れさせ、年下の者の要求と主張をすべて退けてしまうという好結果をもたらす。

(訳注19) N版から「近代法」に変更。

ヘラクレアという新たに開拓された植民都市は、たちまち党派争いに陥って、スパルタに援助を求めた。そこでスパルタは、この紛争を鎮圧するに足る権威を与えてヘリピダスを派遣した。この人はいかなる反対により挑発されることも、党派的な憤怒によって逆上させられることもなかったが、約五〇〇人の市民を即座に殺すことよりも優れた方策を知らなかった[93]。これは、以上に述べた暴虐な統治原則がギリシア全土にわ

(88) シケリアのディオドロス〔『歴史文庫』〕第一八巻〔第八節あたり〕。

(89) レウンクラヴス版、八八五頁。

(90) 『弁論』第二九、「ニコマコス論駁」〔ヒュームはおそらく第二五節を念頭においている。そこで横領、あるいは公共財産の詐欺的な支出ゆえに市民を処刑することが語られている。**Miller, p. 411 note**〕。

(91) 彼の弁護依頼人が民衆の支持を得るために、使った金額を彼はすべて列挙している。〈合唱隊維持費支払い責任者〉〔以下ギリシア語の原語省略〕には三〇ムナ、隊員に二〇ムナ、〈戦舞の踊り手〉には八ムナ、〈維持費支払の責任者たち〉には五〇ムナ、〈合唱隊付の叙事詩人〉には三ムナ、三段櫂のガレー船の自費建造維持責任者になること七回につき六タレント、税金としては、ときには三〇ムナ、ときには四〇ムナ、〈競技取締員〉には一二ムナ、〈子供用合唱隊の維持者〉のとき一五ムナ、〈喜劇作者〉に一八ムナ、〈髭のない剣舞踊者たち〉に七ムナ、〈三段櫂ガレー船での競争に〉一五ムナ、〈神社への使節団長〉のとき三〇ムナ、以上合計一〇タレント三八ムナ。これはアテナイ人の財産としては巨額であり、これだけで大変な富であると考えられるであろう。『弁論』二〇〔第二一〕。彼が言うには、本当のところは、法律によると絶対にそのような大きな金額の負担を義務づけることはなく、その四分の一以上を越えなかった。しかし、人民の好意がなければ誰もさほど安全ではなく、これが人民の好意を得る唯一の方法であった。さらに『弁論』第二四「国民の現状」を参照。別のところで彼はある弁士を紹介しているが、その人の言うところによれば、彼はその全財産、しかも八〇タレントという巨大な金額を、人民のために使ったのであった。『弁論』第二五「エウアンドロス弁護」〔二六〕。異邦人は人民の機嫌を思い切って十分に取っておかないと、後で悔やむことになる、と彼は言っている。『弁論』第三〇「フィロン公訴」〔三一〕。読者は、デモステネスが栄冠について自分自身を弁護する際、彼がこの種類の支出をいかに細心に明示しているかを、理解しうる。またメイディアスの罪の告発においては、とくにメイディアスのしみったれぶりをいかに誇張して述べているかを、知りうる。ついでだが、こうしたことはすべてきわめて不正な裁判の印なたって、いかに根深いものであったかを示す、一つの有力な証拠である。

もしこうしたものがあの洗練された人びとのあいだの人心の傾向であったとすれば、野蛮と呼ばれていたイタリア、アフリカ、スペイン、およびガリアの諸共和国では、どのようなことが期待できるであろうか？ そうでないとすれば、ギリシア人はどうしてその人間愛（humanity）、寛大さ、および穏和さを、他のすべての諸国民に勝るものとしてあれほど自慢したのであろうか？ このように推論するのはきわめて自然なことと思われる。しかし、不運なことに、ローマ共和国の初期の歴史は、われわれが一般に受け容れられている説明に信頼を置く限り、正反対の結論を提出している。グラックス兄弟殺しまでは、ローマにおいては、どの扇動においても流血はけっしてなかった。ハリカルナッソスのディオニュシオス(94)は、ローマ民族のこの点における特異な人間愛を観察して、ローマ民族が、もともとギリシア人の系統に発するという論拠としてこれを利用している。以上からわれわれは野蛮な共和国における党争や革命が、普通には上述したギリシアのそれにもましてもっと狂暴なものだった、と結論してよいであろう。

ローマ人がこのように非常に遅くになってから紛争を始めたとしても、ひとたび血なまぐさい舞台に登場してから後は、彼らはその十分な埋め合わせをするにいたったのである。そしてローマ人の内乱に関するアッピアノスの歴史には、虐殺、法益剝奪、および財産没収に関する、かつて世界に見られたもののうち、最も恐るべき描写が含まれている。この歴史家の場合に最も気に入る点は、彼がこうした野蛮な措置に正当な憤激を感じているようであること、したがって、多くのギリシアの歴史家のうちに慣習によって生み出されてきた、あの腹立たしい冷静さと無関心さをもって語っていないこと(95)である。

古代政治の原則は、一般的に、人間性と穏和さとにきわめて乏しく、そのためある特定の時期に行なわれた暴虐行為に対して個別的な理由をつけるのは、余計に思えるくらいである。しかし、私が述べざるをえないのは、ローマ共和国の後期には、法律が非常に不合理に案出されたため、党派の首領たちが極端な行為に頼らざるをえなくなったということである。すべての死刑は廃止された。市民のある者がいかに罪を犯そうと、あるいはそれ以上に、いかに危険な人間であろうと、正規には追放によるほか処罰されえなかった。また党派の革命においては、個人的な復讐のために武器を取ることが必要となったし、またこのようにして法律がいったん破られると、こうした血なまぐさい措置に限界を設けることは容易ではなかった。ブルートゥス自身が〈三頭政治〉に勝利していたとすれば、彼が普通の慎慮をもっていた場合、オクタウィウスとアントニウスの生命を助け、新たな騒動や反乱をなおも企てうる場所である、ロドスやマルセイユへ彼らを追放するだけで満足できたであろうか？〈三人執政官〉の一人の兄弟である、C・アントニウスを彼が処刑し

のである。しかも、アテナイ人は自分たちをギリシアのどの国民よりも一番法律に適った規律正しい執政をもつものと自負していたのである。

(92)『全アテナイ祭における演説』〔第一二六節〕。

(93) シケリアのディオドロス〔『歴史文庫』〕第一四巻第三八節。

(94)〔『ローマ史』〕第一巻〔第八九節〕。

(95) 以上に典拠として引用された人びとは、すべて歴史家、弁論家、および哲学者であり、その証言は疑問のないものである。嘲弄（ridicule）や風刺（satire）を用いる著作家に頼るのは危険である。例えば、スウィフト博士の次の章句から、後代の人びとは何を推論するであろうか？「私はトゥリブニヤ王国（ブリテン）を旅行中、ラングドン（ロンドン）族のあいだにしばらく滞在したことがある

たことは、この問題に対する彼の感じ方を明らかに示すものである。キケロはローマのあらゆる賢人と有徳の士の是認を得ているとはいえ、法律に違反し、また裁判や訴訟手続きをまったく経ずに、カティリナの共謀者を恣意的に死刑にしたのではなかったか？　そして彼がカティリナの処刑を控えたのだが、それは彼の気質の寛大さ（clemency）か、それとも時勢のめぐり合わせに起因するものではなかったか？　法と自由を自負する統治における、なんとひどい安全であろう。（訳注20）

（訳注20）　M版は「？」、N版からは「！」が付く。

このようにして、一方の極端はもう一方の極端を生み出すのである。法律における過度の峻厳さが、その執行にあたっての甚だしい弛緩を生み出しがちなのと同様に、法律の過度の寛大さは、おのずから過酷と野蛮を生み出す。どのような場合でも、法律の神聖な規制と規定に関して自由に振る舞うように（訳注21）われわれに強制するのは危険である。

（訳注21）　K版から「法律の神聖な限界を超えるように」と変更。

すべての古代の統治にきわめて頻繁に見られる騒動の一般的な一原因は、当時貴族政を確立するのが非常に難しかったこと、および最も卑賤で最も貧困な者でさえ、立法と公職から排除すれば必ず生じた、人民の絶えることのない不満ならびに騒乱にあったと思われる。〈自由人〉という資格そのものが、〈奴隷〉の資格に対立するもので、非常に高い地位を与えたのであって、そのためこの資格は、それを所有する者に共和国のあらゆる権力と特権にあずかる権原を与えたように思われるのである。ソロン(96)の法律は、自由人を投票権と選挙権から排除しなかったが、若干の為政者職はある特定の〈財産登録階級〉***census*** に限定した。しかし、人民はこれらの法律が撤廃されるまで、けっして満足しなかった。アンティパトロス[97]との協約によって、財産登録額が二〇〇〇ドラクマ（約六〇ポンド・スターリング）以下のアテナイ人は投票権をもたなかった。だから、このような統治は、われわれには十分に民主的に見えるとしても、その人民にとっては非常に不愉快なものであり、そのために彼らの三分の二以上がただちにその国を見捨てたのである。[98]カッサンドロスは、その財産登録額を半分に引き下げた[99]が、しかしなお、その統治は寡頭制的暴政であり、外国の威嚇に影響されてそうなったと考えられた。

が、ここの連中の大半をなすものは、ある意味では、暴露する者、立会人になる目撃者、密告者、告発者、起訴者、立証者、宣誓者、それにこの連中のお先棒を担いでいる下回りの連中からなっており、これら全部が国務大臣やその代理者の顔色を伺い、その指図に服し、そこから生活の資を得たのであった、と私は彼に話してやった。だから、この国での陰謀事件と言えば、普通はこの連中が作り上げたことなのである……」。『ガリヴァ旅行記』〔第三部第六章〕。このような描写はアテナイの統治には適切であろうが、イングランドの統治には当てはまらない。イングランドの統治は、人間愛、正義および自由の点で、現代でも一つの驚異である。しかし、博士の風刺はいつもの癖で、他の風刺作家と違って極端に走るものであるにせよ、目的をまったく持たないわけではなかった。彼の友人であり、同じ党派に属していたあのロチェスターの監督は、これより少し前に公権喪失法（a bill of attainder）により追放されたが、これには正当な理由があるものの、しかし合法的なすなわち慣習法の厳格な形式に従った証拠は、そこにはなかったのである。

(96) プルタルコス『ソロン伝』〔第一八節〕。

(97) シケリアのディオドロス〔『歴史文庫』〕第一八巻第一八節。

(98) 同巻〔同節〕。

(99) 同巻〔第七四節〕。

セルウィウス・トゥリウス[100]の法律は、権力を財産に比例して定めているから、非常に平等で合理的に思える。しかし、ローマの人民を静かにそれに服従させることはけっしてできなかった。当時は、不満をもつ臣民を支配する過酷で嫉妬深い貴族政と、不穏で党争的で圧政的な民主政との中間のものがなかった。(訳注21)

(訳注21) このパラグラフに、R版で、以下の文章が追加。「現在ヨーロッパには、貴族政から民主政にいたるまで、マルセイユ、ロドス、あるいは古代の最も有名な共和国に匹敵するか、あるいはそれを凌ぎさえするほどの、正義と寛大さと安定性で著名でないような共和国は一つも存在しない。これらの国のほとんどすべてはほどよく緩和された(well tempered)貴族政である」。

しかし、第三に、人類の幸福と増加の両方で、古代諸国民が近代諸国民に劣ると思われる多くの事情が他にある。交易、手工業、勤労が現在のヨーロッパほど隆盛であったところは、昔はどこにもなかった。古代人の唯一の衣料は、男女とも一種のフランネルであったと思われるが、それを彼らは普通、白か灰色にして着用し、汚れるとそのつど何度も洗濯した。テュロスはアレクサンダー大王に破壊されるまでは、地中海の都市のうち、カルタゴについで、最大の商業を営んだが、その住民に関するアリアノスの説明を信頼すれば、強大な都市ではなかった[101]。アテナイは商業都市であったと一般に想定されている。しかし、その人口は、ヘロドトスによると[102]、メディア戦争前も戦争後のどのときも、同じくらいであった。しかも、当時にあっては、アテナイの商業はきわめて取るに足りないもので、この同じ歴史家が述べているように[103]、アジアの近接海岸地方でさえ、ヘラクレスの柱〔ジブラルタル海峡両岸の巨岩〕と同様に、ギリシア人が訪れることはほとんどなかった。というのは、ヘロドトスはこの柱から先のことを何も考えていなかったからである。

大きい利子と大きい交易利潤は、商工業（industry and commerce）がまだ揺籃期にあることを確実に示すものである。リュシアス(104)の記述を読むと、二タレントの荷物をアテナイからアドリア海までくらいの距離を運べば、一〇〇パーセントの利潤が得られた。しかし、これは特別に大きな利潤の例として述べられているのではない。デモステネスは、(105)アンティドロスが一軒の家を三タレント半支払って買い、それを年一タレントで貸したと述べている。しかも、この雄弁家は、彼の貨幣を同じように有利に使用しなかったとして、彼自身の後見人たちを非難している。彼は自分の財産は一一年の未成年期中に三倍になっていなければならなかったと述べている。父が遺してくれた奴隷のうち二〇人の価値を、彼は四〇ムナと計算し、その労働から

---

(100) ティトゥス・リウィウス〔『ローマ建国史』〕第一巻第四三章。

(101) 第二巻〔第二四節〕。例の包囲戦のあいだに八〇〇〇人が殺され、捕虜の全体は三万人に上った。シケリアのディオドロス〔『歴史文庫』〕第一七巻〔第四六節〕によれば、〔捕虜は〕わずか一万三〇〇〇人にすぎない。しかし、彼はこの数の少ないのを説明して、テュロス人はあらかじめ妻子の一部をカルタゴに送っていたからであると述べている。

(102) 〔『歴史』〕第五巻〔第九七節〕。彼は市民の数を三万人としている。

(103) 前掲〔『歴史』〕第五巻〔第八巻第一三二節〕

(104) 『弁論』第三三『ディオゲイトン論駁』〔ロウブ版、弁論第三二『ディオゲイトン論駁』第二五節〕。

(105) 『アフォボス論駁』オールダス版（ALDI）、二五頁〔Against Aphobus 1. 58〕

生じる年利潤を一二ムナとしている。[106] アテナイでは最も緩やかな利子でも（というのは、もっと高い利子[107]が支払われたことがしばしばあったからである）、一二パーセント[108]であったが、これは月々一パーセント支払われた率である。選挙の際にばらまかれた莫大な金額がローマで調達されたとき[109]の三四パーセントという法外な利子率（訳注22）については、くどくど言うまでもないことであり、われわれはウェッレスがあの党争の盛んな時期以前に、収税吏の手許に残してある貨幣に対して二四パーセントの利子を申し立てたのを見出す。そしてキケロはこの条項に対して非難の声を浴びせているが、しかし、それはこの法外な高利のためではなく、そのような機会に利子など申し立てるのは慣習ではなかったから、というのである。[110] 利子は、ローマ帝国の確立後のローマでは、なるほど低落した。しかし、それは、近代の商業国家におけるほどの低さに、相当な期間留まることはけっしてなかった。[111]

（訳注22）「三四パーセントという法外な」は、R版から「高い」に変更。

アテナイ人が、ラケダイモン人によるデケリヤの要塞化から受けると感じた、その他の数々の不便のうち、最も重大な一つとしてトゥキュディデスによって示されているの[112]は、彼らがエウボイアから陸路オローポス経由で穀物を持ち帰れなくなり、それを船積みにし、スニオン岬を廻って航海するのを余儀なくされたということである。古代の海運の未発達の驚くべき一例である。（訳注23） というのは、海上輸送はここでは、陸上輸送の二倍を超えていないからである。

（訳注23） Q版から強調符「！」。

古代の文筆家の章句のうち、都市の成長が手工業の確立に帰されているようなものは、私の記憶にない。

盛んであると言われている商業も、主として、それぞれ異なった土壌と気候に適した財貨の交換である。シケリアのディオドロス[113]によると、アフリカへのワインと油との販売がアグリゲントゥムの富の基礎であった。この同じ文筆家によれば[114]、シュバリス市の位置がその巨大な人口の原因であった。というのは、それはクラテュスとシュバリスとの二つの河の近くに建設されていたからだ、というのである。しかし、これらの二つの河は航行不能ということが分かるのであり、したがって、農業・農耕（agriculture and husbandry）のための若干の肥沃な流域を創り出しえたにすぎないのであって、それは近代の著作家ならほとんど注意しなかったであろうと思われる、きわめて取るに足りない利点にすぎなかった。

古代国家が商工業によって存立していたとしても、古代の暴君の野蛮さが、こうした時代を活気づけた自由の極端な愛好とあいまって、すべての商人と手工業者を追放し、国家の人口をすっかり減少させたにちがいない。あの残酷で疑い深いディオニュシオスが虐殺を行なっているあいだ、土地財産に拘束されず、他国でも生計の資を獲得できる技術や熟練をもっていける人間であれば、そのような情け容赦のない蛮行に晒さ

---

(106) 前掲一九頁。
(107) 前掲同頁。
(108) 前掲同頁、およびアイスキネス『クテシフォン弾劾』第一〇四節。
(109) 『アッティクスへの書簡』第四巻、書簡第一五。
(110) 『ウェッレス弾劾』第三弁論〔第七一〕。
(111) 第四論説〔「利子について」〕を参照。
(112) 〔『歴史』〕第七巻第二八節。
(113) 〔『歴史文庫』〕第一三巻第八一節。
(114) 〔『歴史文庫』〕第一二巻第九節。

れ続けようとする者がいるであろうか？　フェリペ二世とルイ十四世の迫害は、フランダースとフランスの手工業者でヨーロッパ中を満たしたのである。

農業が人民大衆の生存に主として必要な種類のものを作る業（industry）であり、したがって農業は手工業と他の諸技術が知られていないか、軽視されている場合でさえ、栄えるのは可能である、ということを私は認める。現在ではスイスが非常に顕著な一例である。というのは、そこではわれわれはヨーロッパで出会える最も熟練した農民と、最も不手際な商工業者（tradesmen）とを同時に見出すからである。ギリシアとイタリアにおいて、少なくともそれらの若干の地方においては、いくつかの時期に、農業が力強く栄えたと想定できる理由がある。だから、各家庭が生計を立てるために、それ自身のわずかな畑を最大の注意と勤労で耕作せざるをえなかった、古代共和国における大きな平等を、とくに考慮するとすれば、機械的技術が同程度の発達段階に達していたかどうかは、それほど重要とは考えられないかもしれない。

しかし、農業は、ある場合には、交易や手工業がなくても栄えるから、面積がいかに大きな国でも、またどのような長期にわたっても、農業はそれだけで存立するであろうと結論するのは、正しい推論であろうか？　農耕を奨励する最も自然な方法は、確実に、まず他の種類の勤労を振興し、それによって耕作者に彼の生産した財貨に対して、すぐに売れる市場を提供し、そして彼の快楽や享楽に役立つような財の見返り品を与えることである。この方法は絶対に確実、かつ普遍的である。そして、それは古代の統治よりも近代の統治においてより行き渡っているから、そのことからわれわれは近代の人口の優越を想定することができる。

クセノフォン(115)は、誰でも農夫になれる、と述べている。何の技術も熟練も必要ではない。すべては勤労と丹精にかかっている。これはコルメッラが暗示しているように、クセノフォンの時代には、農業はほとんど知られていなかったという有力な一証拠である。

すべてのわが近代のさまざまな改善と洗練は、人間の生存を容易にし、その結果、人間の増殖と増加に何ら貢献する働きをしなかったであろうか？　機械的技術におけるわれわれの優越、新世界の発見、それによって商業が非常に拡大したこと、郵便制度の確立、および為替手形の使用、これらはすべて、技術と勤労と大きな人口の奨励にきわめて有用であるように思われる。もし、われわれがこれらのものを取り除くならば、われわれはあらゆる種類の仕事と労働にどれほどの抑制を加えることになり、どれほど多数の家族が欠乏と飢えによってただちに滅びることであろうか？　だから、われわれがこうしたさまざまな新発明を他の何かの規制や制度にとって代えられるということは、ありえないように思われる。

古代国家の治安（police）が近代国家の治安にともかく匹敵する程度のものであったとか、あるいは、当時の人びとは家庭でも、陸路か海路かの旅のあいだにおいても、〔現在と〕等しい程度の安全を得ていたとか、考えるべき理由があるだろうか？　この点については、公平に検討する人（impartial examiner）ならすべて、われわれ現代のほうに軍配をあげるだろうと、私は疑わない。(訳注24)

(115)『家政論』〔第一五章第一〇節〕。

（訳注24）『道徳・政治論集』第一五論説を見よ（M版から、「第一部第一五論説を見よ」、O版からは「第一部第一二論説を見よ」、Q版から「第一部第一一論説を見よ」（『道徳、政治、文学論集』の「人間性の威厳と卑劣について」））。

このようにして全体を比較してみると、なぜ世界の人口は古代のほうが近代より多かったはずなのか、に正当な理由を与えることは、不可能だと思われる。古代人のあいだのあの財産の平等、自由、および彼らの諸国家の小さな分割は、なるほど、人類の増殖に有利であった。しかし、彼らの戦争はいっそう血なまぐさく破壊的であったし、彼らの統治はいっそう党争が盛んで不安定で、商工業はより貧弱で不活発であり、全般的な治安行政（police）はいっそう弛んでいて不規則であった。こうした短所は、前述の長所を十分に相殺し、むしろ、この主題に関して一般に有力な見解とは、正反対の見解を有利にすると思われる。

しかし、事実問題に反した推論は存在しない、と言えるかもしれない。もし、世界は当時、現在より人口が多かった、ということが明らかであれば、われわれの推測が間違っており、その比較に際して何らかの重要な事情が見落とされていた、と確信しうるだろう。それを私は喜んで認めよう。これまでのわれわれの推論のすべては、ただ取るに足りないもの、あるいは、少なくとも、何も決定しない、些細な小競合でつまらない戦闘にすぎないと承認しよう。しかし、不幸なことに、われわれが事実を比較する場である主要な戦闘は、さほど決定的とは考えられないのである。古代の著作家たちによって述べられた事実は、非常に不確実か、非常に不完全かであり、そのため、この問題については決定的なものは何もわれわれに与えてくれない。それはやむをえないことではなかろうか？（訳注25） 近代国家の大きさを計算する際に、それらと対置しなければならない事実そのものが、確実とか完全とかからは程遠いものなのである。有名な著作家によってなされた算定の多くの基礎は、ローマ市で発見された、一万ポンドの蜘蛛の巣から、ローマの巨大な大きさを算定した、皇帝ヘリオガバルスの算定基礎よりもましなものではない。[116]

（訳注25） R版から「大きさ」greatnessは「人口稠密」populousness。

古代の写本では、あらゆる種類の数字が不確実であり、また原本の他のどの部分よりもはるかに大きな変造を受けやすく、しかもその理由は明白であることが、注目されねばならない。他の箇所の変更ならどれでも、意味や文法に影響を与えるのが普通であり、したがって読者や転写人によっていっそう容易に気づかれる。

比較するための十分に大きな視野を与えてくれるほどの住民計算は、国内の一地域についても、かなり権威のある古代の文筆家によっては、ほとんどなされなかった。

自由都市に帰せられている市民数には以前はかなりの根拠があった、ということはありうることである。なぜなら、市民は統治に参加するために登録しており、その正確な登録簿が保存されていたからである。しかし、奴隷の数にはほとんど言及がないから、このためにわれわれは、単一の都市についてさえ、その人口に関しては、依然として前と同じく非常に不確かなままなのである。

私の見解では、トゥキュディデスの第一頁が真の歴史（real history）の始まりである。これより前の叙述はすべて、作り話が非常に入り混じっているために、学者はその大部分を断念して詩人と雄弁家の文飾の用に委ねるべきである。[117]

（116） アエリウス・ランプリディウス『ヘリオガバルス帝伝』第二六章。

古い時代に関しては、その時代のものとされている人口数は、しばしば馬鹿げたものであり、信用と権威をすっかり失っている。シュバリスの自由市民で武器を取ることができ、また実際に戦場に引っ張り出されたのは、三〇万人であった。彼らは隣接するギリシアのもう一つの都市であるクロトナの一〇万人の市民とシアグラで対戦して敗れた。これはシケリアのディオドロスの記述であり[118]、この歴史家によって非常に真剣に主張されている[119]。ストラボンもまた同数のシュバリス市民について述べている。

シケリアのディオドロスは[120]、アグリゲントゥムがカルタゴ人に破壊されたとき、その住民を計算して、市民二万人と外国人二〇万人に達したと述べている。ただし、奴隷は別であり、彼が述べているほどの裕福な都市であれば、おそらく奴隷は、少なくとも、〔市民と外国人の合計と〕同数くらいいたであろう。これには女子と子供は含まれておらず、したがって、全体として、この都市にはほぼ二〇〇万の住民がいたにちがいない、ということに注意しなければならない[121]。では、そのような膨大な人口増加の理由は何であったのか？（訳注26）彼ら住民は、イングランドの小さい一州を越えない、近隣の田畑を非常に勤勉に耕作しており、またアフリカに彼らのワインと油を売っていた。当時のアフリカはこうした財貨を産出しなかったからである。

（訳注26）　R版から「!」が付く。

プトレマイオスは三万三三三九の都市を支配している、とテオクリトスは述べている[122]。私はこの数の奇妙さがそれを挙げている理由だったと思う。シケリアのディオドロスは[123]、エジプトの住民を三〇〇万という非常に小さな数にしている。しかし、そのとき彼は都市の数を一万八〇〇〇に達すると計算しており、これは明白な矛盾である。

彼は、人民は昔は七〇〇万人だったと言っている。[124] このように、古い時代はいつも大いに羨ましく思われ、賛嘆されるものである。

クセルクセスの軍隊がきわめて多数であったことは、彼の帝国の広大な面積と、多数の余分な大衆を彼らの野営に背負いこませる東洋諸国民のあいだの愚かな慣行から、[訳注27] 私は容易に信じられる。しかし、合理的な人ならヘロドトスの驚嘆すべき叙述を権威あるものとして引用しようとするであろうか？ この主題につい

---

(117) 一般に、古代の歴史家は近代の歴史家よりも虚心坦懐でまじめであるが、正確さと注意深さで劣っている。われわれの思想上の党派抗争、ことに宗教上のものは、われわれの心を妄想ですっかり覆ってしまうために、人びとは自分たちの反対者や異端者に対する公平な態度（impartiality）を悪徳か欠点と見なすように思われる。しかし、印刷術によって書物が普及したために、近代の歴史家は矛盾や不一致を避けることに、いっそう注意深くならざるをえなくなっている。シケリアのディオドロスは優れた著作家であるが、しかし彼の叙述が、非常に多くの点で、すべてのギリシア史のなかで二つの最も権威ある作品、すなわちクセノフォンの『アナバシス』とデモステネスの『弁論』とに矛盾しているのを見るのは残念である。プルタルコスとアッピアノスとはキケロの書簡を読んだとはほとんど思えない。

(118)〔『歴史文庫』〕第一二巻〔第九節〕。

(119)〔『歴史文庫』〕第六巻〔第二六節〕。

(120)〔『歴史文庫』〕第一三巻第九〇節。

(121) ディオゲネス・ラエルティオスは、〔「エンペドクレス伝」で〕アグリゲントゥムにはわずか八〇万人の住民しかいなかったと述べている。

(122)『牧歌』第一七篇。

(123)〔『歴史文庫』〕第一巻〔第一八節〕。

(124)〔『歴史文庫』〕同巻〔同節〕。

てのリュシアスの議論には、[125] 非常に合理的なものがあることを私は認める。もしクセルクスの軍隊が信じがたいほど多数ではなかったなら、ヘレスポントス海峡に橋をかけることはけっしてなかったであろう、と彼は述べている。というのは、それほど短い海路なら、彼が支配していた多数の船舶によって、彼の軍勢を輸送することは、はるかに容易であったからである。

（訳注27）「愚かな」はQ版から削除。

ポリュビオスの言うところによると、[126] ローマ人は第一次ポエニ戦争と第二次ポエニ戦争とのあいだに、ガリア人に侵略される危険に晒されたので、自国の軍隊と同盟国の軍隊をすべて召集したところ、武器を取りうる兵士が七〇万人になると判明した。これは確かに大きな数であり、これを奴隷に加えれば、現在その国の範囲が供給できるよりおそらく多いであろう。[127]（訳注28） この算定もいくらか正確になされたと思われるし、ポリュビオスはその個々の細目を提供している。しかし、この数は、その人民を鼓舞するために、誇大に言われていないであろうか？

（訳注28） M版で「多いということはなくても、おそらく少ないことはない」と変更。

シケリアのディオドロスは、[128] この同じ算定をほぼ一〇〇万としている。こうした数の違いは疑わしい。彼はまた明確に、彼の時代のイタリアはさほど人口が多くなかったと推定しているが、これもまたきわめて疑わしいもう一つの事情である。というのは、その国の住民が第一次ポエニ戦争の時代から〈三頭政治〉の時代にかけて減少したと、誰が信じられるであろうか？

アッピアノスによれば、[129] ユリウス・カエサルは、四〇〇万人のガリア人と対戦し、一〇〇万人を殺し、一〇〇万人を捕虜にした。(130) 敵の軍勢の数と殺された数が、かりに正確に計算できるとしても——これはけっして可能ではないが——、同一人が軍に何回復帰したかをどうして知りうるであろうか、あるいは古い徴募兵と新しい徴募兵をどうして区別しうるであろうか？　このような杜撰で誇張された計算に注目してはならない。とりわけ、著作家たちがその算定の基礎となった手段を読者に語っていない場合はそうである。

パテルクルスは(131)、カエサルに殺された〔ガリア人の〕数をわずか四〇万人と計算している。これははるかに蓋然性の高い計算であり、またかれの論評〔『ガリア戦記』〕でこの征服者自らによって与えられているこれらの戦争の歴史といっそう容易に合致しうるものである。(訳注29)(訳注30)

（訳注29）　R版で以下が注として追加された。「プリニウス、〔『博物誌』〕第七巻第二五章によれば、カエサルは、内乱で殺された人びとのほかに、彼と対戦したのは一一九万二〇〇〇人であったと言って自慢していた。この征服者が自分の計算を非常に

(125)　〔『弁論』〕『葬送演説』第一九三節〔***Funeral Oration**, secs.* 27–28〕。

(126)　〔ポリュビオス『歴史』〕第二巻第二四節。

(127)　この数の兵士を供給した国は、イタリアの三分の一を越えなかった。すなわち、法王領、トスカーナ、およびナポリ王国の一部であった〔K版では、続いて以下が追加。「しかし、初期の時代には、ローマや大都市を除けば、おそらくごくわずかの奴隷しかいなかったであろう」〕。

(128)　〔『歴史文庫』〕第二巻〔第五節〕。

(129)　『ケルティカ』〔第二節あたり〕。

(130)　プルタルコスは〔『カエサル伝』〔第一五節〕において〕、カエサルが対戦した兵力をたんに三〇〇万と計算し、ユリアヌスは〔『皇帝列伝』において〕は二〇〇万と計算している。

(131)　〔『ローマ史』〕第二巻第四七章。

正確だと主張することができたなどとは、とても考えられない。しかし、この事実を承認しても、彼が殺したヘルヴェティア人、ゲルマン人、およびブリトン人は、この数のほぼ半分であろうと思われる」。

（訳注30）　R版で以下が本文に追加。「カエサルが戦った戦闘のうち最も血なまぐさいものは、ヘルヴェティア人およびゲルマン人との戦いであった」。

大ディオニュシオスの生活と行動についてのあらゆる事情は信頼できるものであり、またすべての作り話的な誇張を免れていると見なしうる。なぜなら、彼はギリシアで文芸が最も栄えた時代に生きたからであり、また彼について書いた主要な歴史家がフィリストゥスであって、偉大な才能の持ち主と認められた人物であり、この君主の廷臣でかつ大臣であったからだ、と考える人があろう。しかし、大ディオニュシオスが一〇万の歩兵と一万の騎兵とからなる常備軍、および四〇〇艘のガレー船からなる艦隊を持っていたということを、(132) われわれは認めることができるだろうか？　これらの軍勢が傭兵であり、したがってヨーロッパのわれわれの軍隊のように、報酬によって維持されていたということを知りうる。というのは、市民は全部武器を取り上げられており、ディオンが後になってシシリーを侵略し、彼の同胞に自らの自由を守るように求めた際、彼は武器を携えて行き、それを彼の味方に加わった者に分配せざるをえなかったからである。(133) 農業だけが栄えている国家でも、多数の住民がいることもあるだろう。だから、もしこの住民が全部武装し軍事訓練を受けるならば、必要なときは大兵力が召集できるだろう。しかし、傭兵の大軍は、交易と手工業か、(訳注31) それとも非常に広大な支配領域をもつのでなければ、けっして維持できない。オランダ連合州は、ディオニュシオスがもっていたと言われるような、海陸の兵力を意のままにすることはできなかったが、しかし完全によく耕作された同じくらいの面積の領土をもち、商工業による無限に多くの富の源泉を持っている。シケリアのディオドロスが認めているところでは、彼の時代にさえディオニュシオスの軍勢は信じがたいものと見えた。すなわち、私が解釈するように、それはまったくの作り話であり、廷臣たちの誇張された追従(flattery)と、おそらくはこの暴君自らの虚栄と政策から生じた見解だったのである。

(訳注31) Q版から「広大な交易と多数の手工業か」となる。

批評術[訳注32]が、何らかの蓋然的な推論や類推的な推論によって、古代の歴史家の明白な証言を訂正するか反駁すると主張するとき、それはまさに無鉄砲との疑念を招くであろう。しかし、あらゆる問題に関して、とくに数に関しては、著作家の放縦が非常にひどいために、われわれは述べられている事実が自然と経験の普通の枠から少しでも離れるときにはいつも、ある種の疑いをもつか、あるいは留保をすべきである。近代史に関して一例を挙げよう。ウィリアム・テンプル卿が回顧録で述べているところによれば、彼がチャールズ二世と自由に話していたときに、フランスの宗教と政体をこの国に採り入れることが不可能なのは、主に、かくも勇敢な国民の精神と自由を抑制するには大兵力が必要だからであるということを、彼はこの君主に述べる機会を得た。彼の言うところによれば、「ローマ人は、その目的のために、一二軍団を保持せざるをえなかった」(とんでもない馬鹿げたことだ[134])、「また、クロムウェルはほとんど八万人の軍隊を残した」と。こ

---

(132) シケリアのディオドロス〔『歴史文庫』〕第二巻第五節。

(133) プルタルコス『ディオニュシオス伝』第二五節。

の最後の事実は、後代の批評家によって、疑問のないものとは見なされないにちがいない。というのは、そのとき、約一四年前に当の彼〔クロムウェル〕の軍隊を自ら打破した偉大な国王に対して、その事実と同時代の、賢明で博識な一大臣によって、不快な主題についてこのように述べられているのを、彼らは見出すのだからである。しかも、最も疑問の余地のない権威によってわれわれはクロムウェルの軍隊は、彼が亡くなったとき、ここに述べられた数の半分にも達しなかったと主張できるのである。(訳注33)

(訳注32) このパラグラフはN版で削除。

(訳注33) K版から以下の注が加えられた。「クロムウェルの議会は、一六五六年に三王国全部における政府経常費として、彼に一年に一三〇万ポンドしか与えなかったと思われる。スコウベル、第一章を参照せよ。この経費は陸海軍と文官に供給するためのものであった。ホワイトロックから明らかに知られるように、一六四九年には一ヵ月八万ポンドの金額が四万人の兵士のための予算であった。したがって、われわれは、クロムウェルが一六五六年には、給与を支払った〔一六四九年の〕兵士の数よりもはるかに少ない兵士しかもたなかったと結論しなければならない。政府の文書そのものでは、二万人の歩兵と一万人の騎兵とがクロムウェル自身によって決められ、その後、議会によって共和国の正規常備軍として確認されている。実際に、この数字は、護民官政治の全時代を通じて、大して大きくなることはなかったと思われる。さらに、サーロ、第二巻、四一三頁、五六八頁を参照のこと。そこでわれわれが知りうるのは、護民官はアイルランドとスコットランドとに相当な兵力を持っていたけれども、イングランドには、ときには四〇〇〇か五〇〇〇人以上の兵力をもってはいなかったということである」。

古代のすべての時代を一つの時期と見なし、したがって、古代の著作家たちによって述べられた大都市を、すべて同時代のものであるかのように考えて、これらの都市に住む人数を計算することは、非常によくある誤りである。ギリシアの植民地は、アレクサンダーの時代を通じてシシリーできわめて隆盛を見た。しかし、アウグストゥスの時代には、それらは非常に衰退し、そのために、この肥沃な島のほとんどすべての生産物はイタリアで消費された(135)。

それでは、古代の個々の都市に帰されている住民数を検討しよう。そこでニネヴェ、バビロン、およびエジプトのテーベの人口数は除外し、真実の歴史の範囲、すなわちギリシアとローマの国家に限定することにしよう。私がこの主題を考えれば考えるだけ、ますます古代に帰されている大きな人口に関して、ますます懐疑的な気持ちになることを認めざるをえない。

プラトン(136)によって、アテナイは非常に大きな都市だったと言われている。そしてシラクサを除けば――シラクサはトゥキュディデス(137)の時代に〔アテナイと〕ほぼ同じ規模であり、その後それを凌いで増大した――ギリシアのすべての都市国家(138)のうち確かに最大のものであった。なぜなら、キケロが(139)、アテナイを彼の時代のギリシアのすべての都市のうち最大のものだと述べているからである。ただし、その名称にはアンティオキアもアレクサンドリアも含まれていないと私は思う。アテナイオス(140)が言うには、ファレロンのデメトリオ

---

(134) ストラボン〔『地理書』〕、第四巻〔第二〇〇節〕によると、一軍団と、二、三の騎兵で十分であろうと言う。しかし、ローマ人は普通、多少多い兵力をこの島に保持し、しかもこの島を完全に服従させようとは努力しなかった。

(135) ストラボン〔『地理書』〕第六巻〔第二七三節〕。

(136) 『ソクラテスの弁明』〔二九D〕。

(137) 〔『歴史』〕第六巻、プルタルコス『ニキアス伝』第一七節をも参照。

(138) アルゴスも大都市だったと思われる。というのは、リュシアスがそれはアテナイを凌ぎはしなかったと述べているからである。『弁論』第三四節、第九二二節〔「古来のアテナイの国制転覆論駁」第三四節〕。

スの計算によれば、アテナイには二万一〇〇〇人の市民と、一万人の外国人、および四〇万人の奴隷がいた。この数は私がその意見を疑問に思っている人たちによって盛んに主張されており、彼らの目的にとっては基本的な事実と考えられている。しかし、私の意見では、アテナイオスならびに、彼が引用しているクテシクレスが、ここでは間違っており、また奴隷の数は、少なくともゼロ一つ丸々増やされており、したがって四万以上と考えられるべきではない、ということほど確実に批判できる点はない(訳注34)。

(訳注34) ジョン・ミラーはグラスゴウ大学の「市民法」の講義で、ヒュームの推定を批判して、奴隷の数に間違いはないとしている。ミラーによれば、人口統計は課税のために行なわれたのであるから、自由人は家長しか算定されていないので、市民も外国人も四倍すべきである。したがってアテナイの奴隷は自由人の三倍ないし四倍であった(Lectures on the Institutions of the Civil Law by Professor Millar (1792))。

第一に、アテナイオス(141)により、市民の数が二万一〇〇〇だといわれる場合、それは成人男子だけと理解されている。というのは、(一) ヘロドトス(142)は、イオニア人から派遣された使節のアリスタゴラスが、三万人のアテナイ人を騙すよりも、一人のスパルタ人を騙すほうが難しいことを知った、ということを述べているが、この場合、三万というのは女と子供を除いて、一つの民会に集まると想定された、国家全体を、大雑把に意味したものであったからである。(二) トゥキュディデス(143)が、艦隊、陸軍、守備隊 (fleet, army, garrisons) にいる欠席者のすべてと、私的な仕事に従事している人びとを斟酌すると、アテナイ人の集会が五〇〇〇人に上ることはなかったと述べているからである。(三) この同じ歴史家(144)によって計算された兵力は、すべて市民であり、重武装した歩兵一万三〇〇〇人に上るが、この兵力は、いずれかの共和国の市民数を決める場合、いつも成年男子と理解する、あのギリシアの歴史家たちの一貫した方針と、まったく同じ計算方法を取っていることを証明するものである。さて、以上の数字は住民の四分の一にすぎないから、アテナイの自由民は八万四〇〇〇人、外国人は四万人、そして奴隷は少ない数字で計算し、それに結婚しており、自由人と同じ比率で増殖するものと考えれば、一六万人となり、住民は全体で一八万四〇〇〇人だったことになる。これは確かに十分に大きな数字である。もう一つの数字の一七二万人というのは、アテナイをロンドンとパリをあわせたよりも大きくしてしまう。

第二に、アテナイには一万戸の家しかなかった(145)。

第三に、トゥキュディデス(146)によって記されているように、城壁が長かった(すなわち、海岸のほかに一八マイル)としても、クセノフォン(147)は、城壁の内側に人の住んでいない土地が多くあった、と言っている。城

(139) 『ウェッレス弾劾』第四巻第五二章。ストラボン〔『地理書』〕第六巻〔第二七〇節〕によると、それは周囲が二二マイルであった。しかし、その場合、われわれは、それがその内部に二つの港をもち、そのうちの一つは非常に大きなもので、一種の入江と見なすこともできたということを考慮しなければならない。

(140) 〔『食通大全』〕第六巻第二〇章。

(141) デモステネスは二万人と計算している。『アリストゲイトン弾劾』〔第七八五節〕。

(142) 〔『歴史』〕第五巻〔第九九節〕。

(143) 〔『歴史』〕第八巻〔第七二節〕。

(144) 〔『歴史』〕第二巻〔第一三節〕。シケリアのディオドロスの計算はこれと完全に一致している。第一二巻〔第四〇節〕。

(145) クセノフォン『ソクラテスの思い出』第二巻。

(146) 〔『歴史』〕第二巻〔第一三節〕。

壁は実際に四つの別々の都市を結合していたと思われる[148]。

第四に、鉱夫の一回の暴動を除けば、奴隷の蜂起、あるいは蜂起の疑いは、歴史家によってかつて述べられたことがない[149]。

第五に、アテナイ人による奴隷の取り扱いは、きわめて穏和で寛大だった、とクセノフォン[150]、デモステネス[151]、およびプラウトゥス[152]によって述べられている。もし不釣合いが二〇対一であったとすれば、このようなことはけっしてありえなかったであろう。この種の不釣合いは、わが国のどの植民地においても、それほど大きくはないが、それでもわれわれは黒人に対して厳格な軍事的統治を敷かざるをえない。

第六に、一国において財産の平等な分配と見なされるようなものを所有している、あるいは、その富の三倍ないし四倍をさえ、所有しているということでは、誰も金持ちとは見なされない。だから、イングランドでは各人は一日に六ペンスを費やすとある人によって計算されているが、しかし、その金額の五倍を持っていても、その人は貧乏としか考えられない。さてアイスキスネスによれば[153]、ティマルコスは安楽な暮らしを送れる境遇に置かれていたと言われているが、しかし、彼は手工業に従事している一〇人の奴隷の主人にすぎなかった。リュシアスと彼の兄弟とは、二人とも外国人であったが、その多大の富のために三十人僭主によって追放された。彼らはめいめい、わずか六〇人の奴隷しかもっていなかったのであるが[154]。デモステネスは、父から非常に大きな遺産を貰った。しかし、彼がもっていたのは五二人の奴隷にすぎなかった[155]。二〇人の家具作り奴隷からなる彼の作業場（work-house）がきわめて大きな工場（manufactory）だと言われているのである[156]。

第七に、ギリシアの歴史家たちがそう呼んでいるデケレイア戦争のあいだに、われわれがトゥキュディデス[157]から知るように、二万人の奴隷が逃亡し、アテナイ人を大いに苦しめた。もし、彼らの奴隷が二〇分の一にすぎなかったなら、そうしたことは起りえなかったであろう。最良の奴隷はけっして逃亡しようとはしないものである。

---

(147)『歳入について』〔第二、第六節〕。

(148) ハリカルナッソスのディオニュシオス〔『ローマ史』第四巻第一三節〕が、もしわれわれがローマの古代の城壁を考察するなら、その都市の大きさはアテナイの城壁よりも大きいとは思わないであろう、と述べているとき、彼はアクロポリスあるいは山の手だけを意味しているにちがいないことに、われわれは注目しなければならない。ピレウム、ファレルス、およびムニキアについては、古代のどの著作家もアテナイと同じものとしては語っていない。ましてや、キモンとペリクレスの城壁が破壊され、アテナイが以上の他の町からまったく離されてしまって後は、広い市域という見地からディオニュシオスが問題を考察しているとは考えられない。この観察はすべてのウォッシウスの推論を打ち破り、こうした計算に常識（common sense）を導入するものである。

(149) アテナイオス〔『食通大全』〕第六巻〔第一〇四節〕。

(150)『アテナイ人の国家』〔第一一から一二節参照。クセノフォンが著者かどうかは、現在では、疑わしいとされている。Miller, p. 429 note〕。

(151)『フィリッポス弾劾』第三、第三一節。

(152)『スティクス』(*Stichus*) 第三、第一、第三九節。

(153)『ティマルコス弾劾』〔第四二節〕。

(154)『弁論』一一〔演説一二、『エラトステネス論駁』第一九節〕。

(155)『アフォボス駁論』〔第八一六節〕〔1. 9〕。

(156) 前掲。

(157)〔『歴史』〕、第七巻〔第二七節。奴隷の逃亡は紀元前四一三年。Miller, p. 430 note〕。

第八に、クセノフォンは[158]、公共によって一万人の奴隷を維持する計画を提案している。そして彼は、デケレイア戦争前から自分たちが所有した奴隷の人数を考える人なら、これほど多数の奴隷でもおそらく維持できると誰もが確信するであろう、と述べている。これはアテナイオスの〔示した〕より大きな数字とまったく相容れない言い方である。

第九に、アテナイの財産登録総額は六〇〇〇タレント以下であった。そして古代の写本にある数字は、しばしば批評家によって疑われるけれども、しかし、これは非の打ち所がないものである。なぜなら、この数字を挙げているデモステネスが[159]、彼の数字を照合させる明細を挙げており、またポリュビオスも[160]同一の数字を挙げ、それに基づいて推論しているからである。ところで、最も低級な奴隷でさえ、クセノフォンから[161]分かるように、労働によって、彼の生活の維持費に加えて、一日に一オボロスを生み出すことができた。クセノフォンは、ニキアスの奴隷監督が、鉱山で使用する奴隷のために、それだけの金額を主人に払った、そしてまた同数の奴隷を維持した、[訳注35]と述べている。一日に一オボロス、奴隷を四〇万人と見積もって、わずか四年間だけの収入を計算する労をとるならば、たとえアテナイの非常に多い休日を斟酌しても、収入額が一万二〇〇〇タラント以上になることが分かるであろう。そのうえ、奴隷の多くは自分の技術からはるかに大きい対価を得るであろう。デモステネスが父の奴隷を評価しているうちで[162]、最低のものは一人当たり二ムナである。だから、この想定に立てば、四万という奴隷の数でさえ六〇〇〇タレントの財産登録額と調和させることは、いささか困難である、と私は告白せざるをえない[訳注36]。

（訳注35） K版で「そしてまた同数の奴隷を維持した」を削除。

（訳注36）ヒュームの計算を解説しておこう。古代アテナイにおける一年間の労働日を二七〇日と仮定すると、四年間で一〇八〇日。一日に奴隷四〇万人が得る剰余（収入から生活費を差し引く）の総額は四〇万オボロスであるから、四年間の剰余総額は四〇万オボロス×一〇八〇日＝四億三二〇〇万オボロス。一タレント＝六〇ムナ（ミナ mina）＝三万六〇〇〇オボロスと換算できるので、四億三二〇〇万オボロス÷三万六千オボロス＝一万二〇〇〇タレントとなる。労働日が二七〇日を越えれば、剰余総額は一万二〇〇〇タレントを超えることになる。

一方、奴隷の平均価値を一人当たり二ムナと最低水準に見積もっても、価値総額は二ムナ×四〇万人＝八〇ムナ＝一万三三〇〇タレントとなり、これはアテナイの財産登録総額六〇〇〇タレントの二倍であるからありえない。ヒュームの言葉に従って「ゼロ一つだけ」取り除いて、奴隷を四万人と見積もれば、価値総額は一三三〇タレントとなるが、これでも財産総額の二〇パーセント以上を占めることになるので、大きすぎるであろう。

第一〇に、キオスは、スパルタを除けば、ギリシアの都市のうちで最も多くの奴隷を所有している、とトゥキュディデスにより言われている。[163] 当時スパルタは、市民数との比率からすれば、アテナイよりも多くの奴隷を持っていた。スパルタ人は、都市に九〇〇〇人、地方に三万人いた。[164] それゆえに、成年男子の奴隷は七八万人以上、全人口は三一二万人以上だったにちがいないことになる。（訳注37）これは貿易のなかったラコニア

---

(158)『歳入について』〔第四章第一三―三二節〕。
(159)『艦隊について』〔第一九節〕。
(160)〔ポリュビオス『歴史』〕第二巻第六二章。
(161)『歳入について』〔第四章第一四節〕。
(162)『アフォボス駁論』〔第一、九節〕。
(163)〔『歴史』〕第八巻〔第四〇節〕。
(164) プルタルコス『リュクルゴス伝』〔第八節〕。

のような狭い不毛な地域では維持できない人口数である。もしヘテロスが非常に多数であったとすれば、トゥキュディデス(165)によって述べられた二〇〇〇人の虐殺は、彼らを弱めるどころか、怒らせることになったであろう。

（訳注37）スパルタにおける成人の男子奴隷数をR版は七万八〇〇〇人としたが、Green & Grose版は七八万人と修正している。ヒュームの議論としては七八万人でなければならない。Miller, p. 431 noteを参照。「ヒュームの『論集』の一七七七年版〔R版〕は七万八〇〇〇人とするが、グリーン＝グロスはそれ以前の諸版に従って七八万人に変更した。この大きな数のほうがヒュームの主張には必要である。ヒュームはアテナイオスの原典の指摘に従って、アテナイに四〇万人の奴隷がいたと信じる人びとに反論している。この原典が正しければ、アテナイの男性市民の男性奴隷に対する比率は概ね一対二〇であっただろう。三万九〇〇〇人の男性市民を有するスパルタに同じ比率を適用すると、七八万人以上の男性奴隷がいたことになる。全奴隷の約四分の一が男性奴隷であったから、アテナイオスの比率を用いるなら、スパルタの奴隷総数は三一二万人以上になるだろう――ヒュームがありえないと見なした数である」。

このほかに、われわれは、アテナイオス(166)によって挙げられている数字が、どのようなものであれ、アテナイの住民だけではなく、アッティカの全住民をも含むことを考慮しなければならない。トゥキュディデス(167)から分かるように、アテナイ人は田園生活に大きな愛着を持っていた。そして、ペロポネソス戦争のあいだに彼らの領土を侵略されたために、彼らがすべて都市に追い込まれたとき、都市は彼らを収容することができず、宿泊所の不足から、彼らは玄関や寺院や、街路にさえ、やむなく寝なければならなかった(168)。

他のギリシアの都市のすべてにも、これと同様の所見が適用されるべきであり、市民の数が挙げられている場合には、それはいつも、その都市だけではなく、近隣の田舎の住民をも含むものと理解しなければならない。しかし、こうした斟酌をしたとしても、ギリシアが人口の多い国であり、自然的にあまり肥沃ではない非常に狭小な領土ということでわれわれが想像しうるものをはるかに〔「はるかに」はK版から削除〕凌駕しており、他のところから穀物の供給を受けない国であったということは、明白にちがいない。というのは、その財貨を得るためにポントスと貿易していたアテナイを除けば、その他の都市は、主にその近隣の領土から生活の糧を得ていたと思われるからである(169)。

ロドスが広範な商業を営み、輝かしい名声と栄光の都市であったことはよく知られている。しかし、そこには、デメトリオスに包囲されたとき、武器を取りうる市民はわずか六〇〇〇人しかいなかった(170)。テーバイはいつもギリシアの主要都市の一つであった(171)。しかし、その市民の数はロドスを越えなかった(172)。クセノフォン(173)によれば、フリアシアは小都市だったと言われているが、しかしわれわれは、そこに六〇〇〇人の市民がいたことを知っている(174)。私はこれら二つの事実に折り合いをつけるつもりはない(訳注38)。

(訳注38) K版で次が追加。「おそらくクセノフォンがフリアシアを小都市と呼んだ理由は、それがギリシアで勢力が小さく、

(165) 〔『歴史』〕第四巻〔第八〇節〕。

(166) この同じ著者は、かつてコリントには四六万人、アイギナには四七万人の奴隷がいた、と主張している。しかし、上述の議論は、こうした事実に対して強力に反駁するものである〔ここにO版から「しかし、それは、実際に、まったく馬鹿げており、ありえない」が挿入〕。しかしながら、アテナイオスがこの後者の事実を主張するために、アリストテレスのような偉大な権威を引用していることは、注目すべきである。そしてこのピンダロスの注釈者は、同数の奴隷がアイギナにいたと述べている。

(167) 〔『歴史』〕第二巻〔第一四節〕。

(168) 前掲〔『歴史』〕第二巻〔第一七節〕。

スパルタとの従属的な同盟を維持するにすぎなかったからか、あるいは、おそらく、それに属する郊外が広大で、市民の大部分がその耕作に従事し、近隣の村落に居住していたからかの、どちらかであっただろう。」

マンティネアは、アルカディアのどの都市とも匹敵する都市であった。[175] したがって、それは周囲が五〇スタディア、すなわち六マイルと四分の一あったメガロポリスと同じ規模であった。[176] しかし、マンティネアにはわずか三〇〇〇の市民しかいなかった。[177] したがって、ギリシアの都市は、住宅とともに、畑や菜園をしばしば含んでいたのであり、したがってわれわれは、都市の城壁の長さから都市の大きさを判断できない。アテナイにあった家は一万戸にすぎなかったが、しかしその城壁は海岸を入れて二〇マイル以上であった。シラクサは周囲が二二マイルであったが、しかし、古代人により、アテナイよりも人口が多いと語られたことはほとんどなかった。バビロンは一五マイル平方、すなわち周囲六〇マイルであった。しかし、プリニウスから教わるように、それは広大な耕地と囲い込み地を含んでいた。アウレリアヌスの城壁は、周囲五〇マイ

---

(169) デモステネス『レプティネス弾劾』〔第四六六節〕。税関の帳簿から明らかなように、アテナイ人はポントスから年々四〇万メディムノス、すなわちブッシェルの穀物を輸入した。そして当時彼らは他の場所からほとんど穀物を輸入していなかった〔この文は、K版から「これは彼らの輸入穀物の大部分であった」に変更〕。ついでながら、これはアテナイオスの先に挙げた記述に何らかの大きな間違いがあるという、有力な証拠である。というのは、アッティカ自体は農民の維持にさえ十分なものを産出しないほど、穀物〔を作る〕には不毛な土地だったからである。ティトゥス・リウィウス〔『ローマ建国史』〕第四三巻第六章〔ここに、Q版で「そして四〇万メディムノスでは一二ヵ月間一〇万人も養うことはまずできないであろう」が挿入された〕。ルキアノスが彼の『船または願い事』***navigium***

sive vota のなかで述べているところでは、彼が挙げている尺度によれば、大体わが国の三等級の大きさであったと思われる船舶が、一隻でアッティカを一二ヵ月養うと思われるだけの穀物を運送した。しかし、おそらくその時代にはアテナイは衰えていたであろう。またそのうえ、このような大雑把な修辞的計算を信頼するのは安全ではない。

(170) シケリアのディオドロス〔『歴史文庫』〕第二〇巻〔第八四節〕。

(171) イソクラテス『民族祭典演説』。

(172) シケリアのディオドロス〔『歴史文庫』〕第一七巻第一四節。* アレクサンダーがテーバイを攻撃したとき、すべての住民がその場にいたと結論してもよいであろう。ギリシア人、ことにテーバイ人の精神を知る人なら、彼らの国がこのような極度の危機と困難に陥った際、祖国を見捨てるような者がいたとは、思ってもみないであろう。アレクサンダーがこの都市を強襲して占領したとき、武器を持っていた者はすべて容赦なく刀にかけられたが、その数はわずか六〇〇〇人にすぎなかった。このうちには外国人と解放奴隷がいた。老人、女、子供、および奴隷からなる捕虜は売られ、その数は三万人であった。したがって、われわれはテーバイの自由市民は老若男女合わせてほぼ二万四〇〇〇人、外国人と奴隷は約一万二〇〇〇人であったと結論できる。この後の数字は、アテナイがより多い貿易によって奴隷を維持できる都市であり、いっそう多くの娯楽によって外国人を引きつけたという事情から、合理的に推測しうる割合だけ、アテナイよりも若干少なくなっていると言えよう。また三万六〇〇〇というのは、テーバイ市とその近隣の領地との両方の住民の総数であったことも注意されねばならない。これはきわめて穏当な数と認められねばならない。またこの計算は疑問の余地がないと思われる事実に基づいているから、われわれの当面の論争において大きな重要性をもつにちがいない。上述のロドス人の数もまた、自由で武器を取りうる島の全住民であった。

* 〔シケリアのディオドロス、第一五巻および第一七巻。H-I版ではこの注の残りの部分はない〕。

(173) 『ギリシア史』第七巻第二、第一節。

(174) 前掲第七巻。

(175) ポリュビオス〔『歴史』〕第二巻〔第五六節〕。

(176) ポリュビオス〔『歴史』〕第九巻第二〇章。

(177) リュシアス『弁論』第三四〔第七―八節〕

ルであったが、[178]プブリウス・ウィクトル[訳注39]によれば、ローマの全一三区の周囲は、一つ一つを合計して約四三マイルしかなかった。敵が郊外に侵入したとき、全住民が家畜、家具、および農具とともに、古代都市の城壁の内部に退避した。城壁が高くまで築かれているから、少数の兵力で容易に自衛することができた。

（訳注39）プブリウス・ウィクトルは、古代ローマの主要建築や記念碑の調査につけられた名前で、一五〇五年に初めて印刷された著作の名称は『ローマ市の地域について』 ***De Regionibus Urbis Romae*** である。**Miller, p. 434 note** より。

クセノフォン[179]の言うところでは、スパルタはギリシアの都市のうちで最も住民の少ない都市の一つである。しかし、ポリュビオス[180]は、スパルタは周囲が四八スタディア〔一スタディオンは約一八五メートル〕あり、円形をしていたと言っている。

アンティパトロスの時代には、武器を取りうるすべてのエトルリア人[訳注40]は、わずかに一万人にすぎなかった。[181]

（訳注40）K版から「守備隊のわずかの兵士を差し引いて」が挿入。

ポリュビオス[182]は、アカイア同盟が、何らの困難もなく、三万ないし四万の兵士を進軍させえたと述べているが、この計算はきわめてありうるように思われる。なぜなら、右の同盟にはペロポネソス半島の大部分が含まれていたからである。しかし、パウサニアス[183]は、この同じ時期について語りながら、武器を取りうるすべてのアカイア人は、かなりの解放奴隷が加えられた場合でさえも、一万五〇〇〇人には達しなかった、と述べている。

テッサリア人は、ローマ人によって最終的に征服されるまで、いつの時代にも、不穏で、党争を行ない、反乱を起こし、無秩序であった。[184]したがって、ギリシアのこの地方の人口が非常に稠密であった、と想像す

(178) ウォピスクス『アウレリウス伝』第二二節、B。

(179) 『ラケダイモン人の国制』、〔第一、第一節〕。この記述と、スパルタには九〇〇〇人の市民がいたと言っている、上述のプルタルコスの記述は容易に折り合わない。

(180) ポリュビオス〔『歴史』〕、第九巻第二〇章。

(181) シケリアのディオドロス、〔『歴史文庫』〕第一八巻、〔第二四節〕。

(182) 『使節記』〔ミラーは注でこう説明している。「ポリュビオスの原典は、第一巻から第五巻までは完全であるが、残りの三四巻〔最後の第四〇巻は索引〕については、さまざまな抄録の集成に頼るほかない。ヒュームはここで、これらの集成のなかでもっとも重要な一つに言及しており、それはビザンティン皇帝コンスタンティノス・ポルフュロゲニトス（七世）〔コンスタンティヌス七世、在位九一一—九五九年〕の指示によって作成されたものである。この集成は表題に従って纏められており、そのうちの一つが『ローマ人への外交使節』である。『使節記（LEGAT.）』はこの集成を指している。ポリュビオス『歴史』の現代版では、この一節は第二九巻二四の八に見出される〔ロウブ版『歴史』第六巻八五—八六頁〕。前一七〇年に自らがアカイア同盟総会で行なった演説についてのポリュビオスの説明のなかに、その一節は登場する。それはアカイアが、シリアのアンティオコス四世〔在位前一七五—一六三年〕に対する戦争を支援するための部隊をいくつか派遣してほしいというエジプトの諸王の要請に応じるべきである、と主張するものであった。要請に反対する者は、マケドニアのペルセウス〔マケドニア最後の王、在位前一七九—一六八年〕に対するローマの戦争〔第三次マケドニア戦争〕を支援するために、それらの部隊が必要であると主張した。ポリュビオスはこれに答えて、ローマ人にアカイアの助けは要らない、だがもし彼らがなお助けを求めるのなら、三、四万の軍勢でさえ、たやすく集められるとした」。**Miller, p. 435 note.** アカイア同盟は前一四六年のアカイア戦争でローマに敗北して解体、同年、カルタゴも滅亡した〕。

(183) 『アカイア』〔第七、第一五節、第七節〕。

(184) ティトゥス・リウィウス〔『ローマ建国史』〕第三四巻第五一章。プラトン『クリトン』〔五三D〕。

るのは自然ではない。(訳注41)

(訳注41) K版で以下のパラグラフが追加。「トゥキュディデスが述べている[185]ところでは、ペロポネソス半島のうち、ピュロスに隣接している地方は、住む人もなく耕作もされていなかった。ヘロドトスは、マケドニアにはライオンや野牛がたくさんいたと言っている[186]が、〔ライオンや野牛は〕人の住まない広大な森林にだけ棲息できる動物である。これらの地方はギリシアの両端であった」。

老若男女の身分を問わず、アエミリウス・パウルスによって売られたエピルスのすべての住民は、わずか一五万人にすぎなかった[187]。しかも、エピルスはヨークシャーの二倍の面積があったであろう[188]。

(訳注42) この注(188)はK版ではなくなり、代わりに本文に次の一パラグラフが加えられた。「ユスティヌス[189]の言うところによると、マケドニアのフィリッポスがギリシア同盟の長と宣言されたとき、彼は同意を拒否したラケダイモン人を除き、全国家からなる会議を招集した。そして彼は、同盟全体の兵力は、合算して、二〇万の歩兵、一万五〇〇〇の騎兵になることを知った、という。これは武器を取れる全市民と理解されねばならない。というのは、ギリシア共和国は傭兵をまったく維持しておらず、また市民全体とは区別される民兵をもたなかったから、その他の計算手段がありえたとは考えられないからである。こういった軍隊がギリシアによって、戦場に投じられたとか、戦場で維持できたということは、歴史にまったく反する。したがって、このような想定によれば、われわれは次のように推論できよう。老若男女を問わず、すべての自由なギリシア人は七六万であった。奴隷は、ほとんど結婚したり家庭をもったりしなかった、上述のようなアテナイの奴隷数から推測すれば、成年男子市民の二倍、すなわち四三万人であった。だから、古代ギリシアの全住民は、ラコニアを除いて、ほぼ一二九万人であった。これはあまり〔O版から「あまり」は削除〕大きすぎる数でもなく、またギリシアと大差のない面積で人口密度がほどほどの国である、スコットランドにおいて現在見出しうる人口を越えるものでもない」。

それでは、ローマとイタリアの人口数を考察し、古代の著作家の分散した章句から、われわれが入手できるすべての光明を集めることとしよう。全体として、われわれはこの主題について何らかの確たる意見をもつことはきわめて困難であり、したがって、現代の著者たちによってあれほど主張されている、あの誇張さ

(185)〔『歴史』〕第四巻第三節。

(186)〔『歴史』〕第七巻第一二六節。

(187) ティトゥス・リウィウス〔『ローマ建国史』〕第四五巻第三四章。

(188) 最近のあるフランスの著作家〔マブリ〕は、彼の『ギリシア人についての諸考察』〔一七四九〕において、マケドニアのフィリッポスは、ギリシア人の総指揮官と宣言されたのであるが、彼が企てたペルシア遠征で、二三万のギリシア兵からなる軍勢の支援をえたであろう、と言っている。この数は全都市のすべての自由市民を含むものである、と私は思う。しかし、この集計が基礎にしている典拠を、私は忘れてしまったか、それとも読み落としたと思う。また、この著作家は、他の点では非常に独創的であるけれども、まったく一文も引用せずに、非常に該博な学殖を繰り広げるという悪癖に陥っている。しかし、この計算が古代からの優れた典拠によって正当化されうると想定すれば、われわれは次のような計算ができるであろう。ギリシアの自由人は、老若男女すべて合わせて、九二万人であった。奴隷は、ほとんど結婚しなかった、あるいは家庭をもたなかったという、上述のようなアテナイの奴隷の人数から割り出せば、成年男子市民の二倍、すなわち四六万人であった。だから、古代ギリシアの全住民は、ほぼ一三八万人であった。これは、あまり大きすぎる数でもなく、またギリシアとほぼ同面積で、きわめて偏らずに人が住んでいる国であるスコットランドで、現在見られる人口をさほど越えるものでもない。(訳注42)

(189) 第九巻第五章〔参照はマルクス・ユニアヌス・ユスティヌス（三世紀？）のトログス・ポンペイウスの『フィリッポス史』*Historiae Philippicae* のラテン語での彼の摘要。Miller, p. 436 note より〕。

れた計算を支持する理由がないことを見出すであろう。

ハリカルナッソスのディオニュシオスの言うところでは、[190]ローマの古代の城壁は、アテナイのものとほぼ同じ大きさであったが、しかしその郊外がきわめて遠くまで広がっており、どこで市街地が終わり、どこで田舎が始まるのか、分かりにくかった。この同じ著述家やユウェナリス、[191]および他の古代の文筆家たちからすれば、[192]ローマのあるところでは、住宅が高層建築であって、いくつもの家族が順次各階に住んでいたようである。[193]しかし、こうした家族は比較的貧しい市民だけであり、しかも二、三の通りにのみ住んだようである。小プリニウスの自分自身の家についての説明や、[194]またバルトリの古代建築物の設計から判断すれば、上流社会の人びとは非常に広壮な邸宅を持ち、その建築物は現代の中国人の住宅に似ていて、個々の建物が離れて建てられ、一階以上のものはなかった。もしわれわれが、これにローマの貴族が広大な柱廊式玄関（porticoes）や、それどころか町の中の森さえ非常に好んだ、[195]ということをつけ加えるならば、ウォッシウスが大プリニウスの有名な章句から引き出している途方もない結論は認められないにせよ、[196]彼が自己流にそれを

(190)〔『ローマ史』〕第四巻〔第一三節〕。

(191)〔『ローマ史』〕第一〇巻〔第三二節〕。

(192)『風刺詩』第三篇一、二六九、二七〇。

(193)ストラボンの〔『地理書』〕第五巻によれば、皇帝アウグストゥスは住宅を七〇フィート以上の高さに建てるのを禁止した。他の箇所——第一六巻——で、彼はローマの住宅を著しく高層だと述べている。これと同じ目的で、ウィトルウィウス、〔『建築について』〕第二巻第八章も参照のこと。ソフィストのアリステイデスが、彼の弁論『ローマ攻撃演説』において述べているところによると、ローマは都市の上に都市が重なって造られており、ローマの都市を一枚ずつ剥がして広げるとすれば、それはイタリアの全土

を覆うことになるだろう、と言う。著作家がこのような途方もない弁論に耽り、またこれほど誇大な表現法に熱中している場合、彼の言うことをどこまで割り引かねばならないか、われわれには分からない。しかし、次の推論は自然であると思われる。すなわち、もしローマがディオニュシオスの言っているような分散した仕方で建てられ、田舎にそれほどまで広がっていたとすれば、住宅があれほど高く造られている街筋はほとんどなかったにちがいない。人がそのような不便な方法で建築するのは、ただ土地が不足しているからにすぎない。

(194)〔『博物誌』〕第二巻、書簡第一六、第五巻、書簡第六。なるほど、ここでプリニウスは田舎の住宅を記述している。しかし、それは壮大で便利のよい建物について古代人がもっていた理想であったから、権勢家が都市で同様なものを建てようとしたのは確かであろう。セネカは、金持ちで肉欲に耽る人びとについて、〈まるでそれらは郊外の家のようであった〉と言っている。——書簡、第一一四。ウァレリウス・マクシムスは、第四巻第四章で、キンキナトゥスの四エーカーの畑について語り、〈キンキナトゥスの農場すべてを含むほどの広い土地に家を建てることで、今では人びとは自分が立派に生活していると考えている〉〔ロウブ版の英訳に拠る〕と述べている。同じ目的のために、〔大プリニウス〔『博物誌』〕の〕第三六巻第一五章、および第一八巻第二章をも参照のこと〔中野貞雄他訳『プリニウスの博物誌』、雄山閣、一九八六年、第一八巻第二章「ローマにおける最初の冠」には「その時代〔ロムルスの時代〕にはローマの人民にとっては一人二ユゲラで十分であった。それ以上は誰にも割り当てなかった。ついにこの頃までネロ帝の奴隷であった連中の誰が、それくらいの広さの装飾庭園で満足したであろうか。彼らはそれよりも大きな養魚池をもちたがる。そして誰かがもっと広い面積を占める台所をもとうと主張しなかったらありがたく思わなければならない」とある〕。

(195) ウィトルウィウス〔『建築について』〕第五巻第一一章。タキトゥス『年代記』第一一巻第三章。スエトニウス『アウグストゥス伝』第七二章、その他。

(196)「(ローマの)城壁は、ウェスパシアヌスの軍司令官や監察官たちが廻りをはかったところでは、建国暦八二八〔八二六〕年において、一万三二〇〇パッスス〔一三マイルと二〇〇ヤード、約二一〇キロメートル〕に及んだ。そして、それは内部に七つの丘を含み、一四の区に分かれ、ローマの中心点の数は二六五。またその広さはといえば、辻に建てられた里程標をもとにして各々の門——現在三七の門があるが、そのうち一二の門について一度だけ計算し、他方、昔の門で使用されずに廃棄されている七つの門を除くようにすると——までの距離を直線距離に直すと三万七七五パッスス〔ロウブ版の訳者によると二〇七六五パッスス、すなわち二〇マイルと七六五ヤード、三〇キロメートル余り〕になる。しかし、近衛隊舎を入れた家並の端まで、上記の里程標からすべての町々の並びを通じて測ると、六〇マイル余りになる。それに家々の広壮さや立派さを考えに入れるならば、ローマの広大さのほども分かるというものであり、世界中のどの都会でもその大きさにおいてローマに匹敵するものはありえないことが分かるであろう」。プリニウス〔『博物誌』〕第三巻第五章〔六六—六七節〕。〔ヒュームはロウブ版が採用した写本と異なる写本をテクストにした版を参照している〕。

プリニウスの最良の写本はすべてこの章句を、ここに引用されたように読んでおり、ローマの城壁の周囲は一三マイルであると確定している。問題は、プリニウスが三万七七五パッススという場合、それは何を意味しているのか、またその数字はどのようにして得られたのか？　である。わたしの考え方はこうである。ローマは周囲一三マイルの半円形の地域であった。広場、したがってあの里程標は、われわれの知る通り、ティベル河の岸辺に、それも円の中心の近く、もしくは半円形の直径上に位置していた。ローマに入るには三七の門があったけれども、そのうち一二の門からしか里程標に通じる直線街路は走っていなかった。プリニウスは、したがって、ローマの周囲の大きさを測ったが、それだけではローマの広さについて正しい考えを得られないことを知って、さらに次のような方法を使ったのである。すなわち、彼は里程標から一二の門に通じるすべての街路を一直線上に集めて置いてみて、それぞれの門を一度だけ数えるようにして、その線上をわれわれが歩くものと仮定している。この場合には、直線全体の長さが三万七七五パッススになる、と彼は言う。あるいは、言い換えると、それぞれの街路、すなわち半円形の半径が平均二マイル半であり、したがって、分散している郊外のほかに、ローマの縦の全長が五マイル、横幅がほぼその半分である、と言っているのである。

アルドゥアン教父〔ジャン・アルドゥアン（一六四六―一七二九年）は一六八五年にプリニウスの『博物誌』の版を出版したが、それは一七二三年に再刊され、その後注釈つきで再刊された。Miller, p. 439 note〕は、三万七七五パッスス〔という数字〕を創り出すために、ローマのいくつかの街路を一直線に集めておくという点で、私と同じように、この章句を理解している。しかし、その場合、彼は、街路は里程標からあらゆる門に通じており、したがって、どの街路も長さ八〇〇パッススを越えなかったと想定している。しかし、（一）半径が八〇〇パッススしかない半円形の周囲の長さが、プリニウスによって計算されたような、ローマの周囲の長さである一三マイルになることはありえないであろう。半径が二マイル半なら、この周囲の長さにごく近いものになる。（二）半円の周囲上にあるすべての門から、街路がその中心へと通じるように建設された都市を想定することには、不合理がある。このような街路は、それらが〔中心へ〕接近するにつれて邪魔し合うにちがいない。（三）このことは、古代ローマの規模をあまりにも小さいものにしてしまい、ブリストルやロッテルダム以下の規模の都市にさえしてしまうものである。

ウォッシウスがその『諸考察』で、プリニウスのこの一節に与えている意味は、反対の極論で、ひどい間違いを犯している。まったく権威のない一写本は、ローマの城壁の周囲を一三マイルではなく、三〇マイルとしている。しかも、ウォッシウスは、これをその周囲の曲線部分だけと解釈している。というのは、ティベル河が直径を形成していたから、この側面には城壁は建設されていなかった、と彼は想定しているからである。しかし、（一）この読み方はほとんど全部の写本に反すると認められる。（二）簡潔に書く文筆家のプリニウスが、なぜローマの城壁の周囲の長さを二つの連続した文書で繰り返し述べねばならないのか？　（三）なぜそのようにはっきりと分かるほど言い方を変えて、城壁の長さを繰り返し述べているのか？　（四）里程標にまったく依存しない直線が測定されたのだとしたら、プリニウスが里程標という言葉に二度言及しているのは、どういう意味か？　（五）アウレリウスの城壁は、周囲がより広大なものに造られ、ティベル河北岸の建造物と郊外とをすべて包括していた、とウォピスクスによって述べられているが、しかしその周囲は五〇マイルにすぎなかった。ところが、これでさえ、批評家たちは原典の何か読み取っていることは、おそらく許しうるであろう。（賛成しなければならない理由はないけれども。）アウグストゥスの時代に国家の配給によって穀物を受け取った市民の数は二〇万人[197]であった。これは非常に確かな算定の基礎と見なされるであろう。しかし、それには疑問と不確実のなかへわれわれを投げ戻すような事情が伴っている。

比較的貧しい市民だけがこの配給を受けたのだろうか？　それが企てられたのは、確かに主として比較的貧しい人びとのためであった。しかし、キケロの一節[198]から分かるが、富んだ市民もまた自らの割り当てを受け取っており、配給を希望することは、非難を招くとは考えられなかったようである。

その穀物はいったい誰に与えられたのだろうか、戸主だけにか、それとも成年男女および子供のすべてにか？　毎月の配給量は一人当たり五〈モディウス〉（約六分の五ブッシェル）であった[199]。これは一家族としては少なすぎ、一個人には多すぎる分量であった。したがって、ある非常に正確な古事学者[200]は、それはあらゆる成年男子に与えられたと推定しているが、しかし、彼はこの問題が不確定であることを認めている。

配給申請者がローマ市の境界内に住んでいるかどうか、厳密に調査されたであろうか、それとも、申請者の誤りか、それとも変造ではないかと疑っている。なぜなら、現在残っていてアウレリウスの城壁と同じものであると想定される城壁は、一二マイルを越えないからである。ローマがアウグストゥスからアウレリウスの時代までに縮小したというのは、ありえないことである。ローマは引き続き同じ帝国の首都に留まったのであり、マクシムスとバルビヌスが死んだときの騒動を除けば、その長い期間にローマに影響を与えるような内乱は皆無であった。カラカラ帝はローマを拡大した、とアウレリウス・ウィクトルによって言われている。（六）古代の建造物で、ローマのこのような大きさを示すものは、まったく残っていない。この反論に対するウォッシウスの答えは不合理なものに思われる。その建物の残骸は六〇ないし七〇フィートの地下に沈下しているであろう、と彼は言う。スパルティアヌス（「セウェルス伝」において）によると、ラウィカナ街道にある五マイル石はローマ市外にあったと思われる。（七）オリュンピオドロスとプブリウス・ウィクトルとは、ローマの戸数を四万から五万のあいだとしている。（八）リプシウス〔おそらく『ローマの規模を論じる四書』、Lipsius, *De Magnitudine Romana Libri quatuor*——Miller, p. 441 note〕と同様に、この批評家によって引き出された結論、すなわちローマは一四〇〇万の住民がいたが、これに対して、彼の計算によると、フランス王国の全人口は五〇〇万にすぎないという、結論の法外さ自体が、結論は必然的だとしても、その結論の基礎となっている根拠を崩すものである。

われわれがプリニウスのこの章句に対して以上に与えた解釈に対する唯一の反論は、次の点、すなわち、プリニウスはローマの三七の門に言及した後、古い七つの門を計算から除外する理由だけを示して、他の一八の門——これらの門から出ている街路は、私見では、広場まで達せず途中で切れていたと思われる——については、何も述べていないという点にあると考えられる。しかし、プリニウスは、こうした街路の配置状態を完全に知っていたローマ人に向けて書いているのであるから、すべての人に熟知されている事情は、自明として前提していたとしても、何ら不思議ではない。おそらくまた、これらの門の多くは、ティベル河の波止場に通じていたであろう。

(197)「アンキュラ記念碑」より〔ヒュームが参照しているのは皇帝アウグストゥスによる事業の説明であって、それはローマの皇帝霊廟の銅版と、帝国中のアウグストゥスの寺院の壁に刻まれていた。そのなかで最もよく保存されていたものがアンキュラ記念碑である。Miller, p. 441 note〕。

(198)『トゥスクルム談義』第三巻第四八章。

(199)サルスティウス『歴史』断片、第三巻中のリキウス。

(200)ニコラウス・ホルテンシウス『ローマ糧穀誌』。

(201)人民の仕事を過度に妨げることがないようにと、アウ

は月ごとの配給に姿を現わせば、それで十分だったのであろうか？　この後のほうが、より蓋然性が高いと思われる。(201)

不正な申請者はいなかったであろうか？　カエサルは、正当な資格を持たないで市内に潜入していた一七万人を一挙に〔名簿から〕削除したと言われている。しかし、彼が弊害をすっかり取り除いたということは、ほとんどありえない。(202)

しかし、最後に、われわれは市民に対する奴隷の比率をどのように査定せねばならないであろうか？　これは最も重要な問題であり、また最も不確かな問題でもある。アテナイをしてローマを測る尺度とできるかどうかは、きわめて疑わしい。おそらくアテナイ人はより多くの奴隷をもっていたが、それは彼らが手工業に奴隷を使用したからであって、ローマのような首都は手工業にとってさほど適切ではないと思われる。他方、ローマ人の奢侈と富の優越を考えれば、ローマ人のほうがおそらくより多くの奴隷をもっていたであろう。

ローマでは正確な死亡統計表が保存されていたが、古代の著作家は、スエトニウスを例外として、誰も埋葬数をわれわれに提供してくれていない。スエトニウスは、一季節のうちにリビティナ寺院に運ばれた数が三万人であった、と述べている。(203)しかし、これは疫病の流行期間だったので、どんな推論にも確実な基礎を与えられるものではない。

あの公共的な配給の穀物（public corn）は、二〇万の市民に配給されただけであるけれども、イタリアの農業全体に相当大きな影響を与えた。(204)これはあの国の住民数についての近代のいくつかの誇張と相容れない事実である。

古代ローマの規模に関して、私が見出しうる最良の推測の根拠は次のものである。すなわち、ヘロディアヌス(205)によって、アンティオキアとアレクサンドリアはローマにほとんど劣らなかった、と述べられていることである。シケリアのディオドロス(206)によれば、城門から城門に達するアレクサンドリアの一本の直線道路は五マイルあったと思われる。そしてアレクサンドリアは横よりも縦のほうがはるかに長かったから、ほぼパリくらいの規模の都市であったように思われる(207)。だから、ローマはほぼロンドンくらいの規模であっただろう。

グストゥスは穀物の配給を年三回だけにすることを命じた。しかし、人民は月々の配給のほうが便利であることを知って(彼らの家計をより定常的に保持しておけるようにだと、私は思う)月々の配給の復活を要望した――スエトニウス『アウグストゥス伝』第四〇章。もし、人民のうちにかなり遠くから穀物を受け取りに来るものがいなかったとすれば、アウグストゥスの配慮は余計に思われる。

(202) スエトニウス『ユリウス・カエサル伝』第四一章。

(203) 『ネロ伝』〔第三九節〕。

(204) スエトニウス『アウグストゥス伝』、第四二章。

(205) 〔『ローマ帝国史』〕第四巻第五章。

(206) 〔『歴史図書館』〕第一七巻〔第五二節〕。

(207) クィントゥス・クルティウスの言うには、アレクサンドリアの城壁は、アレクサンダーによって築かれた当時、長さ一〇マイルであった。第四巻第八章。シケリアのディオドロスと同じく、アレクサンドリアに旅行したことのあるストラボンの言うところでは、アレクサンドリアは縦四マイル足らず、横がたいていのところで約一マイルであった。〔『地理書』〕第一七巻。プリニウスの言うところでは、アレクサンドリアはマケドニアのキャソック〔司祭の法衣〕に似た形をしており、四隅が出っ張っていた。〔『博物誌』〕第五巻第一〇章。アレクサンドリアのこの大きさ

シケリアのディオドロスの時代[208]には、アレクサンドリアに、女子供を含むと私は考えるが、三〇万人の自由民（free people）がいた[209]。しかし、奴隷の数はどうであったか？　もし奴隷の数を自由な住民（free inhabitants）と同数であると決める正当な根拠があれば、それは前述の計算を有利にするであろう。

ヘロディアヌスには、ちょっと驚かされる一節がある。彼は皇帝の宮殿が市の残りすべての部分と同じ大きさであったと確信をもって明快に述べている[210]。これは、ネロの黄金宮であったが、それは、実際にスエトニウス[211]やプリニウスによって途方もなく巨大なものとして述べられている[212]。しかし、どんな想像力によって

は、中規模と思われるが、にもかかわらず、シケリアのディオドロスは、アレクサンダーによって造られたその周囲の長さについて（『アンミアヌス・マルケリヌス』第二二巻第一六章から分かるように、アレクサンドリアはこれ以上に大きくなることはけっしてなかった）、〈それはとてつもなく大きかった〉、*μεγέθει διαφέροντα* と言っている。前掲。アレクサンドリアが世界中の都市を凌ぐ大きさである（というのは、彼はローマを例外と考えていないからである）理由として彼が挙げているのは、そこには三〇万人の自由な住民がいたということである。彼はまた、歴代の王の収入、すなわち六〇〇〇タラントをも、〔市の規模を示すという〕同じ目的のもう一つの事情として挙げている。しかし、これは貨幣価値の相違を考慮に入れてもなお、われわれの眼にはさほど大きな金額には思われない。ストラボンがアレクサンドリアの近辺の国について述べていることは、そこにかなりの数の住民がいた *οἰκούμενα καλῶς* ことを意味しているだけである。グレイヴセンドからウィンザーに及ぶまでのテムズ河の岸辺全体が一つの都市であると主張したとしても、それはあまり大きな誇張にならないのではなかろうか？　この部分は、マレオティス湖の岸や、カノプスにいたる運河の堤防についてストラボンが述べているよりも、さらに大きくもある。サルディニア王はピードモントに一つの町しかもっていない、というのはピードモント全体が一つの町であるから、という巷の

話がイタリアにある。アグリッパはヨセフスの『ユダヤ戦争』、第二巻第一六章において、聴衆にアレクサンドリアのとんでもない大きさ――彼はこれを誇大に言おうと努めている――を理解させるために、アレクサンドリア市はその輪郭だけがアレクサンダーによって決められた、と述べている。これは、アレクサンドリアの住民の大半がその都市に居住し、その近隣地方は、あらゆる大都市について予想できるように、非常によく耕作され、また住民もかなりいたということの、明白な証拠である。

(208)〔『歴史文庫』〕第一七巻第五二節。

(209) 彼は自由人 *ἐλεύθεροι* と言っており、自由市民 *πολῖται* とは言っていないのであって、この後の表現は、市民だけ、しかも成年男子だけをさすと考えられていたにちがいない。

(210)〔『ローマ帝国史』〕第四巻第一章、「全市」*Πάσῃ πόλεως*. ポリティアーノは、これを〈大邸宅とその他の都〉と訳している。

(211) 彼の言うところでは、〔『ネロ伝』第三〇章において〕黄金宮の柱廊 **portico** あるいはそれの囲む中庭 **piazza** は長さ三〇〇〇フィートであった。〈柱廊の長さが三〇〇〇もある広大さ〉*tanta laxitas ut poriticus triplices milliarias haberet.* この三〇〇〇を彼が三マイルの意味に使っているはずはない。なぜなら、パラテン丘からエスクイリエ丘にわたるこの王宮の広さの全体は、それほど大きくはなかったからである。同じように、ウォピスクスが『アウレリアヌス伝』でサルストゥスの庭園にある柱廊に言及し、それを〈一〇〇〇の柱廊〉*porticus milliarensis* と呼んでいるが、これも一〇〇〇フィートの長さの柱廊と解されなければならない。同様に、ホラティウスも

〈昔はどんな広壮な私人の柱廊も
涼しい北の蔭を求めて
建てられることはなかった〉

と記している。〔『談論』〕第二巻、詩、第一五。同じく、第一巻、風刺詩、第八篇においては、

〈前面は一〇〇〇フィート、
奥行きは三〇〇フィートの広さを
この標石は示していた〉

とある。

(212) プリニウス、〔『博物誌』〕第三六巻第一五章。〈皇帝たちの邸宅、つまりガイウスとネロの邸宅により、ローマ全

も、それがロンドンのような都市に匹敵するとは、われわれに考えさせることはできない。

この歴史家がネロの絢爛豪華な暮らしを述べているのであり、だからこのような表現を用いたのだとすれば、それはあまり重要でなかったであろう。なぜなら、こうした修辞的な誇張は、最も清楚で正確な文筆家においてさえ、その文体に忍びがちなものだからである。しかし、それは、ヘロディアヌスによって、ゲタとカラカラとの紛争を述べた際に、ついでに言及されているにすぎないのである。

この同じ歴史家[213]によると、当時は未耕作でまったく使用されていない土地が多くあったようである。だから、彼は、ペルティナックスが、イタリアかその他のところで、そのような土地を獲得し、税金を少しも支払わずに、それを好きなように耕作することを誰にでも許したことを、大いに称賛しているのである。〈未耕作でしかもまったく使用されていない土地！〉 このようなことは、私の知る限り、おそらくハンガリーのいくつかの辺鄙な地方を別にすれば、キリスト教世界のどこでも聞いたことがない。だからこれは、非常に強調されている例の古代人口の非常な稠密という考えと、大変辻褄が合いにくいことは確かである。

ウォピスクス[214]から分かることであるが、エトルリアにさえ肥沃な未耕地が多くあり、それを皇帝アウレリウスは、ローマ人にワインを無償配給するために葡萄園に変えようと企てたのである。ところが、これはその首都およびその近郊の領土全部の人口をなおいっそう減少させるのにまったく適切な手段なのであった。

ポリュビオス[215]が、ギリシアと同様、トスカーナやロンバルディアでも豚の大群に出くわすことについて、また当時行なわれていた豚の飼い方について、述べているところに注目することは、場違いではないであろう。彼の言うところでは、「イタリア全土に豚の大群がおり、とくに昔は、エトルリアやアルプス以南のガリアのいたるところにいた。そして群はしばしば一〇〇〇頭、あるいはそれ以上の豚からなっている。こうした群れの一つが餌を食べているうちに他の群れと出くわすと、入り混じってしまう。そうすると、豚飼いは別々の離れた場所に行って自分の角笛を吹く以外に、豚を分離する方法がない。豚はその合図に慣れているから、たちまち自分の飼い主の角笛の〔音の〕ほうへそれぞれ走っていくのである。ところが、ギリシアでは、豚の群れがたまたま森の中で混じりあうと、最大の群れを持っているものが、ずる賢くこの機に乗じて、全部の豚を連れ去ってしまう。また豚泥棒がいて、餌を求めて飼い主から遠く離れてしまった迷い豚をすぐに盗んでしまうのが慣わしである。」

この記述からわれわれはギリシアと同様にイタリアの北部が、当時は現在よりも、はるかに人口が少なく、耕作状態が悪かったと推論できないであろうか？　囲い込みが非常になされ、農業が非常に改善され、農地がよく区分けされ、葡萄と穀物が一緒に取り混ぜてよく植えられているこのような地域で、こうした非常に大きな豚の群れがどうして飼えるのであろうか？　ポリュビオスの記述は、ヨーロッパの田舎の管理（management）よりも、むしろわが国のアメリカ植民地で見かけられるあの経済運営（oeconomy）を思わせ

体が二重に取り巻かれているのをわれわれは見た〉。

(213)〔『ローマ帝国史』〕第二巻第一五章。

(214)『アウレリアヌス伝』第四八章。

(215) 第一二巻第二章〔『歴史』、ロウブ版で第一二巻第四章第五節。ヒュームは正確な引用ではなく自由に敷衍している〕。

る、と私は認めざるをえない。

われわれはアリストテレス[216]の『倫理学』のなかで、私にはどう考えても説明がつかないように思われ、またわれわれのこの推論にあまりにも有利なように証明しているために、実際には何も証明していない、と思われるような考察に出くわす。この哲学者は、友情を論じて、この関係はあまり少数の人びとに限定されるべきではなく、またさほど多数の人びとに広げられるべきでもないと述べ、自分の見解を次のような議論によって例証している。彼の言うところでは、「都市は、一〇人というような少数の住民の場合にも、また一〇万人というような多数の住民がいる場合にも、存続できない。それと同様に、友人の数にも中庸が必要であり、いずれかの極端に走れば、友情の本質が壊されてしまう。」何ということか！　一都市が一〇万の住民も容れられないとは！　アリストテレスはこれくらいの人口をもつ都市を見たことも聞いたこともなかったのであろうか？　これは不可解である、と私は認めざるをえない。

プリニウス[217]の述べるところによると、東洋におけるギリシア帝国の首都セレウキアには、六〇万の人びとがいると報じられた。カルタゴには七〇万人の人口があった、とストラボン[218]によって言われている。北京の住民数ははるかに多数というわけではない。ロンドン、パリ、およびコンスタンティノープルは、これとほぼ同数の人口だと計算することができよう。少なくとも、後の二都市はこの数を越えていない。ローマ、アレクサンドリア、アンティオキアに関しては、すでに述べた。過去と現代の経験から、どのような都市もこの大きさをはるかに越えることはできないという、物事の本性における〔「事物の本性における」はK版から削除〕一種の不可能性が存在している、とわれわれは推測してよいであろう。都市の大きさ（grandeur）が商業に基礎を置くのであれ帝国に基礎を置くのであれ、都市のそれ以上の増進（progress）を妨げる、打ち勝ちがたい障害があるように思われる。巨大な君主国の首都は、法外な奢侈、不規則な出費、怠惰、依存心、および地位や優越についての間違った考えを導入することによって、商業に適さない。広範な商業は、すべての労働と財貨の価格を高めることによって自らを抑制する。巨大な宮廷に、有り余るほどになった財産を所有する数多の貴族たちの注意が引きつけられているとき、中流のジェントリたちは、地方の町に留まり、そこで適度の所得を基礎に頭角を現わすことができる。また国家の領土が途方もないほど大きくなるとすれば、辺鄙な属領には必ず多くの中心的都市が興隆し、少数の廷臣を除いて、その地方のすべての住民は教育、幸運、娯楽を求めてここに寄り集まるものである。[219] ロンドンは、広範な商業と中規模の帝国（middling empire）とを結合することによって、おそらくいかなる都市も越えられないほどの規模に到達してしまったのであろう。

　中心をドーヴァかカレーにとって、半径二〇〇マイルの円を描いてみよ。そうすれば、ロンドン、パリ、ネーデルラント、連合七州、およびフランスとイングランドの最もよく耕作された州〔Q版から、地域〕の一

(216)　第九巻第一〇章。彼の表現は、ἄνθρωπος であり、πολίτης ではない。すなわち住民であって、市民ではない。

(217)　〔『博物誌』〕第六巻第二八章。

(218)　〔『地理書』〕第一七巻〔第八三三節〕。

(219)　アレクサンドリア、アンティオキア、カルタゴ、エフェソス、リヨンなどが、ローマ帝国におけるその例であった。さらにはフランスでは、ボルドー、トゥルーズ、ディジョン、ランヌ、ルーアン、エークスなどがその例である。ブリテンの領土ではダブリン、エディンバラ、ヨーク。

部がその円のなかに入ってしまう。この円と同面積で、ほぼ同数の巨大で人口の稠密な諸都市を含み、またこれほどの富と住民を蓄えた場所は、古代には見つけることはできない、と安んじて断言してよいであろうと私は思う。両時代にあって、最高の技術、知識、礼儀（civility）、および最良の治安をもった諸国家を秤にかけることは、最も正しい比較方法であると思われる。

イタリアは現在では古代より暖かいというのは、デュ・ボス師[220]が述べるところである。彼の言うところでは、「ローマの年代記では、建都紀元第四八〇年の冬が非常に厳しく、そのために樹木が枯れてしまった。ティベル河はローマで凍結し、地面は四〇日間雪で覆われた。ユウェナリスは[221]、迷信深い婦人のことを記述する際に、沐浴をするために、ティベル河の氷を砕くところを、次のように描いている。

冬、氷を砕いて流れに入り、
早朝しばしばティベル河で、彼女は沐浴する。

彼はこの河の凍結をありふれたこととして述べている。ホラティウスの多くの章句は、雪と氷で覆われたローマの街路を前提にしている。古代人が寒暖計の使用を知っていたとすれば、われわれはこの点についてもっと確かなことを当然把握したであろう。しかし、冬のローマは昔よりも現在のほうがはるかに温暖だということを、われわれに確信させるに十分な情報を、古代の文筆家たちは、そうする意図はなしに、われわれに提供している。現在では、カイロでナイル河が凍結しないのと同様、ローマでティベル河が凍結することはない。もし雪が二日間も解けずにあり、また北側が風雪に晒されている噴水から、二、三本のツララが四八時間も下がっているのが見られるなら、ローマ人はその冬を非常に厳しいと見なすのである。」

この独創的な批評家の考察は、ヨーロッパの他の風土にも拡大適用できるであろう。ガリアの気候についてのシケリアのディオドロス(222)のあの記述のうちに、誰がフランスのあの温和な気候を見出せるだろうか？彼は言う、「ガリアは北国の気候であるから、極度の寒さがしみわたる。曇天のときには、雨ではなく大雪となる。晴天であれば、きわめて堅く凍てつき、そのために河川は自然に橋を架けられたようになって、その上を旅人が一人ずつ通ることができるだけではなく、また大軍が行李や荷物を積んだ馬車と一緒に渡ることができる。そしてガリアにはローヌ河、ライン河など、多くの河があるが、そのほとんどすべてはすっかり凍結してしまう。だから、転ばないように、通路となっている場所に、籾殻や麦わらを敷いて、氷を覆うのが普通である(223)」。

ストラボン(224)は、ケヴェンネス山脈以北のガリアには、イチジクもオリーヴも産しない、また植えられた葡

---

(220) 第二巻第一六節〔『詩と絵画の批判的考察』一七四八年。ヒュームはフランス語の原著から翻訳している。**Miller, p. 448 note**〕。

(221) 『風刺詩』第六篇〔五二二〕。

(222) 〔『歴史文庫』〕第四巻〔第二五節〕。

(223) M版では以下が追加。「ガリアの冬より厳しいという言葉が、ペトロニウスによって、格言的な表現として用いられている」。さらにR版で、その次に「アリストテレスは、ガリアは非常に寒い気候で、ロバさえ住むことができないほどであると述べている*」と加筆。

* 『動物発生学』*De generat. anim.* 第二巻第八節、第一四節。

(224) 〔『地理書』〕第四巻〔第一七八節〕。

萄の木には、実がなっても熟さない、と述べている。

オウィディウスは、非常にまじめな散文体の断言的な調子で、彼の時代には黒海が毎冬すっかり凍りついたと、はっきり主張している。そして彼は、彼の名宛人であるローマの執政官たちに、その主張が真実であることを訴えている。[225]オウィディウスが追放された〔土地である〕トミの緯度においては、現在こうしたことは〔ほとんどか――K版からの加筆〕、まったく起こらない。この詩人のすべての苦情は、現在ではペテルスブルク、あるいはストックフォルムでも、めったに経験されない気候の厳しさを示しているように思われる。

これらの地方に旅行したことのある、プロヴァンス人のトゥルヌフォール（Tournefort）は、世界中でこれ以上に素晴らしい気候はないと述べている〔『レヴァント航海記』〕。そして彼は、この気候をあのように陰惨に考えることができたのは、オウィディウスの憂鬱な気分（melancholy）を措いてはないと主張している。しかし、この詩人によって述べられた事実はあまりに詳細に渡っているから、そのようなどんな解釈にもたえられない。

ポリュビオス[226]が言うには、アルカディアの気候は非常に寒く、また大気はじめじめしていた。

ウァッロ[227]の言うところでは、「イタリアはヨーロッパで最も温和な気候である。内陸諸地方（ガリア、ゲルマニア、それに疑いもなくパンノニア）は、ほとんどいつも冬である。」

ストラボン[228]によれば、スペインの北部地方は、非常に寒いために、ごくわずかの人しか住んでいない。

したがって、ヨーロッパが以前よりも暖かくなっているというこの意見が、もし正しいと認められるなら、それをどのように説明しうるだろうか？　明らかに、現在、土地がはるかによく耕されており、また以前大地に影を落とし、土地に日光が届くのを邪魔していた森林が切り開かれていることを考えてみるより、他に説明の方法がない。わが国のアメリカ北部の植民地は、森林が伐採されるに比例して気候がいっそう温和になっている(229)、しかし、一般的に言えば、北アメリカでも南アメリカでも、ヨーロッパの同緯度にある場所よりも、寒さはなおはるかに厳しく感じられる、と誰もが言うであろう。

コルメッラ(230)によって引用されたサセルナは、彼の時代以前に天意が変わり、大気がずっと温和で温暖となった、と主張した。これから明らかなように、彼は気候が厳しいという理由で、昔は葡萄やオリーヴができなかった多くのところに、今では葡萄園やオリーヴ園がたくさん見られると述べている。このような変化

(225)『悲しみの歌』第三巻第九編〔*Tristia* ロウブ版では第三巻第一〇編〕。『黒海からの手紙』第四巻第七、第九、第一〇篇。

(226)〔ポリュビオス『歴史』〕第四巻第二一章。

(227)〔『農業論』〕、第一巻第二章。

(228)〔『地理書』〕第三巻〔第一三七節〕。

(229) 南部の温暖な植民地はまた、いっそう健康的になっている。そして注目すべきことに、これらの地方の最初の発見と征服に関するスペイン人による歴史においては、これらの地方は非常に健康に良かったようである。なぜなら、当時はかなりの人口があり、耕作もよく行なわれていたからである。コルテスやピサロの小さな軍隊が病気にかかったとか、衰弱したとかいう記述はない。

(230)〔『農業論』〕第一巻第一章〔サセルナには父、子があり、ラテン語で農業について書いており、コルメッラとウァッロによって頻繁に引用されている。**Miller, p. 451 note** より〕。

がもし真実であれば、それはサセルナの時代[231]以前に、諸地方の耕作が改善され、人口が増加した明白な証拠と見なされるであろう。また、もしその変化が現代まで継続しているのであれば、それは世界のこの地域のいたるところでこうした〔耕作の進展および人口増加という〕利益が継続的に増大してきているという、一証拠である。

さて古代史と近代史の舞台であった、すべての国々に眼を向けて、その過去と現在の状況を比較しよう。われわれは、世界の現在のほうが人口は少なく荒廃しているという苦言の根拠を、おそらく、見出すことはないであろう。エジプトに関する最良の説明を与えてくれるメレによれば、エジプトは非常に人口が多いと言われている。もっとも、彼はその住民の数が減少していると見なしてはいる。バーバリの沿岸地方と同様に、シリアと小アジアは古代の状態と比較して非常に人がいなくなっていることが、私には容易に認められる。ギリシアの人口減少もまたきわめて明らかである。しかし、現在ヨーロッパでトルコと呼ばれている地方に、一般的に言って、ギリシアの繁栄期以上の住民がいないかどうかには、少し疑問があるかもしれない。トラキア人は当時、現在のタタール人と同じく、牧畜と掠奪で生活していたように思われる[232]。ゲタ人はなおいっそう未開であった[233]。そしてイリュリア人も大差なかった[234]。これらがこの地方の一〇分の九を占めている。そしてトルコの統治が勤労と人口増加にとってさほど好都合でないにしても、少なくとも、それは住民のあいだの平和と秩序を保持しており、したがって古代に彼らが暮らしていた、あの野蛮で不安定な生活状態よりはましである。

ポーランドおよびヨーロッパに属する部分のモスクワ大公国〔ロシア〕の人口はさほど多くないが、古代のサルマティアやスキティアよりは確かにはるかに多い。というのは、サルマティアやスキティアでは農業や耕作（husbandry or agriculture）がまったく知られず、牧畜が国民の生活を維持した唯一の業（art）であったからである。類似の考察はデンマークとスウェーデンにも拡張しうるであろう。昔、ヨーロッパの北部から来て、全ヨーロッパを蹂躙したあの巨大な人間集団があったことが、こうした見解に対する障害になるとは、誰も考えてはならない。一国民全体、あるいはその半分であっても、その居住地を移動する場合には、いかに巨大な集団を形成するか、どのような命知らずの蛮勇で攻撃するか、また侵略を受けた諸国民の心に刻み込まれる恐怖が、これらの国民の想像力を刺激して、侵略者の勇気と人数をいかに誇張するかは、容易に想像しうる。スコットランドは面積も大きくなく人口も多くない。しかし、その住民の半分が新しい居住地を探し求めるとすれば、テュートン人とキンブリ人〔を合わせたの〕と同じほどの大きさの植民団を形成することになるだろうし、ヨーロッパの防衛事情が昔より少しも良くなっていないとすれば、彼らは全ヨーロッパを震えあがらせるであろう。

ドイツには、現在、確かに、古代の二〇倍の住民がいる。当時は、カエサル[235]や、タキトゥス[236]、ストラボン[237]

(231) 彼は小アフリカーヌスの時代の頃に生きていたと思われる。第一巻第一章〔参照はおそらくコルメッラ『農業論』第一巻第一章。Miller, p. 451 noteより〕。

(232) クセノフォン『アナバシス』第七巻。ポリュビオス〔『歴史』〕第四巻第四五章。

(233) オウィディウス作品の随所にある。ストラボン〔『地理書』〕第七巻。

(234) ポリュビオス〔『歴史』〕第二巻第一二章。

(235) 『ガリア戦記』、第六巻、〔第二三節〕。

(236) 『ゲルマニアの習俗について』。

から分かるように、彼らは土地を耕作せず、各部族がその周囲に及ぼした広大な荒廃を誇りにしていた。このことは小共和国に分かれているだけでは、平和と秩序と勤労の精神が伴わなければ、一国民の人口を増大させないという一証拠である。

昔のブリテンの野蛮な状態はよく知られており、またその住民が少なかったことは、住民の野蛮さからも、またヘロディアヌス(238)によって言及されているような状況、すなわち、ローマ人が完全に定着してから一世紀以上を経たセウェルスの時代においてさえ、ブリテン全体は沼地が多かった、という状況からも容易に推測できるであろう。

ガリア人が古代に、その北方の隣接民族よりも生活の業（arts of life）において、はるかに進歩していた、とは容易に考えられない。なぜなら、ガリア人はドゥルイド教団の宗教と哲学の秘儀を学ぶために、ブリテンに旅してきたからである(239)。したがって、当時ガリアに現在のフランスとほぼ同じくらい人口稠密だったとは、私には考えられない。

われわれがアッピアノスの証言とシケリアのディオドロスの証言とを実際に信じ、〔この二つを〕結びつけるならば、ガリアにおける信じがたいほどの人口稠密を認めなければならない。前者の歴史家〔アッピアノス(240)〕は、この国には四〇〇部族（nations）がいたと述べている。後者の歴史家〔シケリアのディオドロス(241)〕は、ガリアの諸部族のうち最大の部族は、女、子供のほかに二〇万の男子からなり、最小の部族には五万人の男子がいたと断定している。したがって、その中間をとって計算すれば、現在、二〇〇〇万足らずがいると考えられているけれども、人口が多いと見なされている一国に、二億人に近い人口がいたと認めなければならないことになる。[242] したがって、このような計算は、途方もないものであるため、まったく権威を失ってしまう。われわれは古代の人口稠密の原因とされているあの財産の平等がガリア人のあいだにはまったくなかった[243]と述べることができよう。ガリア人の反乱もまた、カエサルの時代以前にはほとんど止むことがなかった。[244] さらにストラボン[245]の述べるところによると、ガリアは全土にわたって耕作されていたけれども、しかし、それの耕作には、いかなる熟練あるいは注意も払われなかった。なぜなら、ローマへの彼らの隷従が彼ら自身のあいだに平和を生み出すまで、住民の才能は技術（arts）以上に軍事に向けられたからである。

カエサル[246]は、彼の征服に反攻するためにベルギウムで徴募された、大兵力を非常に詳細に計算し、その兵力を二〇万八〇〇〇に及ぶと踏んでいる。この兵力はベルギウムで武器を取りうる全人民ではなかった。というのは、この歴史家は、ベロヴァッキは、わずか六万を請合っただけだったが、一〇万の兵を戦場に送る

(237) 同〔『地理書』〕、第七巻。
(238) 〔『ローマ帝国史』〕第三巻第四七章。
(239) カエサル『ガリア戦記』第六巻〔第一三節〕。ストラボン〔『地理書』〕第七巻〔第二九〇節〕によれば、ガリア人はゲルマン人よりさほど進んでいなかった。
(240) 『ケルティカ』第一部〔第四巻第二節〕。
(241) 〔『歴史文庫』〕第五巻〔第二五節〕。
(242) 古代のガリアは近代のフランスよりも広かった。
(243) カエサル『ガリア戦記』第六巻〔第一三節〕。
(244) 前掲〔『歴史文庫』〕同巻〔第一五節〕。
(245) 〔『地理書』〕第四巻〔第一七八節〕。
(246) 『ガリア戦記』第二巻〔第四節〕。〔ミラーが注記しているように（Miller, p.454 note）、ロウブ版の『ガリア戦記』は三〇万六〇〇〇とする。実際の兵力と全兵力の比を約六対一〇、全兵力と総人口の比を約一対四で推計している〕。

ことができたであろう、と述べているからである。したがって、この六対一〇の比率で全体を計算すれば、ベルギウム[訳注43]のすべての国家の戦士の総計は五〇万以上で、全住民は二〇〇万であった[訳注44]。そして、ベルギウムはガリアのほぼ四分の一の広さであるから、ガリア地方には八〇〇万人いたかもしれないことになる。この数は現在の住民数の三分の一を越えることはほとんどない[247][訳注45]。

（訳注43） 以下の一文はK版からは次のようになっている。「ベルギウムのすべての国の戦士の総数は約三五万、したがって全住民は一五〇万だったことになる。ところで、ベルギウムはガリアの約四分の一の広さであるから、ガリア地方には六〇〇万の人口がいることになるが、これは現在の人口の三分の一近く〔近く **near** はR版で追加〕にもならない」。

（訳注44） ベルギーの兵力約三〇万×一〇分の六×四×四で得た数。

（訳注45） N版で、以下が追加された。「われわれはカエサルから教えられているのだが、ガリア人は定まった土地財産をまったく持たなかったのであって、族長は、たまたま家族のうちに死者が出ると、いくにんかの家族構成員のあいだに、すべての土地を新たに配分した。これはアイルランドにおいて非常に長く行なわれ、この国を貧窮と野蛮と荒廃の状態に留まらせた〈タニスト制〉*Tanistry* の習慣である」。

カエサル〔同じ著者―N版から〕[248]によれば、古代のヘルヴェティアは縦二五〇マイル、横一八〇マイルで、しかも三六万人の住民しかいなかった。現在ではベルン州だけで同数の人口をもっている。アッピアノスとシケリアのディオドロスの先のような計算があるものだから、近代のオランダ人が古代のバタヴィア人よりも多数である、とあえて言ってよいかどうか、私には分からない。

スペインは、三世紀前より衰退した。しかし、もし二〇〇〇年遡って、その住民のあの不安定で不穏な混乱状態を考えるならば、われわれはおそらくスペインの人口は現在のほうがはるかに多いと考えたくなるであろう。ローマ人に武器を奪われたとき、多くのスペイン人が自害した。(249) プルタルコス(250)によれば、強奪と掠奪とがスペイン人のあいだで名誉なことと考えられたように見える。ヒルティウス(251)は、同じ観点から、カエサルの時代のその国の状態を描いて、あらゆる人が身の安全のために城砦や城壁をめぐらした都市のなかで生活せざるをえなかった、と述べている。アウグストゥスの指揮による最終的征服までは、こうした騒乱は鎮圧されなかった。(252) ストラボン(253)とユスティヌス(254)のスペインに関する説明は、上述のところと正確に一致して

(247) カエサルの説明によれば、ガリア人は家内奴隷〔これは平民 the Plebes とは異なった階層をなしていた。—K版からの加筆〕をもたなかったように見える。ポーランドの人民が今日そうであるように、民衆の全体が貴族たちに対して実際に一種の奴隷であった。そしてガリアの一貴族はときとして、この種の従者を一万人も持っていることがあった。また、その軍隊が貴族とともに人民によっても構成されていたことを、われわれは疑うことができない。なぜなら、非常に小さい国が一〇万人の貴族からなる軍隊をもつとは、信じがたいからである。ヘルヴェティア人のうちの戦士は、全住民の四分の一であった。これは、軍務に服しうる年齢のすべての男子が武器を執ったという、明白な証拠である。カエサル『ガリア戦記』第一巻を参照。カエサルの説明にある数字は、古代の他のどの著作家の数字よりも信頼できる、と言えよう。なぜなら、そのギリシア語訳が今もなお残っており、〔ラテン語の〕原典と照合できるからである。

(248) 『ガリア戦記』第一巻〔第二節〕。

(249) ティトゥス・リウィウス〔『ローマ建国史』〕第三四巻第一七章。

(250) 『マリウス伝』〔第六節〕。

(251) 『ヒスパニア戦記』〔第八節〕。

(252) ウェレイウス・パテルクルス〔『ローマ史』〕第二巻第九〇節。

(253) 〔『地理書』〕第三巻。

(254) 〔『フィリッポス史』〕第四四巻。

いる。したがって、キケロがイタリア、アフリカ、ガリア、ギリシア、およびスペインを比較して、スペインの住民の数の大きいことを、この国を恐るべきものとした特殊な事情として言及しているのを見出すとき、古代の人口稠密に関するわれわれの観念がいかに多く縮小するにちがいないことだろうか？[255]

とはいえ、おそらくイタリアは衰退してきているであろう。しかし、イタリアにはなおどれだけ多くの大都市があることだろうか、ヴェネツィア、ジェノヴァ、パヴィア、トリノ、ミラノ、ナポリ、フィレンツェ、リヴォルノ、これらは古代には存在しなかったか、それとも当時はすこぶる取るに足りないものだったのではなかろうか？　もしわれわれがこのことをよく考えてみれば、この主題に関して通常なされているような、ひどい極論へ進もうとは思わないであろう。

昔は穀物を輸出したイタリアが、日々のパンをすべての属領に依存するようになった、とローマの著作家たちが苦情をもらすとき、彼らはこの変化を住民の増加ではなく、耕作（tillage）と農業の軽視のせいにしている。[256]すなわち、ローマ市民のあいだに〈無料で〉穀物を配給するために、穀物を輸入するあの有害な慣行と、いかなる地方の住民も増加させるという非常に悪い方法の自然の結果だというのである。[257]マルティアリスとユウェナリスが大いに語っている、あの〈施し籠〉*sportula* は、金持ちの貴族によって彼らの弱小な依存民（smaller clients）に定期的に与えられる贈り物であったから、同様に人民のあいだに怠惰、放蕩、および不断の堕落を生み出す傾向があったにちがいない。[訳注46]

（訳注46）　I版から以下が加筆。「現在では教区税（parish rates）がイングランドで同様の悪い結果をもたらしている」。

世界のこの地域〔ローマ〕に現在よりも多くの住民がおそらくいたのではないかと考えられる時期を、私が決めるとすれば、トラヤヌスとアントニヌス三帝の時代を選ぶであろう。（訳注47）なぜなら、この当時にはローマ帝国の大部分が文明化され、耕作されて、国内も国外も深い平和のうちにほぼ安定しており、同一の秩序だった治安と統治（regular police and government）のもとに生活していたからである。(258) しかし、すべての巨大な国家、とくに絶対君主政の国は、人口増加に破壊的であり、ローマ帝国についても、そのあらゆる有望そうな外観の効果を破壊する、隠れた悪徳や害毒を含むものである、と言われている。(259) このことを確認するために、多少風変わりなものではあるが、プルタルコス(260)から引用される一節を取り上げて、ここで検討することにしよう。

(255)〈またわれわれは人口においてはヒスパニア人、体力においてはガリア人、狡知においてはカルタゴ人、技術においてはギリシア人を、さらにこの国民の技術だけではなく、この土地と住民に特徴的な生まれながらの感受性においても、イタリア人自身、さらにはラテン人たちにも劣っていた〉。『占い師の返答についての演説』第九章。スペインの無秩序はほとんど諺にもなるくらいのものであったらしい。〈またあなたは後をつけてくる無頼のイベリア人を恐れることもないであろう。〉ウェルギリウス『農耕』第三巻〔第四〇八行〕。この場合、イベリア人は詩的な比喩によって、明らかに泥棒一般と受け取られている。

(256) ウァッロ『農業論』第一巻、緒言。コルメッラ〔『農業論』〕緒言。スエトニウス『アウグストゥス伝』第四二章。

(257) イタリアは現在では昔よりも暖かい、というデュ・ボス神父の考察が認められるべきだとしても、そこから今のイタリアは昔より人口が多いとか、あるいはよりよく耕作されているという結論には必ずしもならないであろう。もしヨーロッパの他の国々がもっと未開で森林が多ければ、そこから吹いてくる冷たい風が、イタリアの気候に影響を与えるであろう。

(258) マルセイユの住民が商業と機械的技術においてガリア人に対する大きな〔M版から「大きな」は削除〕優位を失ったのは、ローマの支配がガリア人を軍事から農業と市民的生活（civil life）に向かわせてからである。ストラボン〔『地理書』〕、第四巻、〔第一八〇―一八一節〕を参照。この著述家は、いくつかの箇所で、ローマの諸技術と市民的生活（civility）から生じる、改善（improvement）に関する考察を繰り返している。彼はこうした変化が新しく、より著しい時代に生きたのであった。同じくプリニウスもまた言う。〈だから、ローマ帝国の威勢のおかげで、全世界が互いに結合され、したがって、財貨の交換と、平和の祝福において連帯することによって、生活が進歩したと考えない人があるだろうか、また以前には秘密であったものが、今では一般の用に供されるにいたったと考えない人がいるだろうか?〉第一四巻、緒言。〈イタリアについて言えば〉、〈それは神の摂理によって選ばれている。天界をさえいっそう澄んだものにし、散在した支配を統合し、習俗を和らげ、またあれほど多くの諸部族の、衝突する粗野な言語を、言葉の共同体によって、会話にまで結びつけ、人間に文明を与え、簡単に言えば、イタリアをこの全世界のあらゆる民族の唯一の祖国とするために、神はイタリアを選ばれたのである〉。第三巻第五章。セウェルスとほぼ同じ時代に生きたテルトゥリアヌスの次の一節ほど、この目的のために有力なものはありえない。〈確かに、地球の表面は以前よりも日々いっそうよりよく耕作されてきたことは、明らかである。今では、接近出来ない場所はほとんどなくなり、未知の地はほとんどなく、商業に開かれていない所はほとんどない。かつては人の踏み入れない荒地であったところも、今では美しい農園に覆われ、森は鋤の前に屈服し、家畜は密林の野獣を追い払い、不毛の砂地は果実と穀物をもたらし、岩地は鋤で耕され、沼地は水を抜かれ、そして昔は入植者の小屋一つしかなかったところに、今や大都市が見られる。今日ではもう、孤独な島は船員を驚かさないし、彼は岩が切り立った島の海岸も恐れない。いたるところに家があり、人びとがおり、安定した統治があり、そして秩序だった生活がある。地上に人間が途方もなく多くいるということの最大の証拠に、われわれは重荷であり、大地はわれわれの必要をほとんど満たすことができない。というのは、われわれの欲求はいっそう大きくなり、自然の不十分さに対するわれわれの不平が万人によって聞かれているからである〉。『霊魂について』第三〇章。このパラグラフに現われている修辞的および弁論的な調子は、その権威を多少そこなうが、しかし完全に壊すものではない。テルトゥリアヌスのような激しい想像力の持主は、すべての事柄を同じ程度に誇張して述べるから、このため、比較によった彼の判断は最も信頼の置けるものである。(訳注48)これと同じことは、ハドリアヌスの時代に生きたソフィストのアリステイデスの次の文章についても当てはまるであろう。ローマ人に訴えて、彼は言う。〈全世界は一つの安息日を守っているように思われる。そして人類は以前とっていた剣を放棄し、今では祝宴と歓喜とに専心している。都市は昔の争い〔R版から―「憎悪」〕を忘れ、あらゆる技術と装飾とで自身を美化しようとする競争心(emulation)だけを残している。いたるところに劇場、円形劇場、柱廊、水道、寺院、学校、アカデミー学園が造られている。だから、沈滞しつつあった世界は、諸君の幸せをもたらす支配によって再び立ち直ったと述べても、差し支えないであろう。都市だけが装飾や美しさを増したのではなく、全世界が一つの庭園か楽園かのように、開拓され美化されている。だから、人類のうち諸君の支配の範囲外に置かれている人びと(ごくわずかだが)は、われわれの同感と憐れみ(sympathy and compassion)を受けるに値すると思われるほどである〉〔この引用は英語であり、ヒュームの英訳かと思われる〕。

シケリアのディオドロスは、ローマ人に征服されたときのエジプトの住民を三〇〇万人にすぎないと計算しているけれども、しかしヨセフスの『ユダヤ戦記』第二巻第一六章によれば、エジプトの住民は、アレクサンドリアを除き、ネロの時代に七五〇万人であったということは、注目に値することである。そしてヨセフスは、人頭税を徴集したローマの徴税人(Roman publicans)の帳簿からこの計算を行なった、とはっきり述べている。ストラボンは、〔『地理書』〕第一七巻第七九七節において、エジプトの財政に関して、ローマ人による内政(police)のほうが、それ以前の諸国王の内政に勝っていると称賛している。それに、行政においてこれほど人民の幸福に重大な部門は見られない。しかし、アントニヌス三帝の時代に活躍したアテナイオスは、アレクサンドリアの近くにあって、昔は大都

（訳注47）　ギボンはティトゥス・アントニヌス・ピウスとマルクス・アウレリウス・アントニヌスの時代を賛美した。「彼らの結合した治世は、大国民の幸福が統治の唯一の目的であった歴史上唯一の時代である」。*The Decline and Fall of the Roman Empire*, 1: 68――Miller, p. 458 note.

（訳注48）　K版でこの一文は削除。

この著者プルタルコスは、神託の多くが沈黙してしまったことを説明しようとして、それは昔からの戦争と党派争いから始まった、世界の現在の荒廃のせいであろう、と述べている。そして彼はこれにつけ加えて、この共通の災難が他のどの国よりもギリシアにいっそう重大な影響を与えたため、メディア戦争の時期にメガラ一都市から派遣された人数である三〇〇〇人の戦士を、現在ではギリシア全体でもほとんど出せないほどだ、と言っている。したがって、威厳のある重大な仕事を好む神々は、その神託の多くを抑えてしまわれ、このように減少した人口にはさほど多くの神意の仲介者を用いようとはされないのである。

この一説には非常に多くの難点が含まれているため、それをどのように取り扱えばよいのか分からないことを告白しなければならない。だが、プルタルコスが、人類の衰退の一因として、ローマ人の広範な支配ではなく、それ以前のいくつかの国民の戦争と党争――これらのすべてはローマの武力によって平定された――を挙げていることを、読者は見て取れるであろう。したがって、プルタルコスの推論は、彼が提出している事実から引き出される推論とは正反対なのである。

ポリュビオスは、ローマの軛（Roman yoke）の確立後、ギリシアがいっそう繁栄し隆盛となったと想像している(261)。そしてこの歴史家は、征服者ローマ人たちが人類の保護者からその略奪者に堕落してしまう以前に著述したのであるが、しかし、皇帝の厳格なやり方が、その後、〔属州の〕統治者たち（governors）の放縦を矯正したことをわれわれはタキトゥス[262]の叙述から知るように、ローマの巨大な帝政は、しばしば言われているほど破壊的なものであったと考えられる理由はない。

ストラボン[263]から分かるように、ローマ人はギリシア人に対する尊敬の念から、この有名な国民の特権と自由の大部分を、彼の時代まで維持したのであった。そしてその後、ネロはそれらをむしろ増大させた[264]。した

市であったマレイアという町が、次第に縮小して一つの村になってしまったと述べている（第一巻第二五章）。適切に言えば、これは矛盾ではない。スイダス（アウグストゥスの項を参照）の言うところでは、アウグストゥス帝は、全ローマ帝国の人口調査を行ない、それが四一〇万一〇一七人（ἄνδρες）にすぎないことを知ったという。この数には、著者かそれとも筆耕かのいずれかに、ある重大な誤りが確かに存在する。しかし、この典拠がいかに薄弱であろうと、それはもっと古い時代に関するヘロドトスとシケリアのディオドロスの誇張した記事を相殺するには十分なものであろう。

(259) 『法の精神』、第二三巻第一九章。

(260) 『神託が止んだことについて』。

(261) 〔ポリュビオス『歴史』〕第二巻第六二章。ポリュビオスは、ローマに依存していたために、当然にローマの支配を称賛するであろう、とおそらく想像されるであろう。しかし、〈第一に〉、ポリュビオスには、ときとして用心した例が見られるけれども、追従（flattery）の兆しはまったく発見されない。〈第二に〉、この見解は、彼が他の主題にもっぱら意を用いているときに、ついでにほんの一筆で述べられているにすぎない。だから、もし著者の不誠実に何らかの疑いがあるにしても、こうした間接的に述べられた意見は、もっと形式的で直截的な主張よりも、著者の真実の意見をよりよく表わすということが認められる。

(262) 『年代記』第一巻第二章。

(263) 〔『地理書』〕第八巻と第九巻。

がって、ローマの軛がこのギリシア地方に対して非常にひどい重荷であったと、どうしてわれわれは想像できるであろうか？　県知事の抑圧は阻止されていたし、ギリシアにおける政務官職はすべて、それぞれの都市において、住民の自由な投票によって授与されたために、競争者たちが皇帝の宮廷に参内する必要はさほどなかった。もし多数のギリシア人が幸運〔財産〕を求めてローマに行き、生まれ故郷の特産品たる学識か雄弁によって身を立てようとしたならば、そのうちの多くの人が財産を築いて帰国し、それによってギリシア共和国を富ませたことであろう。

しかし、プルタルコスは、全般的な人口減少が他のどの地方よりもギリシアにおいて最もはっきりと感じられた、と述べている。このことは、〔ギリシアが持っていた〕より優れた特権および利点と、どのように調和するのであろうか？

そのうえ、この一節は、あまりにも多くのことを証明しているために、実際には何も証明していない。〈全ギリシアで武器を取りうる者がわずかの三〇〇〇人とは！〉　こんな奇妙な主張を誰が認めることができるであろうか、とくに、われわれが、歴史になおその名を留めており、プルタルコスの時代からずっと後の文筆家たちに言及されているあの数多くのギリシアの都市を考えてみるならば？　古代ギリシアのすべての境界内に都市がほとんど一つも残っていない現在、そこにはその一〇倍の人びとが確かにいるであろう。この地方は今もなおかなりよく耕作されており、スペイン、イタリア、あるいはフランス南部に何らかの食糧不足があった場合、そこへ穀物を確実に供給しているのである。

われわれは、ギリシア人の古来の節倹と彼らの財産の平等が、ルキアノス(265)から明らかなように、プルタルコスの時代にもなお存続していたということを、観察するにちがいない〔「にちがいない」はM版から「であろう」〕。またこの地方が少数の主人と多数の奴隷によって占有された、と想像される根拠もまったくない。

ローマ帝国の確立後、ギリシアにおいては、軍事訓練は、まったく無用であるために、極端に軽視され、昔はあれほど好戦的で野心的だったこれらの共和国が、めいめい暴徒の秩序撹乱を防ぐために、それぞれ小規模の都市警備隊を維持すれば、それが彼らに必要であったすべてであり、したがって、おそらく全ギリシアを通じてこうした警備隊は三〇〇〇人にも達しなかったというのは、実際にありうることである。もしプルタルコスがこの事実を眼中においていたとすれば、この場合、彼はひどく粗雑な誤謬推論（paralogism）を犯しており、したがって、結果にまったくふさわしくない原因を挙げている、と私は思う。しかし、文筆家がこの種の誤りに陥るということは、それほど大変不思議なことであろうか？(266)

---

(264) プルタルコス『神罰を受けることが遅い人びとについて』。

(265)『買われた地位について』*De mercede conductis*〔*On Salaried Posts in Great House*〕。

(266) 神託の沈黙に関するプルタルコスのこの論説が、一般に非常に奇妙な性質をもっており、また彼の他の作品とあまりにも不似合いであるために、この論説をどのように判断したらよいものか迷うということを、私は告白せざるをえない。それは対話形式で書かれているが、この形式はプルタルコスが普通ほとんど好まない構成方法である。彼が登場させている人物は、非常に自分勝手で、道理に合わず、そして矛盾した意見を述べる。それはプルタルコスの堅実な感覚よりもプラトンの空想的な思想体系（visionary systems）に似つかわしいものである。また論説全体を通

しかし、プルタルコスのこの一節にどのような力が残っているにしても、われわれは、シケリアのディオドロスに見られる、これと同じほど注目に値する一節によってその力を相殺するように努めよう。すなわち、その節で、シケリアのディオドロスは、一七〇万の歩兵と二〇万の騎兵からなるニーノスの軍勢に言及したのちに、この記述の信頼性を、それ以後の時代の若干の事実によって支持しようと努め、世界中に広がっている現在の人口の希薄さと減少から、古代の人口の稠密の程度を考えてはならない、とつけ加えているのである。[267] このようにして、古代のうち最も人口が多いとされている、[268] まさにその時代に生きていた文筆家が、当時広がっていた荒廃をかこち、もっと昔の時代のほうがよかったと考え、自分の意見の基礎として昔の寓話に訴えているのである。現在を非難し過去を賛美する気質は、人間性に強く根差しており、最も深遠な判断力と最も該博な学識をもつ人びとにさえ、影響を与えるものである。

じて迷信と軽信の雰囲気が漂っているが、こうしたものはこの著者の他の哲学的作品に見られる精神とは似ても似つかぬものである。というのは、プルタルコスが、ヘロドトスやリウィウスと同様に、迷信深い歴史家であるとしても、古代の全体のうちで、キケロとルキアノスを別とすると、彼ほど迷信に惑わされない哲学者はいない、ということは注目すべきことだからである。したがって、この論説から引用されたプルタルコスの一節は、それが彼の他のたいていの作品のなかに見出されたとした場合よりも、私にははるかに権威のないものであるということを、私は告白しなければならない。

同様の反論を受けやすいプルタルコスの論説がもう一つだけある。すなわち、〈神により刑罰が延期される人びとに関する〉論説である。これもまた対話形式で書かれ、同様に迷信的で、突拍子もない幻想を含んでおり、主にプラトン、とりわけ彼の『国家論』の最後の巻〔第一〇巻の結論〕と競い合おうとして書かれたものと思われる。

ところで、その虚心坦懐さによって著名な作家であるフォントネル氏が、神託に関するこの対話のなかでたまたま出会った章句のために、プルタルコスを嘲弄（ridicule）しようとしているときに、彼は自分のいつもの性格から少し離れてしまっているように見える、と私は言わざるをえない。この対話で数人の人物の口に上っている馬鹿話は、プルタルコスのせいにされるべきではない。彼はそれらの人物に互いに論駁させているのであって、だから一般的に言えば、それを主張しているということで、フォントネルがプルタルコスを嘲弄しようとしている当の意見そのものを、プルタルコスは嘲弄しようと意図していると思われるのである。『神託史』を参照。

(267)〔『歴史文庫』〕第二巻〔第五節〕。

(268) 彼はカエサルおよびアウグストゥスと同時代人であった。

論説一一　新教徒による王位継承について

ある議員が、ウィリアム王かアン女王の治世――当時は〈新教徒による王位継承〉の確立がまだ不確かであったのだが――において、この重要な問題に直面して、どちらの党派を選べばよいかに関して熟慮して、公平に、各々の側の長所と短所を天秤にかけているものと仮定してみよう。そうすれば、以下のような個々の点を彼は考慮したものと私は信じる。

彼は、ステュアート家の復位から生じる大きな利益をたやすく感じ取るであろう。なぜなら、その復位が行なわれると、大衆にとって最も有力で最も分かりやすい主張である、血統による資格というようなもっともらしい資格のために、王位継承を、王位僭称者に惑わされずに、明快で争う余地のないものにしておけるはずだからである。多くの人びとが主張しているように、〈統治〉と無関係な〈統治者〉に関する問題は、たわいのない、ほとんど論争する価値のないものであり、ましてそれをめぐって戦う価値はさらにないと言ってみても、無駄である。大概の人びとはそのような感情にはけっしてならないであろうし、また彼らがそうせずに、むしろ生まれながらの偏見と（訳注1）先入観をもち続けているほうが、社会にとってははるかに幸せだ、と私は信じる。もし人びとが彼らの王室の真の後継者に対して、きわめて熱烈な尊敬の念を抱いており、たとえその後継者が知力に劣ろうと、年老いて耄碌していようと、輝かしい才能を最高に備えた人や、偉大な業績によって名声を博した人たちより、その真の後継者をはるかに優先して王に選ぶということがない限り、どんな君主政体（これはおそらくは最善の政体ではないけれども、他のどの政体よりも常に最もありふれたものであり、また常にそうであった）においても、安定はどのようにして保てるのであろうか？〔王位が〕空位になるたびに、あるいは空位など起らない場合でも、人気のある指導者なら自分にその資格があると主張し、したがって、王国は絶え間ない戦争と動乱の劇場とならないだろうか？　この点では、ローマ帝国の状態は、確かに、さほど羨ましく思われるものではなかった。また東洋の諸国民の状態もそうではない。なぜなら、それらの諸国民は、彼らの主権者の資格をほとんど顧慮せず、それを毎日、社会の下層民や軍隊の気紛れとか、一時の気分の犠牲にしているからである。君主たちを蔑み、人類のうちでも最も下等な者と同等と見なすことにおいて、すこぶる注意深く知恵を示したところで、愚かな知恵にほかならない。なるほど、解剖学者が見れば、最も偉大な君主には、最下層の農民や日雇い労働者以上のものは何ひとつないし、また道徳家なら、おそらく国王のほうがしばしば劣っていると見るかもしれない。しかし、すべてのこのような考察は何の役に立つと言うのであろうか？　われわれは誰でも、今なお、生まれや家系に好意を抱くこうした偏見をもち続けており、また正業についているときも、すこぶる気ままな娯楽を愉しんでいるときも、この偏見から完全に解放されることはできない。水夫や荷物運搬人の冒険、あるいは私的な〔官職に就いていない〕紳士の冒険でさえ、それを描写した悲劇は、たちどころにわれわれに不快な感情をもたらすであろう。しかし、国王や王子が登場する悲劇なら、われわれの眼には、貫禄と威厳のあるもののように映るのである。あるいは、ある人が、優れた知恵によって、このような偏見を完全に超越しうるとしても、彼はほどなくその同じ知恵により、それらの偏見を再び抱くことになるだろう。それは社会のためであって、彼は社会の安寧（welfare）がそのような偏見に密接に結合していることに気づくのである。彼は、この点で、人民の迷夢を覚まそうと努めるどころか、君主に対するこのような尊敬の感情を、適切な社会的従属関係を維持するために必要なものとして、大切にし、育もうとするであろう。[訳注3] そして、一人の国王に王位を保有させ続けるか、あるいはその継承権を妨害されずに維持するために、二万人の生命がしばしば犠牲にされるとしても、彼は、これらの犠牲者のどの一人も、その人のうちに、おそらく彼が仕える国王と同じ価値があるのだと主張して、その犠牲に憤慨することはない。彼は国王の世襲の権利（hereditary rights of kings）を侵害する結果を考える。これらの結果は、何世紀にもわたってその影響が感じられるであろう。それに対して、数千人の人員の喪失が大王国にもたらす損失はごくわずかであり、二、三年も経てば、感じられないだろう。

（訳注1） Q版から「偏見と」は削除。
（訳注2） Q版から「はるかに」を「思慮深く」に変更。
（訳注3） M版から「育もう」は削除。

ハノーヴァ家の王位継承がもつ利点は、正反対の性質のものであり、その継承が世襲の権利を侵犯し、生まれからすれば王位に就く資格をもたない一人の王子を王座に就けるという、まさにこの事情から生じるのである。本島の歴史を考察する誰にも明らかなように、人民の特権はほぼ二世紀のあいだ、継続的に増大してきたが、それは教会領の分割や、封建諸侯の所領の譲渡、あるいは商業の進歩（progress of trade）、そしてなかでもわが国の占める地勢上の幸運から、常備軍や軍事制度をなんら持たなくても、長期にわたり十分な安全が得られたことによってである。これと反対に、公共の自由（public liberty）は、ヨーロッパの他のほぼすべての国民において、同じ時期のあいだに、極端に衰退してきた。人民は旧い〈ゴシック〉的な民兵の苦難を嫌って、むしろ君主に託して傭兵を用いることを選んだのであるが、君主はたやすくこの傭兵を人民自身に対して向けたのであった。したがって、ブリテンの主権者のうち、国制の本質、および人民の気風を誤解するものがあったのは、異例なことではなかった。そして彼らは、彼らの祖先から彼らに残された好都合な先例はすべて受け容れたので、反対の先例、およびわが統治上の制約と考えられる先例をすべて無視した。彼らは、近隣のすべての君主の例に習ったために、この間違いをさらに大きくした。というのは、近隣の君主たちは、彼らと同じ資格や称号をもち、同じ権威の徴によって飾られているので、彼らは自然に同じ権力と大権を要求するように導かれたからである。(1) 廷臣たちの追従（flattery）がさらに彼らを盲目にした。（訳注6）とりわけ聖職者たちの追従がそうであった。というのは、彼らは聖書のいくつかの文章に基づき、しかもその意味を曲げることによって、系統だった公然たる専制権力の理論体系を打ち立てたからである。こうした両王の行きすぎた要求や主張のすべてを、一挙に葬り去る唯一の方法としては、この正当な世襲的系統から離れ、明らかに公共が創り出したものであり、明確に言い表わされ公然と認められた諸条件に基づいて王位を受け、したがってその権威が人民の特権と同じ基底に立つことを知っている君主を選ぶことであった。こ

(1) ジェイムズ一世ならびにその王子の演説や布告、その行動の全体から見れば、両者ともにイングランドの政体を純然たる君主政と考え、臣民のうちのかなりの部分が彼と正反対の考えを抱いているとは夢にも思わなかったようである。このため、彼らは自分たちを支持する勢力をあらかじめ整えることもなしに、また、何か新しい企画(project)に着手するか、あるいは統治に革新(innovate)を持ち込もうとする人びとの常套手段である、遠慮や誤魔化しさえもなく、自分たちの主張を公然と持ち出した。議会が国事に干渉したとき、ジェイムズ王は議会に対して明確に、〈分を超えてはならぬ〉*Ne sutor ultra crepidam* と告げた。彼はまた、さまざまな客からなる食事の席では、なおいっそう露骨な仕方で、自分の考えを述べるのが常だった。それは、ウォーラー氏の『伝記』に語られている物語から知られる通りであり、この詩人はそれをしばしば繰り返したものである。ウォーラー氏が若かったとき、好奇心から宮廷へ参内し、会席に列して、ジェイムズ王が食事をするのを見た。そこには他の客に混じって二人の監督(bishops)がいた。王はあけっぴろげに、大声で、この質問を持ち出した。すなわち、〈貨幣が必要なとき、議会の正式手続き一切なしに、臣民から貨幣をとってはいけないのか。〉これに対して一人の監督が即座に答えた。〈とってはいけないと神は禁じておりません。なんとならば、陛下はわれわれ臣民の喜びだからです〉。もう一人の監督は答えたくなかったので、自分は議会の事情に不慣れであると述べた。しかし、王が彼を急き立て、言い抜けは一切許さぬと申されたので、監督閣下はごく愛想よく、〈それでは、私の考えますには、陛下は私の兄弟の貨幣を合法的に取ることができます。と申しますのは、兄弟がそれを差し出すからであります〉と答えた。ところで、ウォルター・ローリー卿は『世界史』の序文で、こんな注目に値することを述べている。すなわち、フェリペ二世は〈強大な軍隊によって、オランダ連邦に対して、イングランドやフランスの王や主権者のような、絶対君主となるだけでなく、トルコの皇帝のように、オランダ連邦のすべての自然法と基本法、特権、および古来の権利を踏みにじろうと企てた〉。スペンサーは、アイルランドの自治都市に対して、イングランド諸王が与えたいくつかの許可について述べ、「許可が最初のような君主を王統に選ぶことによって、われわれは、将来の緊急事態の際に、陰謀や王位要求によって統治を撹乱するかもしれない、野心をもった臣民のすべての望みを断ち切ってしまったのである。王位をこの君主の家系に世襲させると決めたことによって、われわれは選挙君主政がもつ不都合を全部回避した。そして、直系の後継者を排除することによって、われわれはわが国制上のすべての制限を確保し、わが統治を一様の纏まりのあるものにした。人民は君主政を大事にしているが、それによって保護を受けているからである。他方、君主は自由を支持しているが、それは自由によって自らが創り出されたからである。こういうわけで、この新しい体制により、人間の技と知恵の及びうる限りの一切の利益が手に入れられているのである。

（訳注4） Q版から「本島の歴史から」。
（訳注5） 「〈ゴシック〉的な」は、O版から「封建的な」に変更。
（訳注6） O版から「両王の偏見を抜きがたいものにした」。

以上述べたことは、王位継承をステュアート家、またはハノーヴァ家に決めた場合の、それぞれの利点である。また、それぞれの樹立には不利な点があり、それは公平な愛国者（impartial patriot）なら、全体として公平な判断を下すために、熟考し検討すれば明らかとなるものである。

新教徒による王位継承のもつ不利益は、ハノーヴァ家の君主が所有する国外領土にある。これがもとで、われわれは大陸での陰謀や戦争に引き込まれ、そのためにわれわれの支配する海に囲まれ防衛されているというわが国のもつ測り知れない利点を、ある程度まで失うということが考えられるであろう。退位させられた家系を復活させる不利益は、主としてかれらの宗教にある。なぜなら、それはわが国教よりも社会にとってより有害であり、社会に反するものであり、他のどんな宗教にも、寛容とか平和とか安全を与えないからである。

以上のようなすべての利点と欠点はどちらの側にも認められる、と私には思われる。少なくとも、議論か

に与えられたときには、それらはまだ我慢できるものであり、おそらくは道理に適っていたけれども、現在では最も不合理かつ不便なものになっている。しかし、これらの特別許可はすべて王の大権という、上級の権力によって、たやすく切り捨てられるであろう。というのは、王の大権に対して、陛下ご自身の特別許可といえども、抗弁や強制はできないからである」。『アイルランドの状態』一五三七頁、一七〇六年版。

以上のようなことが、当時では、おそらく普遍的とまでは言えないまでも、ごくありふれた観念であったから、スチュアート家の最初の二人の王の過ちは、より言い訳の立つものであった。そして最も思慮深い歴史家である〔K版で「最も思慮深い歴史家」は削除〕、ラパンは〔K版でここに「いつもの悪意と偏見にふさわしく」が挿入〕、その過ちを理由に、両王をしばしばあまりにもひどく過酷に扱っているように思われる。

〔この注はQ版から削除され、本文に以下の一文が加えられた。「ジェイムズ一世の演説や布告、およびこの君主ならびにその王子の行動全体から見れば、彼はイングランドの政体を純然たる王政と見なし、臣民のうちのかなりの部分が彼と正反対の考えを内心に抱いているとは夢にも思わなかったようである。このような見解を両王がもっていたために、彼らは自らを支持する勢力をあらかじめ整えることもせずに、それどころか何か新しい企画に着手するか、あるいは統治に革新を持ち込もうとするような人びとによって、いつも用いられる遠慮や誤魔化しさえもなしに、自分たちの主張を明け透けに持ち出すことになったのである」〕。

推論をともかく受け容れられる人なら、誰にでも承認されるものである。どんなに忠誠心の厚い臣民でも、現在の王家の議論の余地のある資格と国外領土が欠点であるということを、否定しようとする人はいない。またステュアート家の支持者で、世襲的で、破棄できない権利（hereditary, indefeasible right）の要求と、ローマ・カトリック教とがまた、その家系の短所であることを、認めようとしない人はいない。したがって、これらすべての事情を天秤にかけ、その各々にそれにふさわしい釣り合いと影響力を割り当てることは、どちらの党派にも属さない哲学者だけのものである。このような人は、はじめに、すべての政治問題は限りなく複雑であり、どんなに熟考しても、まったく正当とか、それともまったく間違いばかりといった選択など、ほとんどまずありえないということを、たやすく認めるであろう。どんな方策からでも、さまざまな異なる帰結が生じることが予見されるであろう。また予見できない数多くの帰結にしても、実際は常にそれぞれの方策から生じるものである。したがって、躊躇と自制と保留が、こうした論考や試論に対して哲学者がもたらす唯一の感情である。そうではなく、もし彼が何らかの情念に身を任せるならば、それは無知な群集に対する嘲笑と嘲弄の情念なのである。なぜなら、無知な群集は、きわめて微妙な問題においてさえ、常に騒々しく独断的であり、こうした微妙な問題については、おそらく理解力を欠いているというよりなおいっそう、〔それに適した〕性質をもっていないために、まったく不適当な審判者なのである。

しかし、この主題について、もっと決定的なことを言えば、以下のような考察によって、哲学者の理解力でなくても、その気質が示されるであろう、と私は期待する。

はじめに一見した概観と、過去の経験だけによって判断するとすれば、ハノーヴァ家の議会による資格の利点のほうが、ステュアート家がもつ、議論の余地のない世襲による資格の利点よりも大きいのであり、したがって、われわれの父祖は後者よりも前者を選好した点で賢明に行動したのだということを、われわれは認めねばならない。少し中断したことはあったが、八〇年を越えたステュアート家の大ブリテン統治期間中、統治は、人民の特権と国王の大権との衝突によって、絶え間なく熱に浮かされた状態であった。武力による争いが止んでも、争論がやかましく続いた。また争論が沈黙させられても、嫉妬〔警戒心〕が依然として人心を蝕み、国民を不自然な興奮と無秩序に投げ込んだ。そして、こんな風に、われわれが国内の争論に謀殺されているあいだに、公共の自由にとって、致命的ではないまでも（訳注7）、危険な、ある外国勢力が、われわれの反対を少しも受けずに、それどころか、ときにはわが援助さえ受けて、ヨーロッパに確立されたのであった。

（訳注7）「致命的ではないとしても」はR版で削除。

しかし、議会制度というものが行なわれてきた最近の六〇年間に、人民のあいだや、あるいは公共の集会において、どのような党争が席捲したとしても、わが国制の全体の力は常に一方の側に帰しており、またわが君主とわが議会のあいだには途切れない調和が維持されてきた。公共の自由は、国内の平和と秩序とともに、ほとんど妨げられずに栄えてきた。商業、手工業、および農業は増大してきた。諸々の技芸と科学と哲学が開拓されてきた。さまざまな宗派でさえ、相互間の宿怨を捨てざるをえなくなってきた。そして国民の栄光はヨーロッパ中に広がってきたが（訳注8）、それはわれわれが、抑圧に対抗する防壁として、またあらゆる国民を征服と隷従によって脅かす、あの勢力に対する偉大な反対者として、任を務めているからである。かくも長期間にわたる、かくも栄光ある時期を、自慢することができる国民はほとんどないであろう。またこれほど多数の幾百万もの人びとが、こんなに長い期間にわたり、こんなに自由で、こんなに理性的で、こんなに人間本性の品位にふさわしい方法で、一致団結してきた例は、人類の全歴史において二つとないであろう。

〔訳注8〕 この文章の残りの部分は、Q版からは、「これも等しく平和の諸技術の進歩と戦争における武勇と勝利に由来するものである。」

しかし、こうした最近の事例からすれば、現在の制度が有利であると明白に決定されるように見えるけれども、反対側の錘を重くする事情がいくらか存在している。したがって、われわれの判断を唯一の出来事や事例によって決めるのは危険である。

われわれは上述の繁栄の時期に、数え切れない陰謀や共謀は別としても、二度の反乱（rebellions）を経験した。そしてもしこれらの反乱がさほど重大な出来事を引き起こさなかったのであれば、われわれは、わが国の体制に反対したあの君主たちの偏狭な素質のおかげで、重大な事態を免れたのだと考えてよいだろうし、その限りでわれわれは幸運だと考えることもできるであろう。しかし、この追放された王家の要求は、まだ遠い過去のものとはなっていないのではないか、と私は懸念している。したがって、彼らの今後の企てによって、より大きな混乱が生じないと、誰が予言できるであろうか？

〔人民の〕特権と〔国王の〕大権とのあいだの争いは、両方の側か、それともどちらか一方の側に、寛容な気質か慎慮がある場合には、法律、投票、会議、譲歩によって、たやすく調整できるかもしれない。〔王位に対する〕資格について争うときには、問題は剣と荒廃と内乱によってのみ決着をつけられるのである。

資格が争われながらも王位に就いた君主は、あえて臣民に武器を持たせようとはしない。〔武器を持たせることこそ〕、国内の圧政からも、外国の征服からも、一国民を完全に守る唯一の方法なのである。

わが国は、その富と名声にもかかわらず、最近〔Q版から「最近の講和によって」〕なんという危機一髪というところをやっと免れたことであろうか？　この危機は、戦争上の指揮のまずさや不首尾によるというより、むしろわが歳入を担保に入れるという有害な慣行と、わが債務を償還しないという、さらにもっと害の多い原則によるものであった。このような致命的な方策は、不安定な体制を守ろうとしなかったならば、とられることはありえなかったであろう〔Q版から「おそらくとられなかったであろう(2)」〕。

しかし、世襲による資格のほうが、議会の意向や動機以外のいかなる意向や動機によっても支持されない資格よりも、採用されるべきであるということを、われわれに確信させようと思えば、あの王政復古の時代にまで遡って、王家〔ステュアート家〕を復位させ、君主と人民のあいだの相反する主張からかつて生じた最大の動乱に終止符を打った、あの議会に議席を占めていたと想定してみるだけで十分であろう。その当時、チャールズ二世を退け、ヨーク公やグロースター公を王位に就ける提案をしたとすれば――たんにそれは彼らの父や祖父〔の諸王〕の要求と同様な、すべての度をすぎた要求を排除するためであるが――その人は、

(2)　ヨーロッパのいたるところで、借入というこうした有害な慣行が、いかに一般化しているかを考慮する人びとは、おそらくこの最後の見解に反論を持つであろう。しかし、わが国は他の諸国家と比べて、それほど必要に迫られてはいなかったのである〔Q版からこの注は削除〕。

いったいどのように考えられたであろうか？　そんな人は、重病の患者をいじくり弄ぶ藪医者と同様に、危険な治療法を好み、統治と一国の国制をいじくり弄ぶ、とんでもない山師と見なされなかったであろうか？議会による〔王位の〕資格（訳注9）――それは世襲による資格よりも好ましい――から生じる利点は大きいけれども、あまりに精妙すぎて大衆には理解できない。大半の人びとは、そのような利点をもって、君主に対する不正と考えられるようなことをあえて犯すに足るとは、けっして認めないであろう。このような利点は、いくつかの大雑把で、一般受けする、馴染みの話題によって裏づけられなければならない。したがって、賢人は、たとえそのような利点のもつ力を確信したとしても、人民の〔理解力の〕弱さと偏見に応じて、その利点を退けるであろう。ただ、侵害行為をなす暴君か、妄想にとりつかれた迷信家だけが、自らの間違った行動によって国民を激怒させ、いつもおそらく望ましいとされていたものを実行可能にできるのである。

（訳注9）　このパラグラフは、Q版で削除された。

実際に、ステュアート家の家系と王家の他の非常に多くの分家を排除する際に、国民によって承認される理由は、その世襲による資格のためではなく（それはそれ自体としていかに正しいとしても（訳注10））、一般大衆の理解力にとっては、まったく馬鹿げたものと思われたであろう）、その宗教のためである。したがって、ここから、それぞれの体制において生じる上述の短所を比較することにしよう。

（訳注10）　Q版から「それはそれ自体として正しいとしても」は「一理由」に変更。

この問題を一般的に考察すれば、わが君主が国外領土をまったくもたず、この島国の統治に彼の全注意力を集中できれば、むしろ望ましいであろう、と私は確信している。というのは、大陸にある領土から生じるかもしれない、多少の現実の不都合は言うまでもなく、それらの国外領土は、常に自分たちより目上の者を悪く考えたがる人民が貪欲につかまえて、中傷と誇りを行なう格好の手がかりとなるからである。しかしながら、ハノーヴァは、イングランド〔ヒュームはイングランドと書いているが、大ブリテンが正しい〕の国王にとっては、おそらくほとんど不都合がないヨーロッパの小さな地域であるということが、認められねばならない。それは、われわれの生まれながらの競争相手である強大な諸勢力から遠く隔たった、ドイツの心臓部にある。それはそれ自身の主権者の軍事力とともに、〔神聖ローマ〕帝国の法律によっても保護されている。したがって、それはわが生まれながらの同盟者であるオーストリア家とわれわれを、よりいっそう緊密に結びつけることにもっぱら役立っているのである。

(訳注11)この前の戦争の際、それ〔ハノーヴァ〕は、世界で最も勇敢かつ忠実な相当数の援軍を、わが国に提供してくれて、わが国に役立った。ハノーヴァ選挙侯は、最近のヨーロッパの動乱期間中、自分だけの別の目的を追求せず、また古臭くなった要求を掲げもしないで、終始ブリテン国王の品位を保持して行動した、〔神聖ローマ〕帝国における唯一の重要な君主である。またハノーヴァ家が即位して以来、カール十二世〔スウェーデン国王、在位一六九七―一七一八年〕――彼は他の君主たちとは非常に異なる原則によって自己規制しており、そのため彼は私的な争いを、ことごとく公共の侵害と見なした――とのあいだの一七一八年の短期間の不快な出来事を除けば、わが国がこの選挙侯の領土支配から何らかの損害を受けたことを証明することは難しいであろう。(訳注12)

(訳注11) このパラグラフはQ版で削除。

（訳注12）　O版とP版には次の注がある。「これは一七五二年に出版された」。北方戦争（一七〇〇―二一年）において、大ブリテンは、スウェーデンの勢力増大に対決していたロシア、ポーランド、デンマークの同盟を支援し、一七一七年から翌年にかけて、スウェーデン国王カール一二世と激しく戦った。カールはステュアート家の老王位僭称者の陰謀に加担していたが、一七一八年にノルウェーで戦死したために、陰謀は成功しなかった。Haakonssen, p. 326 を参照。

ステュアート家の宗教は、〔ハノーヴァ家の不都合より〕はるかに重大な性質の不都合であり、そのためにわれわれは、はるかにずっと陰惨な結果に脅かされるであろう。ローマ・カトリック教は、その司祭や修道僧の巨大な〔Q版で「巨大な」は削除〕一団のために、わが宗教よりもずっと〔Q版で「ずっと」は削除〕はるかに高くつく。それの自然の随伴物である異端審問や火刑、そして絞首刑がたとえないとしても、それはより寛容でない。そして聖職任命権を国王の職責から切り離すこと（それはどんな国家にとっても有害であるにちがいない）で満足しないで、それは、常に別個の、またしばしば公共の利害と反対の利害をもつ〔R版から「常に公共の利害とは異なる利害もつ、またしばしば反対の利害をもつ」に変更〕、外国人に聖職を授与するのである。

しかし、この宗教が社会にとって非常に有益であるとしても、それはわが国に確立しており、長いあいだにわたって人民の心を捉えてきたと思われる宗教とは相反するものである。また理性と哲学〔Q版から「理性」だけとなる〕が進歩して、ヨーロッパのいたるところにある対立する宗派間の悪意のある〔O版から「悪意のある」は削除〕怒りが、次第に緩和されることが大いに期待されるべきであるが、しかし、穏和の精神は、これまでのところ、あまりに遅々としか進まず、全面的に信頼することはできない。ザクセン家では、（訳注13）同一人がカトリックの王であり、しかも同時にプロテスタントの選挙侯でありうるのだが、こうした振る舞いは、非常に合理的で慎慮ある行動の、おそらくは近代における最初の事例であろう。そしてカトリックの迷信が徐々に広まり、ザクセン家においてさえ、ある急速な変化の兆しが見えてきている。この変化の次には、迫害によって、新教がその生誕の地で、急速に終止符が打たれるのではないかと、まさに懸念されているのである。(訳注14)

(訳注13) Q版から以下の文章は削除。

(訳注14) ホーコンセンによれば、ここでヒュームが新教の誕生地として想起しているのは、ルターの生誕地ザクセンであり、その一都市ヴィッテンベルクで、ルターは有名な九五か条の提題を教会の扉に貼り付けて、宗教改革の口火を切った(Cf. Hume, *History*, ch.29, III: 138ff.)。その後、時を経て、ザクセン選帝侯フリードリヒ・アウグスト一世(一六七〇—一七三三年、在位一六九四—一七三三年)は一六九七年にアウグスト二世としてポーランド王位に就き、カトリックに改宗したが、神聖ローマ帝国の「迷宮のごとき政治」の中ではなお新教の側に属した。こうした日和見的姿勢は息子のフリードリヒ・アウグスト二世(一六九六—一七六三年、在位一七三三—六三年、ポーランド王アウグスト三世としては在位一七三四—六三年)に引き継がれた。**Haakonssen, p. 326-327.** 一七七二年の第一次ポーランド分割でポーランドは解体していくが、ヒュームが一七七〇年のQ版でこの部分を削除したのは、ポーランドの命運が決しつつあったことによるであろう。

このようなわけで、全体としてみれば、資格について異論のないステュアート家に決着する利点は、大権の要求という点で問題のないハノーヴァ家に決着する利点と、いくらか釣り合いが取れるように思われる。しかし、それと同時に、ローマ・カトリック教徒を王座に就けることによる不利益のほうが、外国の君主を王位に据える他の決着の不利益よりはるかに〔Q版で「はるかに」は削除〕大きい。このような対立した見解のなかで、ウィリアム王かアン女王の治世に、公平な愛国者ならどちら側を選択したであろうかということは、人によってはおそらく決定困難に見えるであろう。私としては、[訳注15]自由は社会における計り知れぬほど尊い賜物だから、その増進と確保に役立つものは何であれ、人類を愛するすべての人によって、どんなに愛しまれつつ大切にされても、されすぎることはほとんどないと思う。

（訳注15）　Q版から以下の文章は削除。

しかし、ハノーヴァ家への王位の落着は、現実に起ったことである。その王家の君主たちは、策謀（intrigue）によってではなく、徒党を組んでの陰謀（cabal）によってでもなく、さらに彼らの側で懇願したのでもなく、立法機関全体の合一した見解によって、わが国の王座に迎えられたのである。即位[訳注16]して以来、彼らはその一切の行動において、最高の穏和と公平と、法と国制に対する尊敬の念を表わしている。われわれ自身の大臣たちと、われわれ自身の議会、そしてわれわれ自身がわれわれを統治しているのである。したがって、もし何か害悪がわれわれに降りかかるとすれば、われわれには運か、それともわれわれ自身しか責めることができない。もしわれわれが、これほど慎重に作成され、これほど良心的にその諸条項が遵守されてきた王位継承に嫌悪を抱き、あらゆる物事を再び混乱に投げ込み、そしてわれわれの軽率な考えと謀叛気の多い性向によって、絶対的な隷属と隷従の国家以外のいかなる国家にもわれわれ自身はまったく適さないということを、自ら立証することになれば、われわれは諸国民のあいだで、どんなに非難されねばならないことだろう？

（訳注16）　ウィリアム三世（在位一六八九―一七〇二年）没後の即位が決まっていたアン（在位一七〇二―一四年）の後継者に、ハノーヴァ家のソフィア（Sophia oh Hanover, 1630–1714）を指名した王位継承法（Act of Settlement）は、一七〇一年六

月にイングランド議会で可決された。しかし、ソフィアが一七一四年六月に死亡したために、継承権は息子のハノーヴァ選帝侯ジョージに移り、同年八月のアンの死去を受けて、選帝侯がブリテン国王ジョージ一世（在位一七一四―二七年）として即位する。こうした王位継承はヒュームによれば合法的であって、ステュアート家が排除されたのは当然であった。本書初版が刊行された一七五二年には、一世の息子であるジョージ二世（在位一七二七―六〇年）の治世中である。

〔王位の〕資格に異論があるときに付随する最大の不都合は、それがわれわれを内乱や反乱の危険に晒すことである。どんな賢者なら、こうした不都合を避けるために、直接に内乱や反乱に走ろうとするだろうか？言うまでもなく、現在では、多数の法律によって保証された、非常に長期の〔王権の〕保有によって、国民の大多数の理解では、彼らの現在の保有とは無関係に、〔王位継承〕資格がすでにハノーヴァ家に生じているにちがいないのである。だから現在では、われわれは革命によって、異論のある資格の無効化を目指すべきではなかろう。

国内の諸勢力によってなされるどんな革命も、何か他の重大な必要がなければ、きわめて多数の人びとの利害が関係した、わが借入と債務を廃止することは、けっしてできないであろう。そして国外の軍事力によってなされる革命は征服である。この災難は、不安定な勢力均衡がほぼ確実に〔O版から「ほぼ確実に」は削除〕われわれを脅かす災難であり、他のあらゆる事情にもまして、わが内紛によって、われわれに突如として〔O版から「突如として」は削除〕見舞われがちな災難なのである。

論説一二　完全な共和国の観念

すべての人間のうちで、政治的企画屋（political projectors）というのは、権力を握ると、これほど有害なものはないし、権力をもたなければ、これほど滑稽な（ridiculous）ものもない。他方、賢明な政治家というものは、権威が伴えば、本性において最も有益な人物であり、権威を奪われているとしても、最も無害であり、まったく何の役にも立たないわけではない[訳注1]。統治形態には、他の人為的な考案物について言えることが、当てはまらない。というのは、他の人為的考案物の場合には、もし別のもっと正確で便利なものが見つかれば、旧式の機関を捨てられるし、あるいは、たとえその考案の成功に疑問があるとしても、それを試してみることに支障はないであろうからである。確立された統治は、まさにその確立されたという事情そのもののために、無限の利点をもつ。なぜなら、大部分の人間は、理性ではなく権威によって支配されており、古いというお墨付きのないなにものにも、けっして権威を認めないからである。したがって、こうした事情に勝手な干渉をするか、あるいは仮定上の議論や哲学をたんに信じ込んで企画を試みることは、賢明な為政者のなすべきことではありえない。なぜなら、賢明な為政者は、時代の徴を伝えているものに敬意を抱くものだからである。また彼は公共善（public good）のためになんらかの改善を試みようとするであろうが、しかし、彼は自分の革新をできる限り古来の機構に合うように調整し、国制の主要な大黒柱や支柱をそっくりそのままに保持しようとするであろう。

（訳注1）Q版からこの冒頭の文章は削除。

ヨーロッパの数学者たちは、航海に最も便利な船の型に関して、意見が非常に異なってきた。とうとうこの論争に決着をつけたホイヘンスは、学問世界にも商業世界にと同じく満足を与えたと考えてよい。もっとも、そのような発見がまったくなくとも、コロンブスはすでにアメリカに航海しており、フランシス・ドレイク卿は世界一周をやってのけていたけれども。ところで、個々人の生活様式や気質とは無関係に、ある統治形態は、別の統治形態よりいっそう完全である、と認められなければならない。ありふれた、できの良くない、不正確な統治組織でも、社会の目的に役立っていると思われるけれども、また新しい統治組織を樹立することは、新しい設計に基づいて船を建造するほどたやすいことではないけれども、すべてのうちで最も完全な統治組織はどのようなものであるか、をなぜ研究しないのか？　この問題は、確かに、およそ人間の知恵で考案しうるもののうちでも、最も好奇心をもつに値するものである。しかも、もしこの論争が（訳注2）博識な人たちの普遍的な同意を得て決着を見れば、将来いつか、何か古びた統治組織が死滅したときとか、あるいは人びとが団結して世界のどこか遠くの地に新しい統治組織を造ろうとする場合とかに、その理論を実践する機会が与えられるかもしれないと、誰が知っているだろうか？　ともかく、統治組織のうち最も完全なものはどのようなものかを知ることは、社会に対してあまりにも大きな混乱を与えない程度の穏やかな変更と革新によって、現実の国制ないし統治形態をできるだけ完全な姿に近づけることをわれわれがなしうるために、有益であるにちがいない。

〔訳注2〕 Q版から「聡明で」が追加。

この論説で私がしたいのは、こうした思索の主題を復活させることにほかならない。したがって、私はできる限り、言葉少なに自分の見解を述べることにしたい。このような主題について長々と論じれば、そうした論説を無益で馬鹿げたものと受け取りがちな公衆には、あまり歓迎されないのではないか、と懸念するからである。

人類の生活様式〔manners of mankind〕に大きな変革を想定するすべての統治設計案は、明らかに想像上のものである。プラトンの『共和国』やトマス・モア卿の『ユートピア』はこうした性質のものである。『オシアナ』〔ハリントンの共和国論、一六五六年刊行〕はこれまでに公共に提出された、共和国の唯一価値あるモデルである。

『オシアナ』の主要な欠点は次のようなものだと思われる。〈第一に〉、どんな才能の持主でも、定期的に、公職から離れさせる、その輪番制は不都合である。〈第二に〉、その〈農地均分制〉*Agrarian* は実行不可能である。人びとはまもなく、古代ローマで行なわれた自分の所有地を他人の名義のもとに隠すという手管を習得するようになるし、最後には、この悪弊がごく普通のものになり、そのため人びとは外見的な遠慮さえかなぐり捨ててしまうだろう。〈第三に〉、『オシアナ』は、自由に対する十分な保証、あるいは苦情の救済手段を用意していない。元老院が提案し、人民が同意しなければならない。この方法によれば、元老院が人民に対してたんに拒否権をもつばかりでなく、さらにずっと重大なことだが、彼らの拒否権は人民の投票権に優先する。もしイングランドの国制において、これと同じ性質をもった国王の拒否権があるものとすれば、したがって、国王がどんな法案でも議会への上程を妨げうるとすれば、彼は絶対君主になるであろう。実際には、彼の拒否権は両院の議決に従属しているので、それはほとんど重大ではない。同じものを置く仕方に、このような相違が存在するのである。人民によるある法案が両議会で論議され、議論が熟し、そのすべての利害得失が比較秤量されるとき、そのあとにその法案が国王の承認を得るために提出されるとすれば、人民のそのような一致した要望をあえて退けようとする君主はほとんどいないであろう。しかし、国王が不快に思う法案を萌芽のうちに押し潰しうるならば（しばらくのあいだ、スコットランド議会で、法案審議貴族（lords of articles）（訳注3）によってそうしたことが行なわれたが）、ブリテンの統治は均衡を失ってしまい、人民の苦情はけっして救済されないであろう。したがって、確かなことに、いかなる統治にあっても、途方もない権力は、新しい法律からというよりも、むしろ旧い法律から頻繁に生じる、悪弊の矯正を怠ることから生じるのである。統治は、しばしばその最初の原理（original principles）に復帰されねばならない、とマキァヴェッリは述べている（『リウィウス論』第三篇、第一章）。そこで、『オシアナ』では、全立法権は元老院にあると言ってもよいと思われるのであって、これは、とりわけ〈農地均分制〉の廃止後には、不都合な統治形態である、とハリントンは認めるであろう。

（訳注3）　法案審議貴族は、スコットランド議会の旧制度、三身分から選ばれた委員会で、法案は議会に上程される以前にここで合意を必要とした。委員の選出に国王が影響力をもったので、国王は二重の拒否権をもっていたことになる。この事前の拒

否権は事後の拒否権より重大であるというのが、ヒュームの見解であった。『イングランド史』第五五章。これは一六四一年にいったん廃止され、最終的に一六九〇年に全廃された。Miller, p. 515 note を参照。

ここに、理論上どんな重要な反駁も私には見出せない、一統治形態が存在する。大ブリテンとアイルランド、あるいはそれと等しい面積をもつ領土を一〇〇州に分け、さらに各州を一〇〇教区に分け、合計一万教区になるようにしよう。共和国の樹立が提案されている国が、もっと小さい面積だとすれば、州の数を減らせばよいが、しかし、それを三〇以下にしてはならない。面積がもっと大きい場合には、教区を拡大するか、それとも州により多くの教区を作るほうが、州の数を増やすよりよいであろう。

田舎教区(訳注4)にいる自由保有農(freeholder)と、都市教区において分相応の税を支払っている人びとを、毎年教区教会に集め、無記名投票(ballot)により、その州の自由保有農の誰かを議員に選ばせることにしよう。そしてこれを州〈代議員〉*representative* と呼ぶことにする。

(訳注4) K版からP版までは、「田舎教区では年収一〇ポンドの自由保有農のすべてと、都市教区における二〇〇ポンド相当の財産を所有する戸主全部をして」、Q版から、「州在住の年収二〇ポンドの自由土地保有者(freeholders)の全員と、都市教区に在住する五〇〇ポンドの財産を所有する戸主全員を」に変更。ヒュームが選挙資格を次第に制限する方向になっていったことが分かるが、それは彼の国内政治の情勢判断、政治思想の変化と関係しているに相違ない。

選挙の二日後に一〇〇州の州代議員を州都(county town)に集め、無記名投票により、代議員のなかから、一〇人の州〈政務官〉*magistrates* と一人の〈元老院議員〉*senator* とを選出させる。したがって、共和国全体としては、一〇〇人の元老院議員と、一一〇〇人の州政務官、および一万人の州代議員とがいることになる。というのは、われわれは元老院議員全員に州政務官の権限を、また州政務官全員に州代議員の権限を与えることにしているからである。

元老院議員を首都に会合させ、共和国の全執行権、講和と戦争の権限、将軍や提督および大使に命令する権限、そして要するに、ブリテン国王のような王の大権のすべてを、彼の拒否権は除いて、与えることにしよう。

州代議員を彼らの個々の州で会合させ、共和国の全立法権をもたせよう。州の過半数で問題が決定され、同数の場合には元老院に決定票をもたせることにしよう。

すべての新しい法案は、まず元老院で討議されなければならない。そして、元老院によって否決されても、もし一〇人の元老院議員が主張し抗議すれば、それは州に送られねばならない。元老院は、もし望むなら、法案の写しに、それを承認あるいは否決する理由をつけ加えることができる。

必要とされるすべての細かな法案のために、すべての州代議員を集合させるのは面倒であろうから、元老院はその法案を州政務官に送付するか、それとも州代議員に送付する選択権をもっている。

政務官は、法案が自らに任されても、もし望むなら、代議員を招集し、案件の決定を彼らに委ねてよい。

その法案は元老院によって州政務官に委託されようと、州代議員に委託されようと、いずれの場合にも、その法案ならびに元老院による理由の写しが、法案について審議するために、州会に指定された日の八日前に、すべての代議員に送られなければならない。そしてその決定が元老院によって政務官に委託されても、もし五名の州代議員が、代議員の全体会議を招集し、案件を彼らの決定に委ねるように政務官に命じれば、彼らはそれに従わなければならない。

州政務官か州代議員は、自分の州の元老院議員に、元老院に提案されることになる法案の写しを与えてよい。そしてもし五つの州が一致して同一の命令を出すなら、その法案は、元老院によって否決されても、五つの州の命令にある通りに、州政務官かそれとも州代議員に届けられねばならない。

いかなる二〇州も、州政務官か州代議員の票決によって、どんな人でも一年間、一切の公職から離れさせることができる。二〇州なら三年間である。

元老院には、元老院自体の議員の誰か、あるいは一定数の構成員を、その年に再選されないように追放する権限がある。しかし、元老院は同一州の元老院議員を一年に二度追放することはできない。

旧元老院の権限は、州代議員の年次選挙後、三週間のあいだ、存続する。それからすべての新しい元老院議員は枢機卿のように、秘密会議室（conclave）に閉じ込められ、例えばヴェネツィア（訳注5）やマルタの投票のような、込み入った無記名投票によって、次のような政務官を選出する。すなわち、共和国の尊厳を代表し、元老院を主宰する護民官（Protector）、二名の国務大臣、以下の六つの会議の議員、すなわち国務会議、宗教学術会議、商務会議、法務会議、戦争会議、海軍会議であり、各会議は五名からなっている。これに六名の財務委員と一名の委員長が加わる。これらすべては元老院議員でなければならない。元老院はまた、外国の宮廷へ派遣するすべての大使を任命するが、大使は元老院議員でもそうでなくてもよい。

元老院は以上の政務官の一部あるいは全員を継続させることができるが、毎年、改選しなければならない。

（訳注5） ハリントンは『オシアナ』でヴェネツィアの投票を採用した。ジョン・アダムズは『アメリカ合衆国の統治構造の擁護』（一七八七年）第一巻第二章のなかで、それを「選択と偶然の複雑な混合」と語った。ドージェの選出をとってみても、五回の投票と五回の抽選を組み合わせて行なわれた。藤内哲也『近世ヴェネツィアの権力と社会』、昭和堂、二〇〇五年、三二頁その他。Miller, p. 518 note も参照。

護民官と二名の国務大臣は国務会議に議席と投票権をもつ。この会議の仕事は一切の対外政治である。国務会議は、すべての他の会議に議席と投票権をもつ。

宗教学術会議は大学と僧職を監督する。商務会議は商業に関係するような一切の事柄を監督する。法務会議は下級政務官によるすべての法の濫用を監督し、国内法についてどのような改善が可能かを検討する。戦争会議は民兵とその訓練、火薬庫、軍需品倉庫などを監督し、共和国が戦争に入った場合には、将軍に命じる適切な指令を検討する。海軍会議は、海軍に関して同様な権限をもつが、これに加えて、艦長とすべての下級士官の任命権をもつ。

これらの会議のいずれも、元老院からこのような権限を受け取る場合以外には、自ら命令を出すことはできない。これ以外の場合には、彼らは一切の事柄を元老院に伝えなければならない。

元老院が休会中の場合は、これらの会議のいずれでも、元老院の会合に指定された当日以前に元老院を召集することができる。

これらの会議に加えて、もう一つ、〈競争者〉会議（the court of *competitors*）と呼ばれるものがあって、これは次のような構成になっている。もし元老院議員の職務に立候補した者が代議員の三分の一以上の票を得るならば、選出された元老院議員についで、最も多くの票を得た候補者は、一年間、一切の公職に、政務官や代議員の職にさえ就けなくなる。しかし、彼は競争者会議に議席を得る。だから、この会議はときに一〇〇名からなることもあり、ときには一人もいないこともあり、そのため一年間、廃止になることもある。

競争者会議は共和国においてまったく権力をたない。それは公共の会計の監督と、誰をも元老院に告訴する権限だけをもつ。もし元老院が被告を無罪にする場合には、競争者会議は、もし望むなら、人民に、すなわち政務官もしくは代議員に訴えることができる。この訴えに基づいて、政務官あるいは代議員は競争者会議が指定した日に会合し、各州で三人の人物を選出する。それにはすべての元老院議員は除かれる。これらの人びとは合計三〇〇名となるが、首都において会合を開き、被告を新たに裁判にかけるのである。

競争者会議は元老院にどんな法案でも提出することができる。そして却下された場合には、人民に、すなわち政務官か代議員に訴えることができ、彼らはそれぞれの州においてそれを検討する。競争者会議の投票によって元老院から追放されるすべての元老院議員は、競争者会議に議席を得る。

元老院は、上院 (house of lords) のもつすべての司法上の権威、すなわち下級会議からの一切の訴えに対する司法権をもっている。それはまた大法官とすべての法務官を任命する。

各州はその内部においては一種の共和国であり、代議員は州の法律を制定できるが、この法律は票決の三ヵ月後までは権威がない。この法律の写しは元老院、および他のすべての州に送付される。元老院または、どの一つの州でも、どんなときにも、他の州のどんな法も無効にすることができる。

代議員は裁判、拘留などにおいて、ブリテンの治安判事がもっているすべての権限をもっている。

政務官は各州の歳入関係のすべての官吏の任命権をもっている。歳入に関するすべての訴訟は、最終的には政務官への訴願となる。政務官はすべての歳入官吏の決算報告に承認を与える。しかし、政務官自身の決算報告はすべて、年度末に代議員によって検討され承認されねばならない。

政務官はすべての教区に対して教区長、すなわち牧師を任命する。

長老派統治が確立される。したがって、最高宗教会議は、その州のすべての長老の集会、すなわち宗教会議である。政務官はこの会議からのどんな訴えも取り上げ、自らそれを決定できる。

政務官はどんな長老でも、審問にかけ、免職または停職させることができる。

民兵はスイスのものを模倣して設立されるが、これはよく知られているから、詳述しない(訳注6)。ただこれにつけ加えておいて適当と思われるのは、兵営の義務がまったく分からなくなってしまわないように、毎年二万人が輪番で陸軍に引っ張り出され、夏に六週間、給料が支払われ、野営させられるということである。

政務官はすべての大佐とそれ以下を任命し、元老院はそれ以上のすべての者を任命する。戦時には、将軍が大佐とそれ以下を任命し、その任命書は一二ヵ月間有効である。しかしそれ以後は、その連隊が所属する州の政務官によって、その任命は確認されなければならない。政務官はその州の連隊のいかなる将校も解任できる。また元老院は現役のいかなる将校に対しても同じようにできる。もし政務官が将軍の選任を確認するのを適当と考えないならば、彼らが退けた将軍の代わりに別の将校を任命できる。

(訳注6) 十三世紀後半からスイス連邦を構成するカントンは相互防衛に民兵を用いることを誓った。この市民軍は祖国の独立を外敵から守ることに成功した。その原理はすべての強健な成年男子が軍役に参加し、武器を受け取り、正規の訓練を受ける

ことであった。このスイス型の民兵が共和国の軍事制度として適切であるということの緻密な議論は、ルソー『ポーランド統治論』第一二章に見られる。Miller, p. 521 note.

すべての犯罪はその州内において州政務官と一人の陪審員（jury）とによって裁判にかけられる。しかし元老院はいかなる裁判をも中止させ、それを元老院での裁判に付すことができる。

各州はどんな犯罪であれ、どんな人でも元老院へ告発できる。

護民官、二人の国務大臣、国務会議は、元老院が任命する五名あるいはそれ以上の者とともに、緊急事態にあっては、六ヵ月間、〈独裁〉権力をもつ。

護民官は下位の法廷で弾劾されたいかなる人物も赦免できる。

戦時には、戦地にいるいかなる陸軍将校も共和国のいかなる文官職にも就くことはできない。

首都――われわれはそれをロンドンと呼ぶ――は、元老院に四議席を与えられるであろう。したがって、それは四つの州に分割されても構わない。それらの各州の代議員は、一名の元老院議員と一〇名の政務官を選出する。したがって、首都には、四名の元老院議員と、四〇名の政務官と四〇〇名の代議員がいることになる。政務官は州の政務官の場合と同じ権限をもつ。代議員もまた同様の権限をもつが、彼らは一つの総会に集合しないで、彼らの個々の州または数百の教区（division of hundreds）において投票を行なう。

政務官が、首都法（city law）を制定する際には、州または教区の過半数で事柄が決定される。そして同数の場合、政務官が決定投票権をもつ。

政務官は市長、州長官（sheriff）、書記、およびその他の首都（city）の役人を選任する。

共和国では、代議員、政務官、あるいは元老院議員は、その資格では一切給料をえない。護民官、国務大臣、会議委員、および大使は給料をえる。

各世紀の初年は、時が経つにつれて代議制に生み出されてきたあらゆる不平等を是正することに当てられる。これは立法機関によってなされなければならない。

次の政治上の格言は、以上のような規定の理由を説明することになるであろう。

下層の人びとや小土地所有者は、身分や住居が自分たちとさほどかけ離れていない人については、十分に優れた判定者である。したがって、彼らの地域の教区会議では、おそらく最上の、あるいは最上に近い代表を選ぶであろう。しかし、彼らは州議会や共和国のもっと高い地位に選出されるにはまったく不適任である。彼らの無知のために、高官たちに彼らを騙す機会が与えられるからである。

たとえ毎年選挙されることがなくとも、一万人〔の代議員が〕いれば、どんな自由な統治にも十分に大きい基礎となる。なるほどポーランドの貴族は一万人以上であり、しかもこれらの貴族は人民を圧迫している。しかし、そこでは権力が常に同一人物や同一の家系に握られ続けており、そのために、彼らはある意味で、人民とは異なる国民となっている。それどころか、そこでは貴族は少数の族長のもとに一致団結しているのである。

すべての自由な統治は二つの会議から成り立たねばならない。比較的少数のものとより多数のもの、すなわち言い換えると、元老院と人民から成り立たねばならない。ハリントンが述べているように、人民は、元老院がなければ知恵を欠くであろうし、元老院は、人民がいなければ誠実さを欠くであろう。

例えば、人民を代表する一〇〇〇人の大集会は、もし討議することが許されれば、混乱に陥るであろう。もし討議することが許されなければ、元老院が人民に対して拒否権を、しかも最悪の種類の拒否権、人民の決議に先行する拒否権をもつことになる。

したがって、ここに、いかなる統治もまだ十分に解決していない、しかしその解決は世界で最もたやすい、不都合がある。もし人民が討議するとすれば、ただ混乱するばかりである。もし彼らが討議しなければ、彼らはただ議決できるだけであり、この場合には、元老院が勝手に振る舞う。人民を多数の別々の団体に分けるとすれば、その場合には、彼らは安全に討議でき、したがって、一切の不都合は防止されるように思われる。

レスの枢機卿によれば、人数の多い議会はすべて、いかに構成されていようと、たんなる衆愚（mob）にすぎず、討議ではほんのわずかな動機に左右される。これはわれわれの日常の経験で確認されている。ある馬鹿げた考えがふとある議員の頭に浮かぶと、彼はそれを隣の議員に伝え、その議員がまた隣に伝え、とうとう全体がこの馬鹿げた考えに染まってしまう。この大きな集団を分けるとすれば、たとえ各議員は中程度の分別しかもたなくても、道理に外れたことが全体を支配することは、ありえないであろう。影響力と実例が取り去られるから、多数の人びとのあいだにあっても、良識が悪い考えに常に勝るであろう。(訳注7) 良識はただ一つのことである。ところが、愚行は数え切れないほどある。そしてすべての人にはその人の良識がある。人民を賢明にする唯一の方法は、人民が結合して大きな会議にならないようにしておくことである。

（訳注7） Q版からこのパラグラフの以下の文章は削除。

どんな〈元老院〉においても、防止されねばならない二つのことがある。すなわち、その結合〈combination〉とその分裂である。その結合はきわめて危険である。したがって、この不都合に対しては、われわれは次の対策を用意しておいた。一、毎年の選挙によって、元老院議員を人民に大いに依存するようにすること。しかも、その選挙は、イングランドの選挙人のような分別に欠けた烏合の衆による選挙ではなく、財産と教育を備えた人びとによることである。二、元老院議員にはわずかな権力しか与えられないこと。彼らには好き勝手にできる官職はほとんどないこと。ほとんどすべての官職は、州の政務官によって任命されるものとすること。三、競争者会議は、利害において直接対立し、しかも現在の境遇に不満をもつ彼らの競争者から成っているために、必ず元老院議員にとって不利なあらゆる機会に乗じるであろうということ。

元老院の分裂が防がれるのは、一、その成員を少なくすることによって。二、党派抗争は別々の利害の結合を前提とするので、それは元老院議員を人民に依存させることによって防がれる。三、元老院議員は党派心の強いいかなる成員も追放する権限をもつ。なるほど、同じ精神をもった他の成員がまたその州から出てきたときには、その人を追放する権限は元老院議員にはない。また彼らがそのようなことをするのは適当でもない。というのは、そのことは人民にそうした気分が存在することを示しているからであり、したがって、公共の事柄における何か誤った措置から生じているかもしれないからである。四、人民によってこれほど規則正しく選出される元老院においては、ほとんど誰も、どんな公職にも適格である、と考えられてよいであろう。したがって、元老院議員のあいだで公職を配分することに関して、いくつかの〈一般的な〉決議をしておくことは、元老院にとって適当なことであろう。そのような決議は、危急のときに、どの元老院議員にも、一方ではとくに優れた才幹が見られるかと思えば、他方には途方もない愚かさが現われるような場合、元老院議員を拘束することにならないであろうが、しかし、公職の配分を適切な形にすることによって、策謀[訳注8]と党争を十分に防止できるであろう。例えば、元老院に四年間、議席を持ち続けるまでは、誰もどんな官職にも就けないとか、大使を除いて、誰も二年間、引き続き官職に就いてはならないとか、さらに、誰も下級職を経過せずに上級職に就けないとか、誰も護民官に二度はなれない、などを議決すればよい。ヴェネツィアの元老院は、このような決議によって自治を行なっている。

（訳注8） P版までは **brigue**、Q版からは **intrigue**.

対外政治においては、元老院の利害は人民の利害と離れることはほとんどありえない。したがって、対外政治に関して元老院を絶対的にするのが適切である。そうでなければ、秘密の保持も洗練された政策も望みえない。そのうえ、貨幣がなければ、いかなる同盟も実行できない。だから、元老院はなおまったく人民に依存しているのである。言うまでもなく、立法権は常に執行権に優っているので、政務官や代議員は、彼らが適切と考えるときは、いつでも干渉してよいのである。

ブリテンの統治の主な支えは、利害の対立である。ところが、それは大体において有用であるけれども、限りない党派抗争を生み出す。これまで述べてきた計画案では、利害の対立はすべて有益であり、害は少しもない。〈競争者〉には元老院を制御する力はまったくない。彼らにあるのは、人民に告訴し訴願する権限だけである。

同様に、一〇〇〇人の政務官にあっても、結合と分裂をともに防ぐことが重要である。これは官職と利害の分離によって十分になされる。

しかし、これでは十分でないとしても、選挙の際に、彼らが一万人の代議員に頼らねばならないということが、この同じ目的に役立つ。

以上ですべて終わりというわけではない。というのは、一万人の代議員は、彼らの好むときに、しかも彼ら全員が好むときだけではなく、一〇〇人のうち五人が好むときにはいつでも――これは別個の利害の所在が初めて感づかれれば、起るであろうが――〔政務官の〕権力を取り戻すことができるからである。

一万人というのはあまりにも大きな集団であり、一箇所に会合して野望をもった指導者たちの指揮下に入る場合を除いて、団結したり分割したりすることはできない。言うまでもないが、彼らの毎年の選挙は、人民のほとんど全体による。(訳注9)

(訳注9) Q版から「なんらかの重要性をもった人民の全体による」。

小共和国は、国内においては世界中で最も幸福な統治組織である。なぜなら、万事は統治者たちの目の届く範囲内にあるからである。ところが、それは国外の強大な力によって征服されるかもしれない。〔これに対して、以上に述べてきた〕この計画は、大共和国と小共和国の両方のすべての利点を持ち合わせていると思われる。

州法はすべて、元老院か、それとも他の州によって、無効にすることができる。なぜなら、州法は利害の対立を示すものだからである。このような場合には、どちら側もそれ自体だけでことを決定すべきではない。問題は全体に委ねられねばならない。というのは、全体こそ何が全般的利益に合致するかを最も適切に決定するからである。

聖職者と民兵に関しては、このような団体の理由は明白である。牧師を市民的政務官に依存させず、また民兵をもたずに、自由な統治が安全ないし安定を得ると考えるのは愚かである。

多くの統治組織では、下級の政務官は彼らの野心、虚栄心、あるいは公共心から生じるもの以外に何の報酬も受けていない。フランスの裁判官の俸給は、職務を得るために彼らが支払う金額の利子にも達しない。オランダの市長は、イングランドの治安判事、あるいは以前の下院議員と同様に、直接的な利得はほとんど得ていない。しかし、そのために行政上の怠慢が生じないかという懸念をなくすために（これは、人類が生まれつきもっている野心を考えれば、ほとんど心配するに及ばない）、政務官に見合った俸給を払うようにしよう。元老院議員は非常の多くの名誉もあり金儲けにもなる官職に就くことができるので、彼らの元老院への出席には支払う必要がない。代議員には出席はほとんど要求されない。

上述の統治設計案が、世界にこれまで存在した最も賢明で最も有名な統治の一つである、かつてのあの連合州共和国〔オランダ〕と類似していることを考える人は誰も、この設計案が実行可能であることを疑えない。(訳注10) 現在の計画に見られる変更は、すべて明らかに改善になっていると思われる。一、代議制はより平等である。二、オランダ共和国において完全な貴族政を形成している、都市の市長たちがもつ無制限な権力は、州の代議員を年々選挙する権利を人民に与えることにおいて、よく調整された民主政によって修正されている。三、同盟、講和と戦争、租税の賦課に関して、オランダ共和国の全体に対して各州と各都市がもっている拒否権は、ここでは取り除かれている。四、現計画案では、州は七連合州ほど相互に独立しておらず、また別々の集団をなしてもいない。というのは、連合州では、比較的小さい州や都市が比較的大きな州や都市、とくにホラントとアムステルダムに対してもっている嫉妬と妬みが、しばしば統治を混乱させてきたからである。五、オランダの議会がもっているよりも大きな権力――最も安全な種類のものであるけれども――が元老院に委託されている。このことにより、元老院はオランダの議会で可能なよりも、決議を迅速かつ秘密裏に行なうようになるであろう。

(訳注10) Q版から「賢明で有名な統治である」に変更。

ブリテンの政体を制限君主政の最も完全なモデルにするために、なしうる主要な変更は、次のものではないかと思われる。〈第一に〉、代表を平等にし、また一年につき一〇〇ポンド(訳注11)〔の価値のある財産〕をもたない者には州選挙での投票権を与えないことによって、共和国議会案(訳注12)が復活させられねばならない。〈第二に〉、このような下院は、現在の上院のような、脆弱な上院にとっては荷が重すぎると思われるので、監督とスコットランド貴族とは取り除かれねばならない。というのは、〈先のいくつかの議会での〉彼らの行動が上院の権威をことごとく害ったからである(訳注13)。上院の議員数は三〇〇ないし四〇〇まで増加されねばならない。議席は世襲ではなく終身としなければならない。上院議員は彼ら自身の議員の選挙権をもたねばならない。また下院議員には、〔上院の〕議席が提供されたとき、それを拒否することは許されるべきではない。こうすることによって、上院はその国民のうち、主だった信望と能力と利害関心をもつ人びとから完全に構成されるにいたるであろう。したがって、下院の不穏な指導者はすべて取り除かれ、利害の点で上院と結ばれるであろう。このような貴族政は、君主政にもその反対者〔民主政〕にも優れた防壁となるであろう。現在のな事情である。

ところ、わが統治の均衡は、ある程度、主権者の能力と行動に依存しているが、これは変わりやすく不確実

（訳注11）K版から「年二〇〇ポンド」。

（訳注12）Q版から「クロムウェルの議会設計案」。

（訳注13）Q版で「というのは、……害ったからである」は削除。

制限君主政に関するこうした計画案は、いかに修正されても、なお三つの大きな不都合に逢着しがちに思われる。〈第一に〉、それは〈宮廷〉*court* 派と〈在野〉*country* 派の対立(訳注14)を和らげうるとしても、完全になくすものではない。〈第二に〉、国王の個人の性格が、依然として統治に対して大きな影響力をもつにちがいない。〈第三に〉、武力は常備軍を維持する口実にするために、民兵の訓練を常に軽視しようとする、一人物の手中に握られている。(訳注15)これはブリテンの統治の命取りの病気であり、このためにブリテンの統治はついには不可避的に滅亡するにちがいないことは明白である。しかしながら、スウェーデンは、ある程度、この不都合を取り除いたと思われるのであって、制限王政とともに、ブリテンのものより危険性の少ない常備軍とともに、民兵を保有していると思われるということを、私は認めねばならない。

（訳注14）十八世紀が進むにつれて、大ブリテンの党派対立は、ウィッグとトーリの対立から次第にコート（政権）とカントリ（在野）の対立へと軸心を移していった。

（訳注15）Q版からこのパラグラフの以下の部分は削除。

およそフランスや大ブリテンのような大国は、共和政に形作ることができず、共和政体はただ都市や小領

土で形成できるにすぎない、という通俗的見解の誤謬を述べて、この主題を終わることにしたい。反対のことが明白だと思われる。(訳注16)一都市においてよりも、広大な国において、共和政体を作ることはいっそう困難であるけれども、いったん形成されてしまえば、騒動や党争なしに、確固たる不変のものとしてそれを維持することは、一都市においてよりも広大な国において〔この繰り返しは、K版で削除〕、ずっと容易である。どのような自由な統治の計画案においても、広大な国家の遠く離れている諸地方が結合するのは、容易ではない。しかし、ただ一人の人物に対する尊敬と敬意においてそれらが陰謀を働くことはたやすいことであり、この一人物は、このような人民の人気によって権力を掌握し、頑固な人びとを服従させ、君主政体を樹立するかもしれない。他方、都市は、統治に関して同一の観念に一致することがたやすく、財産の自然的平等が自由を支持し、また互いに近く居住するために、市民は互いに助け合える。絶対君主のもとでさえ、都市の下級の政府は、一般的に共和政的である。これに対して、州政府や属州の政府は君主政的である。しかし、都市において共和国の樹立を容易にするのと同じ事情は、都市の政治構造をいっそう脆弱で不確実なものにする。民主政は騒乱を起こしやすい。というのは、投票や選挙の際に、人民がいかに小集団に分かれ、分裂していても、都市では互いに近くに居住していることが、常に人民の機運と動向の力を非常に強く感じられるものとするからである。貴族政は平和と秩序により適しており、したがって古代の著述家たちに最も称賛された。しかし、貴族政は嫉妬深く抑圧的である。巧みな技術によって形成されている巨大統治においては、共和国の第一段の選挙あるいは第一段の形成に参加することが許されている下層の人民から、すべての動きを指導する上級の政務官にいたるまで、民主政を洗練するに十分な広さと余地がある。それと同時に、地方は遠く離れているために、陰謀や偏見によって、あるいは激情によって、公共の利益に反するようなどんな方策も地方に軽率に採らせることは、きわめて困難である。

こうした政体が永久不滅であるかどうか問うことは無益なことである。人類の限りない企てに関して、〈人間が永遠ならば！〉と叫んだあの詩人の正しさを、わたしは認める。この世界自体もおそらく永遠不滅ではないであろう。人間を根絶やしにするような悪疫が起り、完全な政体でさえもやすやすと隣国の餌食になるままにするような、人間を根絶する悪疫が起るかもしれない。熱狂、その他の人間の心の異常な運動が、人びとをどこまですべての秩序と公共善を無視するようにさせるか、分からない。利害の相違が取り除かれた場合でも、気紛れで説明のできない党争が、個人的な好みや敵意から、しばしば生じる。おそらく、最も正確な政治機構でも、その発条に錆びが生じ、その運動を狂わせるであろう。最後に、大掛かりな征服を追求した場合には、どんな自由な統治もすべて滅亡するにちがいない。しかも、不完全な政府よりも完全な政府の滅亡のほうが、それが不完全な政府より以上にもつ長所そのもののゆえに、滅亡は早いのである。したがって、そのような国家は征服に反対する基本法を樹立すべきである。けれども、共和国は個人と同じく野心を抱いており、また目前の利害のために、人びとは自分たちの後世のことを忘れるものである。全能の神が自身の作品に与えるのを拒否しているように思われる、あの永遠の不滅性を、人間のつくった作品に与えるよう要求せずに、そのような統治が長年にわたって繁栄することになれば、それは人間の努力に対する十分な刺激なのである。

（訳注16）Q版から「ありうる」に変更。

付録

一　貿易の嫉妬について（訳注）

（訳注）　この論説は、M版、一七五八年に初出。

商業諸国民のあいだにすこぶる広く行き渡っている、間違った根拠に基づく一種類の嫉妬（Jealousy）を取り除こうと努力してきたが、これと同様の、根拠がないと思われる、もう一種の嫉妬について述べるのも不適当ではないだろう。商業においていくらかの進歩を遂げた国家のあいだで、近隣諸国の進歩を疑いの眼で見て、すべての商業国（trading states）を競争相手と見なし、近隣諸国の犠牲なしにはいずれの国も繁栄できないと考えることほど、ありふれたことはない。こうした偏狭で悪意のある意見に反対して、私があえて主張したいのは、どの一国民の富と商業の増大も、そのすべての近隣諸国民の富と商業を害うのではなく、通常はそれらを促進するということ、また、すべての周辺諸国が無知、怠惰、野蛮（barbarism）の状態に埋もれている場合には、一国がその商工業（trade and industry）を大いに進歩させることはほとんどできないということである。

一国民の国内産業（domestic industry）は近隣の最高の繁栄によって害を受けることはありえないというこ

と、また商業のこの部門はいかなる大国においても最も重要であるから、この限りすべての嫉妬の理由はなくなるということは、明らかである。しかし、私はさらに進んで、諸国民のあいだに、開かれた通商が保たれている場合には、どの国の国内産業も他の諸国民の改善（improvement）により増進しないはずはない、と述べたい。現在の大ブリテンの状態を二世紀前の状態と比べてみるがよい。農業と手工業（manufactures）の両方のすべての技術は、当時はきわめて粗雑で不完全であった。それ以来、われわれが行なったすべての改善は外国人を模倣することから生じた。したがって、外国人が技術と創意においてそれまでに先行していたことを、われわれはこの限りでは幸いと考えるべきである。しかし、そうした交流は今なお続いていてわれわれの大きな利益となっている。なぜなら、わが国の手工業は発展した状態にあるにもかかわらず、われわれはあらゆる技術において、わが隣人の発明と改善を日々採り入れているからである。財貨が最初に外国から輸入されると、それはわが国の貨幣を流出させるのではないかと考えて、われわれは大いに不満を感じる。しかし、その後、技術自体が次第に輸入されると、われわれの明らかな利益となる。それでもなおわれわれは、隣人が最初に教えてくれなかったなら、われわれは今日でも野蛮人のままであっただろうということを忘れて、彼らが何らかの技術や勤労や発明をもつことに愚痴をこぼすのである。そしてもし隣国がもう引き続き教えてくれないとすれば、諸技術は沈滞状態に陥り、その向上にあれほど寄与する、あの競争心と好奇心（novelty）は失われてしまうにちがいない。

国内産業（domestic industry）の増大は外国商業（foreign commerce）の基礎となる。大量の財貨が国内市場向けに生産され、完成されているところなら、利益をえて輸出しうるいくらかの財貨はいつでも見出される。しかし、もしわれわれの隣国に技術も耕作もないとしたら、彼らはこうした財貨を手に入れられない。なぜなら、彼らには交換に与えるものがないからである。この点では、国家は個人と同じ状態にある。同胞がすべて怠惰というなかでは、一人だけが勤勉であることはほとんどありえない。共同社会の各構成員の富は、私がどのような職業に就いていようと、私の富の増大に寄与する。彼らは私の勤労の生産物を消費し、代わりに彼らの生産物を私に与えるのである。

いかなる国も、隣国が一切の技術と手工業を改良してしまって、自分たちの国に求められる需要がまったく無くなってしまうのではないか、と心配する必要はない。自然は、相異なる天分や気候、あるいは土壌を異なる国民に与えることによって、それらの国民がすべて勤勉であり文明的であり続ける限り、彼ら相互の交通と商業とを保証してきたのである。いな、どの国においても技術が進歩すればするほど、産業の盛んな近隣の諸国民への需要はますます多くなるものである。住民が富裕になり、技術に熟練するようになると、どんな財貨でも最高の出来栄えのものが欲しくなる。それに、そうした住民は交換に与えうる財貨を豊富にもっているから、どの外国からもたくさん輸入する。こうして輸入元の諸国民の勤労（産業）が刺激される。一方、その住民自体の勤労もまた、交換に与える財貨の販売によって、発展するのである。しかし、ある国民が、例えばイングランドにおける毛織物のような、主要産品を何かもっている場合にはどうであろうか？　その手工業で近隣の諸国民が邪魔をすることは、わが国にとって損失にちがいないのではないか？　私の回答はこうである。すなわち、およそある財貨が一国の主要産品と呼ばれる場合、その国はその財貨の生産に何か特別で自然的な利点をもつと考えられる。だから、もしこうした利点にもかかわらず、人びとがこのような手工業を失うのであれば、彼らが非難すべきものは彼ら自身の怠惰か、それとも悪い政治であって、近隣の諸国民の勤労ではない。また次のことも考慮されねばならない。すなわち、近隣諸国民のあいだの勤労の発達によって、すべての特別な種類の財貨の消費もまた増加する。そして外国の製品は市場でわが国民の製品を妨げるとはいえ、それでもわが国の製品に対する需要は引き続きそのままであるか、あるいは増加さえするであろう。また万一この需要が減少したとしても、その結果は、きわめて致命的なものと見なされなくてはならないだろうか？　勤労の精神が保持されてさえいれば、それ〔勤労の精神〕は容易に一つの産業部門から他の産業部門へと転換できよう。例えば、毛織物の手工業者は、リンネル、絹、鉄、その他の需要があると思われるどんな財貨の生産にでも就業しうるであろう。勤労の対象がすべて尽きてしまうのではとか、あるいはわが国の手工業者は彼らが近隣の諸国民の手工業者と同じ基礎に立ち続ける限り、仕事の不足に陥る危険があるのではないか、と心配するには及ばない。競争相手国のあいだの競争心は、むしろわが国の手工業者のすべてのうちに勤労を生き生きと保持するのに役立つ。だから、国民全部が従事しているような、ただ一つの大きな手工業をもつ場合よりも、さまざまな異なる手工業をもつ国民のほうが常に幸いである。こうした国民の状態には不安定さが比較的少ない。彼らは特別な産業部門がどれも絶えず晒されるはずの、もろもろの変革や不確実性をより感じなくて済むだろう。

近隣の諸国民の進歩と勤労を恐れなければならない商業国は、オランダのような国だけである。なぜなら、オランダ人は広い土地に恵まれず、その土地特有の財貨もまったくなく、ただ他の国民の財貨の仲介人や代理人、運送業者となるだけで繁栄しているからである。このような国民が気を回して、近隣の諸国が自らの利益を知り、それを追求するにいたれば、それらの国は自らの業務を自ら管理するようになり、以前に仲介人がそこから得ていた利益を奪うのではないかと心配するのも、もっともである。しかし、こうした結果が案じられるのは当然としても、それが生じるのはずっと後のことである。しかも、それはまったく免れられないとしても、技術と勤労によって、ずっと後代まで防ぎとめることができよう。他国より勝った資本と交通の利点は、非常に顕著で、容易には克服されない。またすべての取引は近隣の諸国の勤労の発展によって増大するのだから、こうした〔仲介という〕不安定な基礎の上に商業が立てられているような国民でさえ、初めのうちは、近隣の諸国民の繁栄状態からかなりの利益を得られるであろう。オランダ人は、彼の国家収入をすべて担保に入れてしまったため、政治的取引において以前ほどの地位を占めていないが、彼らの商業は彼らがヨーロッパ列強のうちに数えられていた前世紀の中頃に占めていたのと少しも違わない地位を保っているのである。

かりにわが国の偏狭で悪意ある政策が成功したとすれば、われわれはすべての近隣の諸国民をモロッコやババリア海岸地方に広く行き渡っているのと同じ、怠惰と無知の状態に引き下げてしまうことになる。だがその結果はどうか？　近隣の諸国民はわれわれに財貨を少しも与えられず、一方、彼らはわが国から何も受け取れないであろう。だからわが国の国内商業自体が、競争心も模範も指導もなくなって衰退するであろう。したがって、われわれ自身も遠からず、われわれがそこへ近隣の諸国民を引き下げてしまったのと同じ惨めな状態に陥るであろう。それゆえ私はあえて認めたい。私は、人類の一人としてはもちろんのこと、イングランド臣民の一人としても、ドイツ、スペイン、イタリア、それにフランスさえもの商業の繁栄を願っている。少なくとも私の確信するところでは、大ブリテンと右のすべての諸国民の主権者や大臣が、お互いにこのような寛大で博愛的な考えを採り入れるならば、これらすべての国民はもっと繁栄するはずである。

二　原始契約について

現代では、政党はその政治的ないし実践的な原理体系につけ加えて、哲学的あるいは思弁的な原理体系をもたずに、やっていけるとは主張できない。したがって、この国民を分割している政党の各々は、それが追求している行動計画を擁護し守るために、この種の構築物を作り上げていることが分かる。人民は、とくにこのような思弁的な点では、普通きわめて粗雑な建築家であり、しかも彼らが党派的熱狂によってつき動かされている場合には、なおさらである。したがって、彼らの仕事の出来栄えが少々冴えないものであり、それを作り上げる際には、乱暴さと性急さの明白な徴を露呈するにちがいない、と〔われわれが〕想像するのも自然のことである。一方の政党は、統治〔政府〕の起源を神にまで遡り、政府をきわめて神聖かつ不可侵なものにしようと努め、その結果、統治がいかに無秩序になろうとも(訳注1)、それにほんのわずかでも手出しをするか、それを侵害することは、冒瀆も同然とされるにちがいない。もう一つの政党は、統治をまったく人民の同意に基礎づけることによって、一種の〈原始契約〉*original contract* が存在するのであって、この契約によって、臣民は、彼らが特定の目的のために、自発的に主権者に委託したあの権威によって虐げられたときにはいつでも、主権者に抵抗する力を〔暗黙のうちに――R版での加筆〕保留している、と想定する。以上が両政党の思弁的原理であり、またそれらから引き出される実践的帰結でもある。

〔訳注1〕 D版からQ版までは「無秩序に」、R版から「圧政的に」。

ところで、あえて主張しておきたいが、〈これらの思弁的原理の体系はともに正しい。ただし、それは両政党が意図した意味においてではない。また、実践的帰結の計画はともに慎慮に適っている。ただし、各政党が互いに対立し、一般にその計画を推し進めようと努めるのが常だった、極端な場合はそうではない〉。

神がすべての統治の究極的な作者であるということは、およそ一般的な摂理を認めて、宇宙における一切の出来事は一定不変の計画によって導かれ、思慮深い目的へと向けられていると考える人なら、けっして否定しないであろう。人類が統治組織の保護を受けずに、少なくとも快適あるいは安全な状態で生存することは不可能であるから、それ〔統治組織〕は、確かに、被造物すべての幸福を意図するあの恵み深い神（beneficent Being）によって企てられたものに相違ない。またそれ〔統治組織〕は、事実、あらゆる国、あらゆる時代に、普遍的に生じているから、それはいかなる出来事や作用によってもけっして欺かれることのありえない、あの全知の神（omniscient Being）によって意図されたものである、となおいっそう確実に、われわれは結論しうるであろう。しかし、神はそれを何か特定の、あるいは奇蹟的な介入によってではなく、彼の隠された普遍的な力によって創り出したのである。したがって、適切に言えば、主権者はおよそ一切の権力や実力が神に由来しており、したがって、神の委託によって行為すると言いうる以外に、他のいかなる意味においても、神の代理者とは呼べない。実際に起こるすべての事柄は、摂理の一般的な計画ないし企図のなかに含まれている。最も偉大で最も合法的な君主といえども、下級の行政官や、それどころか王位簒奪者や、さらには盗賊や海賊と同様に、特別な神聖さや不可侵の権威を要求する理由を持ち合わせていないのである。賢明な目的のために、エリザベスやアンリ四世[(1)][(訳注2)]のような人物に権威を授けた、当の神聖な管理者（divine Su-per-intendant）はまた、われわれには分からないけれども、疑いもなく同様に賢明な目的から、ボルジアやアングリアのような人物にも権力を与えたのである。あらゆる国家において主権を生み出した同じ原因がまた、国内のすべての下級の支配権（司法権 jurisdiction）、およびすべての制限された権威をも樹立したのである。したがって、一介の警官といえども、国王に劣らず、神の委託によって行為し、また不可侵の権利をもっているのである。

（訳注2）Q版から「ティトゥスやトラヤヌス」。

すべての人が、教育によって能力が開発されるまでは、身体の力においても、それどころか精神的な諸力と能力においてさえ、いかにほとんど平等であるかをわれわれが考えるとき、最初に人びとを結合し、いかなる権威にも服従させることができたのは、彼ら自身の同意（consent）にほかならないということを、われわれは必然的に承認しなければならない。われわれが統治の最初の起源を森林や砂漠のなかに辿るとしても、人民こそすべての権力と支配権の源泉であり、平和と秩序のために、自分たちの生まれながらの自由を自発的に放棄し、彼らの同輩と仲間から法を受け取ったのである。彼らが自ら進んで服従した際の条件は、

（1）フランスのアンリ四世。

明示的に述べられたか、それともあまりにも明白なことであるので、明示的に表現するのは余計であると見なされた、と考えてよいであろう。そこで、もしこれが〈原始契約〉の意味するところであるなら、すべての統治は、最初は契約（contract）に基づくものであり、人類最古の未開な結合体でさえも、まったくこの原理によって形成された、ということは否定できない。われわれの自由のこの憲章を探し求めるために諸々の記録を追いかけても無駄である。(訳注3) それは羊皮紙にも、また木の葉や樹皮にも、書かれなかった。それは文字の使用や、その他すべての文明的な生活技術（civiliz'd arts of life）の使用に先行していた。しかし、われわれは、このような契約の痕跡を人間本性のうちに、また人類に属するあらゆる個人に見出される平等性（equality）(訳注4) のうちに、明白に跡づける。現在支配的であり海軍と陸軍に基礎をもつ実力は、明らかに政治的なものであり、権威、確立された統治の結果に由来している。一人の人間がもつ自然的な実力は、ただ自身の手足の活力と気力の大小にあるだけであり、これだけで多数の人びとを彼の命令に服従させることはけっしてできないであろう。そのような影響力を持ちうるのは、多数者自身の同意と、平和と秩序の利益に関する多数者の感覚以外のなにものでもない。

（訳注3） Q版から「われわれの自由に関するこの憲章はどんな記録に記されているのか、とわれわれに尋ねられても、無駄である」。
（訳注4） Q版で「ないし平等性にほぼ近いもの」を加筆。

けれども、(訳注5) この同意ですら長いあいだきわめて不完全であり、正規の行政の基礎とはなりえなかった。族長は、おそらく戦争の継続中にその影響力を獲得したのであるが、命令よりも説得によって支配した。したがって、彼が手に負えない反抗的な連中を押さえつけるために武力を行使できるまでは、社会は市民政府（civil government）の状態に達したとはほとんど言えないものであった。一般的な服従に関して、いかなる契約も協定もはっきりと結ばれなかったことは、明らかである。それは未開人にはまったく理解できない観念であった。族長の権威の行使はいつでも個別的であり、しかも現下の緊急事態によって要請されたにちがいない。族長の介入から生じる明白な効用（utility）が気づかれるにつれて、こうした権力の行使は日を追って頻繁になり、この頻繁さから次第に、ある習慣的な、および、もしそう呼びたければ、自発的な、したがって不安定な、黙諾が人民に生じたのである。

（訳注5）このパラグラフはR版で追加。

しかし、一政党を支持した（もし、それが言葉の矛盾でないとすれば）哲学者たちは、こうした譲歩に満足しない。彼らは最初の幼年期の統治が人民の同意、あるいは自発的な結合〔黙諾――R版から〕から生じたと主張するだけではなく、それが完全な成熟に達した現在でさえ、それ以外の基礎には基づかないと主張している。彼らは、すべての人間は依然として平等に生まれついており、したがって〈約束〉による義務と裁可によって束縛されるのでなければ、君主や政府に対してけっして忠誠を負わない、と断言する。またなんらかの等価なしには、彼の生まれながらの自由の利益を放棄してまで、他人の意思のままになろうとする人はいないから、この約束はいつも条件付と解され、彼の主権者から正義と保護が得られるのでなければ、彼に何らの義務も課すものではない。こうした利益を主権者は〔服従の〕代償として約束する。したがって、もし主権者が〔この約束を〕履行できないならば、彼は自分の側で約束の条項（articles of engagement）を破ったのであり、それによって彼の臣民をすべての忠誠の義務から解放したのである。こうした哲学者たちによれば、以上があらゆる統治の権威の基礎であり、またあらゆる臣民が所有する抵抗権（right of resistance）なのである。

しかし、これらの理論家たちも、世界を広く見渡してみれば、彼らの思想に少しでも合致するもの、あるいはそのように洗練された哲学体系を保証しうるものにはまったく出くわさないであろう。それどころか、臣民を自分の財産であると主張し、征服か継承に由来する、独立した主権者の権利を主張する君主たちを、われわれはいたるところに見出すのである。同時にまた、君主の側にこの権利を承認し、それぞれの定まった両親に対する尊敬と義務に束縛されて、あたかも人が生まれてくるのとちょうど同じように、一定の君主に対しても忠誠の義務を負って生まれてくるものと思い込んでいる臣民を、いたるところに見出すであろう。ペルシアや中国、フランスやスペイン、それどころかオランダやイングランドにおいてさえ、上述の学説が教え込まれていないところではどこでも、君臣の関係は親子の関係と同じく、われわれの同意とは無関係であると常に考えられている。服従や隷属がきわめてありふれたものとなっているため、たいていの人は、その起源や原因について、重力や抵抗の原理、あるいは最も普遍的な自然法則に対してと同様に、けっして詮索しようとはしない。あるいは、かりに彼らが好奇心に駆られることがあっても、彼ら自身や彼らの祖先が、幾時代ものあいだ、それどころか太古の昔から、そのような政体ないし、そのような王家に服従してきたのだということを聞かされるや否や、彼らはたちまち黙認し、忠誠の義務を承認してしまうであろう。もしあなたが、政治上の人間関係はもっぱら自発的な同意あるいは相互の約束に基づくものであるなどと説くようなことがあれば、世界中の大半のところでは、為政者はあなたを服従義務の束縛を揺るがす扇動者として、たちまち投獄するであろう。ただその前にあなたの友人が、そのような馬鹿げたことを主張するのは気が変になったにちがいないとして、あなたを監禁してくれなかったらのことである。あらゆる個人が、しかも理性を用いるようになった後に行なったと想定されているあの精神的行為――もしそうでなければ、それは権威をもちえないであろうから――が、彼らのすべてにこれほどまでに分からないものとなり、その結果、その痕跡や思い出がこの全地球上にほとんど残っていないということは、奇妙なことである。

しかし、政府の基礎となっている契約は〈原始契約〉であると言われている。したがって、それはあまりに古い話であるために、現代の世代には分からないのだと考えられるかもしれない。もしこの原始契約という言葉が、原始人がそれによって最初に社会を形成し、彼らの力を一つに結合するようになった協定（agreement）を意味するのであれば、これは事実そうであったと認められる。しかし、それにしても、それはきわめて遠い昔のことであり、しかも政府や君主の無数の交替によって忘れ去られているから、それが現在もなお何らかの権威を保有しているとは、到底考えられない。およそ物事を適切に言おうとすれば、現在合法的であり、何らかの忠誠の義務を臣民に課している政府ならすべて、それは、最初は同意と自発的な契約に基づいていた、と主張しなければならない。しかし、こうした原始契約は、父祖のそのような同意が子孫を末代に至るまで拘束することを想定する（共和政を支持する文筆家はこれをけっして認めないであろうが）という点を別としても、そもそもこのような契約は、世界のいかなる時代や国においても、歴史や経験によっては正当化されないものである。

現在、存在している、あるいは歴史に何らかの記録を留めているほとんどすべての統治は、もともと簒奪か、それとも征服か、あるいはその両方に基づくのであって、人民の公正な同意、あるいは自発的な服従を理由とするものではない。狡猾で大胆な人間が軍隊や党派の長となる場合、ときには暴力を揮い、ときには偽りの口実を設けて、自分の仲間より百倍も多い人びとに対して支配を確立することは、彼にはしばしばたやすい。彼は敵がその人数や勢力を確実に知ることができるような、公然たる相互の連絡を許さない。彼は敵が彼に反対するために一団となって結集する暇を彼らに与えない。彼の簒奪の手先である連中でさえ、皆彼の失墜を願っているかもしれないが、しかし、彼らは互いに相手の意図が分からないということが、彼らをいつまでも臆病にさせるのであり、これが彼の安泰の唯一の原因なのである。このようなやり方で、多くの統治が樹立されてきたのであり、これが彼ら〔哲学者たち〕が自慢しなければならない〈原始契約〉のすべてなのである。

小さな王国が発展して大帝国となり、大帝国が解体して小王国となり、植民地が創設され、民族が移住することによって、地球の表面は絶えず変化している。これらすべての出来事のうちに、武力と暴力以外に、何かが発見できるだろうか? これほど盛んにもてはやされている相互協定や自発的連合〈voluntary association〉はどこにあるのだろうか?

一国民が外国の支配者を受け容れる最も穏やかな方法、すなわち結婚とか遺言による場合でさえも、人民にとってはあまり名誉なことではない。この方法には、持参金や遺産と同様に、人民は彼らの支配者の恣意や利害に従って処分できる、という考えが前提されているのである。

しかし、何ら武力介入がなく、選挙が行なわれる場合、かくも盛んに誉めそやされているこうした選挙とは何であろうか？　それは全体のために決定を下し、対立ないし反対〔M版から「対立ないし」は削除〕を許さない少数のお偉方〔の結託――M版からの加筆〕か、それとも群集のうちの、おそらくわずか一ダースの人びとにも知られておらず、その栄達を彼自身の横暴とか、彼の仲間の一時的な気紛れとかに負っている、扇動的な首謀者に追随する烏合の衆か、そのいずれかである。(訳注6) また稀なことでもあるが、(訳注7) このような無秩序な選挙は、すべての統治と忠誠の義務の唯一の合法的な基礎となりうるほど、大きな権威をもつものであろうか？

(訳注6)「烏合の衆」(rabble) はM版で「烏合の衆の激情」、Q版から「群集 (multitude) の激情」に変更。
(訳注7) M版からはここで改行。

実際、統治の全面的な解体ほど恐ろしい出来事はない。というのは、統治は群集に自由を与え、新政府の決定あるいは選択を、人民全体の数にほぼ近い数に――なぜなら、それは人民の全体に完全に及ぶことはないから――依存させるからである。そのようになれば、すべての賢者は、強力で忠実な軍隊の頭に、速やかに勝利を収め、独力では支配者を選ぶことにきわめて不適な人民に支配者を与える、将軍の就任を願うようになる。つまり、事実と現実は、上述の哲学的な観念とこんなにもわずかしか一致しないのである。

名誉革命の決着に欺かれないようにしよう。あるいは、統治の哲学的起源に惚れ込むあまり、他のすべてを奇怪で変則的だと想像しないようにしよう。名誉革命という出来事でさえ、このような精妙な観念に合致するどころではなかった。そのとき変革されたのは継承だけであり、それも統治のうち、ただ王の部分だけであった。しかも、七〇〇万人〔一〇〇〇万――M版から〕に近い国民に対してこの変革を決定したのは、多数と言ってもわずか七〇〇人にすぎなかった。(訳注8) 実際、これらの七〇〇万〔一〇〇〇万――M版から〕の人びとの大部分が喜んでこの決定を黙諾したことを、私は疑わない。しかし、この問題はいささかでも彼らの選択に委ねられたであろうか？　問題は〔彼らが黙諾した〕その瞬間から、決着した、したがって新しい主権者への服従を拒否したすべての者は処罰されるのだ、と正当にも考えられたのではなかろうか？　そうでなければ、いかにしてこの問題は何らかの結末ないし決着をつけることができただろうか？

(訳注8)　一六八九年のウィリアムとメアリへの王位継承はイングランドとスコットランドの議会で承認されたが、ヒュームが言う七百人の多数決というのは、ウィリアムとメアリ亡き後の王位継承順位を決定した両議会の投票数を指すのであろう。**Miller, p. 472 note** を参照。現在の研究では一六八九年の名誉革命時のイングランドの人口は、約四九一万人、一七四八年当時で、五六六万人と推計されている（B・R・ミッチェル著、犬井正監訳『イギリス歴史統計』、原書房、一九九五年、七頁）。ヒュームの言う七百万人というのはスコットランドの人口を、一〇〇〇万人はさらに植民地の人口も含む数とすれば現在の推計と近くなるが、イングランドだけの人口を指しているとすれば、過多である。

アテナイの共和国は、われわれが歴史で読む最も大規模な民主政であったと、わたしは信じる。けれども、もしわれわれが女性、奴隷、および外国人に必要な斟酌を加えるならば、その共和国の最初の設立を行なったのも、法案を票決したのも、共和国に服従義務を負った人びととの一〇分の一に満たなかったことが分かるであろう。まして、アテナイ人が征服の権利によって自国の領土だと主張した島々や海外領土については言うまでもない。またその都市の民会が、それを規制する形式〔Q版から「制度」〕や法律があるにもかかわらず、いつも放縦と無秩序とをきわめていたことは、周知の通りである。したがって、民会が国制をいまだ確立せず、古来の統治が解体したときに、新しい統治を生み出すために、騒然としながら集まる場合、民会の無秩序ぶりは、さらにどれほどひどいものであっただろうか？　このような事情のもとで選択を語ってみても、いかに空想的にちがいないことだろうか？
（訳注9）アカイア同盟は、古代全体のなかで最も自由で最も完全な民主政を享受した。しかし、ポリュビオスから分かるように、（2）アカイア同盟にいくつかの都市を無理やりに加入させるために、彼らは武力を行使したのであった。

（訳注9）　次の二つのパラグラフはK版で追加。

イングランドのヘンリ四世とヘンリ七世とは、事実、議会による選任以外には、王位に就く資格をもっていなかった。しかし、彼らはそれによって自らの権威が弱められないように、それをけっして承認しようとはしなかった。もしすべての権威の唯一の真の基礎が同意と約束であるとすれば、これは奇妙ではないか！
人間界の出来事の必然性がそう認めるかのごとくに、すべての統治は、最初、人民の同意に基づいているとか、基づくべきであると主張してみても、無益である。このような見解は、私の主張にまったく有利である。わたしは、人間界の出来事には、こうした同意は全然認められず、また同意らしく見えるものもほとんど認められない、と主張する。それどころか、征服や簒奪、つまり平明に言えば、武力が、旧来の統治を解

（2）〔ポリュビオス『歴史』〕第二巻第三八章。

体させることによって、かつてこの世に樹立された、ほとんどすべての新しい統治の起源なのである。そして同意があったかのように見える少数の場合においても、それはきわめて変則的で、非常に制限されたものであるか、あるいは欺瞞か暴力のいずれかを多分に混合しており、何らかの大きな権威を持ちうるものではない。

[訳注10]私がここで意図しているのは、人民の同意が現に存在している場合に、それが統治の一つの正当な基礎であることを否定することではない。人民の同意は確かに何にもまして最善、かつ最も神聖な基礎である。ただ、私が主張したいのは、同意はいかなる程度のものであれ、生じたことがほとんどないし、完全な程度の同意に至っては、まったく存在しなかったということである。したがって、統治の他の何らかの基礎もまた承認されなければならない、ということである。

(訳注10) このパラグラフと次のパラグラフとはK版で付加された。

もしすべての人が正義に対して非常に確固たる尊重の念をもち、したがって、おのずから他人の財産に手を出すことがまったくなかったならば、人間は永久に絶対的な自由の状態に留まり、いかなる為政者や政治社会にも服従しなかっただろう。しかし、これは完全な状態であって、人間本性はそうはありえないと考えるのが正当である。また、すべての人びとがいつも自分自身の利害を知っているほど、完全な理解力をもっているとすれば、同意に基づいて樹立され、社会の全構成員によって完全に精査された統治形態以外のものに服従するようなことは、かつてなかっただろう。だが、この完成状態は先の場合と同様に、人間の本性をはるかに越えたものである。理性、歴史、および経験がわれわれに示すところでは、すべての政治社会は、もっと不正確で変則的な起源をもっている。そして公共の取り決め（public transactions）において、人民の同意が最も尊重されなかった時期を選び出すとすれば、それはまさに新しい統治が樹立されるときであろう。すでに確立された国制においては、人民の性向はしばしば考慮される。しかし、革命、征服、および公共の動乱といった激情の時期には、軍事力または政治術（political crafts）が通常は抗争に決着をつけるのである。

新しい政府が樹立される場合、その技術はいかなるものであれ、人民は普通それに不満を感じており、したがって忠誠や道徳的義務の観念から以上に、恐怖と必要から服従する。君主は油断せず、嫉妬深く、すべての謀叛の芽や兆候に対する監視を怠らないにちがいない。時の経過とともに、これらすべての困難が徐々に取り除かれて行き、国民は、はじめは簒奪者ないし外国の征服者と彼らが見なした一族を、彼らの合法的な君主、あるいは土着の君主と見なすように慣らされていく。こうした意見を基礎づけるために、君主は自発的な同意や約束の観念に頼ったりはしない。なぜなら、この場合、そのようなことが期待されるか、要求されるかしたことはけっしてなかったことを、君主は知っているからである。最初の体制は、暴力によって形成され、必要から服従された。その後の行政もまた力によって維持され、選択の問題としてではなく、義務の問題として、人民によって黙諾される。人民は、自分たちの同意が彼らの君主にその資格を与えるのだとは、想像しない。しかし、彼らは進んで同意する、なぜなら、彼らは君主が長期にわたる占有により、彼らの選択や意向とは独立に、その資格を獲得してしまったと考えるからである。

立ち去ろうと思えば立ち去れるような、君主の支配のもとで生活することによって、各人が君主の権威に〈暗黙の〉同意（*tacit* consent）を与え、彼に服従を約束しているのだと主張されるなら、そのような暗黙の同意にしても、この〔立ち去るか否かの〕問題は自分の選択次第だと人が想像する場合にだけ、成り立ちうるにすぎない、と応酬できよう。だが、ある一定の君主あるいは統治に対して、自分は生まれながらに忠誠の義務を負っている、と彼が考える場合（確立された統治のもとに生まれてくる、すべての人が考えるように）、同意や選択を推論するのは馬鹿げていよう。なぜなら、この場合、それを彼は明らかに放棄し否認しているからである。

貧しい農民や職人が自分の国を離れる自由な選択権があると、われわれはまじめに主張できるであろうか？　外国の言葉も生活様式も知らず、稼いだわずかな賃金でその日暮らしをしているのだから。ある人が、眠っているあいだに船に乗せられ、船から離れようとする瞬間に、大洋に落ちて死んでしまうにもかかわらず、船内に留まっていることによって、その人が船長の支配に自由な同意を与えているのだ、とわれわれが主張するのと同然であろう。

もし君主が自分の臣民に対して彼の領土を離れることを禁じるとすればどうであろうか。例えば、ティベリウスが、かの皇帝〔ティベリウス〕の暴政を逃れるためにパルティア人のもとへ逃亡を試みたとして、ローマの一元老院議員を処罰したように？(3)(訳注11)　あるいはまた、古代ロシア人（Muscovites）が旅行をすべて死刑によって禁じたように？　またもし、彼の臣民の多くが外国へ移住したいという熱狂にとりつかれ、それに君主が気づくなら、彼は疑いなく自国の人口減少を防止するために、正当な理由と正義をもって、それを規制するであろう。かくも賢明で正当な法律によって、彼はすべての彼の臣民の忠誠を失うであろうか？　しかし、この場合、臣民の選択の自由は、確かに彼らから強奪されているのである。

（訳注11） M版から「ティベリウスの時代に、この皇帝の暴政を逃れるために、ローマの一騎士団員がパルティア人のもとへ逃亡を企てることが犯罪と見なされたように(3)」と変更。

一団の人びとが、ある無人の地域に住むために、彼らの生国を後にするとすれば、彼らは生まれながらの自由を回復することを夢見るであろう。しかし、彼らの新しい定住地においてさえ、彼らの君主が依然として彼らに対する要求を行ない、彼らを自分の臣民と呼ぶことが、まもなく分かるであろう。しかもこの場合、君主はまったく人類の普通の考え方に従って行動するであろう。

これまでに観察された、この種の〈暗黙の〉同意がもっともよく妥当するのは、外国人がどこかある国に定住し、しかも彼が服従しなければならない君主や政府、法律をあらかじめ熟知している場合である。しかし、彼の忠誠は、その国で生まれた臣民の場合に比べて、より自発的ではあるが、期待されるか信頼されるかではばるかに劣る。逆に、彼が生まれた国の君主は、依然として彼に対する権利を主張する。したがって、旧君主が新君主の将校となっている移住者を戦争で捕らえる場合、もし旧君主がこの裏切者を処罰しないとすれば、こうした寛大な処置は国内法に基づくものではない。なぜなら、国内法は、すべての国において、捕虜を処罰するからである。むしろそれは報復を防ぐために、こうした寛大な処置をとることを協定した君主たちの同意に基づくものである。

(訳注12)蚕と蝶の場合のように、人間のある世代が突如として舞台を去り、別の世代がそれに続くものとすれば、

（3） タキトゥス『年代記』第六巻第一四章。

新しい種族は、彼らの統治を選ぶに足るだけの分別（sense）をもっている——これは確かに人間にはありえないことだが——とした場合、彼らの祖先のあいだで支配的であった法律や先例などをなんら省みずに、自分たち自身の市民的政体（form of civil polity）を自発的に、かつ一般的な同意によって樹立することであろう。しかし、人間の社会は変転常ならぬものであり、毎時間この世から去る者があるかと思えば、この世に生まれてくる者もあるのだから、統治の安定を維持するためには、子供たちが確立された国制に順応し、父祖たちがその父祖の足跡を歩んで、新しい世代にはっきり示してくれた道にほぼ従っていくことが必要なのである。人間の制度にはすべて、何らかの革新（innovations）が必ず生じるにちがいないのであり、時代の啓蒙された天才（enlightened genius of the age）がこれらの革新を理性、自由、および正義の方向へ導く場合には、幸福である。だが、暴力的な革新を行なう資格は誰にもない。それは立法機関によって試みられれば危険でさえあり、善よりもむしろ多くの害が予想さえされる。したがって、歴史がこれと相反する事例を提供するとしても、それは先例のうちに数えられるべきではないのであり、むしろそれは政治学が提供する規則に、例外のないものはないのであって、ときには幸運や偶然に左右されるということの、証拠とのみ見なすべきである。ヘンリ八世の治世の暴力的な革新は、うわべだけの立法の権威によって支持された、専制君主の手になるものである。またチャールズ一世の治世の革新は、党争と狂信から起こった。この二つはいずれも幸福な結果に終わったことが分かった。だが、前者でさえ長いあいだ、多くの無秩序と、なおいっそう多くの危険の源泉であった。他方、後者から忠誠の諸手段が取り除かれていたとすれば、人間社会に全面的な無政府状態が生じて、そのためにあらゆる統治にただちに終止符が打たれたにちがいない。

（訳注12） このパラグラフはR版で追加。

ある王位簒奪者が、合法的な君主とその一族を追放してしまった後、一〇年ないし一二年のあいだ、一国に自分の支配を確立し、軍隊の規律をきわめて厳正に保持し、また守備隊の配備も非常に規則的であるので、彼の執政に対して、反抗が生じるようなことはついになく、それどころか不満の囁きさえも聞かれないものとしよう。心の中では彼の大逆を憎んでいる人民は、必要から、彼の支配のもとに生活しているというそれだけの理由で、彼の権威に暗黙のうちに同意し、彼に忠誠を約束したのである、と主張できるであろうか？ さらに、自国生まれの君主が、外国で徴募した軍隊によって王位を取り戻すとしよう。人民は狂喜して彼を迎え入れ、この君主以外のいかなる軛（Yoke）にもいかに嫌々ながら服従してきたかを、あからさまに示すであろう。私は尋ねたいが、この君主の資格は何に基づいているのだろうか？ 確かに人民の同意には基づかない。というのは、人民は喜んで彼の権威を黙諾するけれども、彼らは自分たちの同意が彼を主権者にしたとはけっして思わないからである。彼らは同意するが、それは彼をすでに生まれによって合法的な君主であると考えているからである。したがって、この場合にも、彼らが彼の支配のもとに暮らしていることから推定される、例の暗黙の同意については、これは先に彼らが暴君にして簒奪者に与えたのと同様のものにすぎない。

すべての合法的な政府は人民の同意から生じる、とわれわれが主張する場合には、人民が実際に値する以上の、さらには彼らがわれわれに期待し欲するよりも、はるかに大きな名誉を人民に与えていることは確かである。ローマの領土がきわめて巨大になり、共和国では統治しきれなくなってからは、すべての既知の世界に広がった人民は、アウグストゥスが暴力によって彼らのうえに権威を確立したことに非常に感謝した。そのために彼らは彼の最後の遺言によって彼が彼らに遺した後継者に対しても、等しく〔服従の〕意向を示したのである。しかし、後になって、一家系によって帝位が長期にわたり規則的に継承されることがもはやなくなり、皇帝の家系が、秘かな暗殺か公然の反乱によって、次々と断絶するようなったのは、人民の不幸であった。一王家が滅亡するたびに、〈近衛〉兵団が一皇帝を擁立し、〈東方の〉地方軍団が第二の、おそらくゲルマニアの地方軍団が第三の皇帝を擁立し、こうして剣による以外に継承争い（訳注13）を決することができなくなった。このような強大な力による君主政のもとにある人民の状態は、悲しむべきものであったが、それは皇帝の選択が彼ら人民に委ねられていなかったからではない——というのは、それは実行できなかったからである。その理由は次々と規則正しく続くような、連綿たる支配者を戴くことがなかったからである。継承が新たに起ることによって引き起こされた暴力、戦争、流血については、非難しようのないものだった。なぜなら、不可避なものだったからである。

（訳注13）　D版では their pretensions、M版から the controversy。

ランカスター家は、ほぼ六〇年間、イングランドで〔この島で——M版から〕支配した。〔しかし白バラ党は、イングランドで日増しに増加しているように思われた——M版で加筆〕。現在の制度〔ハノーヴァ家〕はほぼ同じ時間を経過した〔なおいっそう長く続いている——M版から〕。しかし、前のもう一つの王家〔ステュアート家〕に王位継承権があるとする見解はすべて、完全に消滅してしまったのであろうか？　現在存命で、この王家が追放されたときに、分別のつく年齢に達していたか、あるいはこの王家の支配に同意するか、忠誠を約束できた人は、ほとんどいなかったはずだとしても。確かにこれはこの主題に関する人類の一般的感情を十分に示すものである。というのは、退位させられた王家の支持者たちをわれわれが非難するのは、たんに彼らが久しきにわたって、空想的な忠誠を保持してきたという理由からだけではない。彼らが非難されるのは、その追放が正当であったとわれわれが確認し、したがって継承が樹立された瞬間から、権威に対する一切の資格を喪失してしまった王家に執着しているからである。

しかし、原始契約ないし人民の同意というこの原理に対して、もっと正規の、少なくともより哲学的な反論を行なおうと思えば、おそらく次の考察で十分であろう。

すべての道徳的義務は二種類に分けることができよう。〈第一に〉、一種の自然的本能、あるいは直接的な性向によって人間に強制されるものであり、これは公共の効用(public utility)か、あるいは私的な効用(private utility)かに対する、すべての義務観念やすべての見解から独立して、人間の内部で働きかけるものである。この種のものは、子供に対する愛情、恩人への感謝の念、不幸な人びとに対する憐れみである。このような人情深い諸本能から社会にもたらされる利点についてわれわれが考察するとき、われわれはそれらの本能に道徳的是認と尊敬という正当な贈り物を与える。しかし、このような諸本能によって動かされている当の人物は、このような反省をする前に、まずそれらの本能の力と影響を感じるのである。

道徳的義務の〈第二の〉種類は、いかなる本源的な自然の本能によっても支えられるようなものではなく、われわれが人間社会の必要を考慮し、もしそれらの義務が無視されると人間社会を維持することができなくなると考える場合に、まったく義務感から遂行されるものである。〈正義〉すなわち他人の所有物の尊重や、〈誠実〉すなわち約束の遵守が道徳的義務（moral duties）〔義務的（obligatory）――M版から修正〕となり、人類に対して権威をもっているのは、このようなわけである。なぜなら、誰でも他人よりも自分自身が可愛いことは明白であるから、各人はできるだけたくさん獲得しよう（acquire）〔獲得物を増やそう（extend his acquisitions）――M版から〕と自然に駆り立てられるからである。しかも、この性向を抑制できるものは、各人のそのような放縦から有害な結果が生じることや、またそれから社会の全面的な解体が生じるにちがいないことを教える、あの反省と経験をおいて他にないからである。したがって、この場合には、人間の本源的な性向ないし本能は、それに続く判断や観察によって抑制され規制されるのである。

〈忠誠〉という政治的ないし市民的義務についても、正義と誠実という自然的義務についてと同じことが、まさにそのまま当てはまる。本源的本能によってわれわれが導かれる場合には、われわれは無制限の自由に耽るか、それとも他人を支配しようとする。したがって、こうした強い情念をわれわれに平和と〔公共の――Q版から加筆〕秩序のために犠牲にしようとさせるものは、ただ反省だけである。ほんのわずかばかりの経験と観察とがあれば、社会は為政者の権威なしにはおそらく維持できないのであり、また権威は、それに対して厳格な服従が行なわれない場合には、やがて軽蔑されるにちがいないということは、われわれは十分に分かるはずである。こうした一般的で明白な利益（interests）を見て取ることが、すべての忠誠の源泉であり、また忠誠に付随する道徳的義務の源泉である。

したがって、為政者に対する忠誠ないし服従の義務を、誠実ないし約束の尊重の義務に基礎づけ、また、各個人を政府に服従させるものは、各人の同意であると想定する、どんな必要があるのだろうか？　なぜなら、忠誠も誠実もまさに同一の基礎上に立っており、いずれも人間社会の明白な利益と必要のために、人類によって守られているのだと思われるからである。われわれが主権者に服従しなければならないのは、われわれがすでにそのような目的のために暗黙の約束を与えてしまっているからだ、と主張されている。しかし、なぜわれわれはわれわれの約束を守らねばならないのだろうか？　人びとが自分の約束をまったく顧慮しないときには、現にあのような無限の〔大きな——M版から変更〕利益をもたらしている、人類の商業や交通（commerce and intercourse）が保証を得られなくなる、と主張されるにちがいない。同様にして、強者が弱者を侵害し、無法者が正しく公正な人を侵害するのを防ぐ法律や為政者や裁判官が存在しなければ、人間は社会、少なくとも文明社会（civiliz'd society）で、まったく生活できないであろう、と言うことができよう。忠誠の義務は、誠実の義務と同様な力と権威をもっているから、一方を他方に解消させてもわれわれは何も得るところがない。社会の一般的利益ないし必要（the general interests or necessities of society）こそ、両方の義務を確立するのに十分なものである。

われわれが政府に服従しなければならない服従の理由を問われたら、私は即座に、〈そうしなければ社会が存続できないからである〉と答える。そしてこの答えは、明快で人類のすべてに分かりやすいものである。ところが、あなた方の答えは、〈われわれは約束を守らねばならないからだ〉というものである。しかし、そうはいっても、哲学体系の修練を積むまでは、このような答えを理解したり、好んだりできる人は誰もいない。そのうえ、私は言うが、〈なぜわれわれは約束を守らねばならないのか？〉と問われたら、たちまちあなた方は返答に困惑するに決まっている。どうにかあなた方が答えることができたとしても、それはわれわれの忠誠義務を直接的に、少しも回り道をせずに、説明したと思われる以外のものではないであろう。

しかし、ではいったい〈誰に忠誠は捧げられるべきなのか？　われわれの合法的な主権者とは誰なのか？〉この問題は、しばしば何よりも難問であり、果てしない論争の種になりやすいものである。人民がきわめて幸福であって、そのために〈われわれの現在の主権者がそうである、というのは、彼は長年のあいだ、われわれを統治してきた、あの祖先からの直系の相続人だからである〉、と彼らが答えうる場合には、この答えにはどんな反駁の余地もない。たとえ歴史家たちが、この王家の起源を最も遠い太古まで遡り、この王家の最初の権威も、一般にそうであるように、権力の奪取と暴力に由来していることを発見したとしても、同じことである。私的な正義、すなわち他人の財産に手をつけない節欲（abstinence）が、一つの最も根本的な徳（cardinal virtue）であることは明白である。しかし、理性がわれわれに教えるのは、土地や家屋といった耐久財の所有は、それらが人手から人手へと渡っていくのを注意深く検討すると、そのどこかの時点で詐欺や不正によらなかったものはないということである。人間社会の必要は、私生活でも、公生活でも、このような厳密な詮索を許さないであろう。どんな徳あるいは道徳的義務でも、もしわれわれが似非哲学に耽り、それが置かれているあらゆる観点ないし場所から、あらゆる詭弁的な論理規則を駆使して、厳密に調べ吟味するとすれば、〔徳でも道徳的義務でもないものとして〕取り除かれないものはないからである。

私有財産に関する諸問題は無数の法と哲学の書を満たしており、両方の注釈者（commentators）は言うまでもない〔もし両方においてわれわれが原典に対する注釈者をつけ加えるならば――M版からの変更〕。したがって、結局のところ、われわれが安心して断言できることと言えば、これらの書物のうちに立てられている規則の多くは、不確実、曖昧で、かつ恣意的だということである。同様の意見は、王位継承や君主の権利、さらに統治形態に関しても形成されるであろう。(訳注14)正義と平等とに関する法律による決定をまったく受け容れないような事態が、とくに政治組織が生まれたばかりの時期に、しばしば起ることは確かである。例えば、現代の歴史家ラパンは、エドワード三世とヴァロア家のフィリップとのあいだの論争は、まさにこの種のもので、天に訴える、つまり戦争と暴力によってのみ決着がつけられるものであった、と主張している。(訳注15)

(訳注14) D版はこの文章から、以下の「とくに東洋の君主国ではそうである」までの長文がなく、次の文章がある。「こうした諸問題を論じようとすれば、われわれはこのような論集の範囲をすっかり超えることになるだろう。どんな王国や共和国においても、既存の統治に対して捧げられるべき忠誠の基礎を一般的に決定することができたならば、われわれの当面の目的にはそれで十分である」。* ここに長文の注がある。

＊「王位に就く資格をもつ合法的な君主がいない場合には、王位は最初の王位占有者のものとなると決めて支障ない、と私は信じる。これは事実ローマ帝国でしばしば起ったことである。君主たちのどの系統も絶えるとき、最後の君主の遺言ないし指定が、一つの資格と見なされるであろう。こういうわけで、嫡出の王子がすべて絶えたときには、庶子の王子に継承させたルイ十四世の勅令が、このような場合に、ある程度の権威をもつようになったのである。旧所有者による王位の譲渡も、とくに征服と結びついている場合は、同様に一つの立派な資格と見なされるのである。われわれを政府に縛り付ける一般的な紐帯ないし義務は、社会の利益と必要である。そしてこの義務はきわめて強力なものである。けれども、しばしばこちらか、あるいはあちらか、どの君主に服従すべきか、あるいはまたどの統治形態に服従すべきかの決定は、しばしば、その義務よりも不確実で曖昧である。このような場合には、現在王位を所有していることが無視できない権威をもつ

し、それは私有財産の場合よりも大きい。なぜなら、そうでなければ、すべての革命や政体の変革に伴う無秩序が生じることになるからである」。

〔訳注15〕M版からP版まで、「認めている」。

もしゲルマニクスもドルススもともに生きているあいだに、どちらも後継者として指名しないまま、ティベリウスが死んだとすれば、はたしてどちらが後継者となるべきであったかを、誰が言えるであろうか？私人の家系において同じ結果となっており、また公共においても、同様の二つの事例がすでに生じている国民において、養子の権利は血統の権利と同等の効力があると受取られるべきであろうか？ゲルマニクスはドルススよりも先に生まれたから、長男と見なされるべきであろうか、それとも兄の出生後に養子になったのだから、次男と考えられるべきであろうか？それにしても、私的な家系の相続では、長男であることがなんら有利でなかった国において、長男の権利は尊重されるべきであろうか？当時のローマ帝国は、二つの先例があるために、世襲制だったと考えられるべきだろうか、それとも、そのような初期にさえ、強者あるいはそのときどきの帝権保有者の手に帰属するもの、すなわち最も新しい簒奪に基づくものと見なされるべきだろうか？

コンモドゥスは、かなり長いあいだ、何代も引き続き優れた皇帝が現われた後に、帝位に就いた。これらの皇帝は、その資格を血統や公共的な選挙によってではなく、養子縁組という擬制的儀式によって得たのであった。この残虐な遊蕩児は、彼の情婦と当時たまたま〈近衛隊長〉であった彼女の情夫とのあいだで、突如企図された陰謀によって、殺害された。その後この両人は、ただちに、当時の言い方では、人類に対して支配者を選ぶことについて熟考し、ペルティナクスが彼らの眼にとまった。この暴君の死が知れわたる以前に、〈近衛隊長〉は秘かにこの元老院議員〔ペルティナクス〕のところへ行った。この元老院議員は近衛兵たちが現われると、コンモドゥスが彼の死刑を命じたのだと思った。ところが、この隊長とその従兵たちによって、彼はただちに皇帝として敬礼され、人民によって快く皇帝と宣言され、近衛兵たちからは不承不承、服従され、元老院からは形式的に承認され、ローマ帝国の諸州と諸軍団によって消極的ながら皇帝として受け容れられたのであった。

〈近衛兵〉団の不満が爆発して、突如暴動が起り、この優れた皇帝は殺害されてしまった。こうして世界が今や支配者も統治ももたなくなったために、近衛兵たちは帝国を正式に競売にかけるのが適切だと考えた。これを買ったユリアヌス〔ディディウス・ユリアヌス。背教者ユリアヌスとは別人〕は、近衛兵によって皇帝と宣言され、元老院から承認を受け、人民によって服従された。そして、もし地方軍団が妬みからこれに反対したり抵抗したりしなかったとすれば、属州からも服従されたにちがいないのである。シリアにいたペスケンニウス・ニーゲルが自らを皇帝に選び、彼の軍隊から騒々しい同意を獲得し、ローマの元老院と人民からも秘かな好意を寄せられた。ブリテンのアルビヌスも、自分の要求を主張する同等の権利があると考えた。しかし、パンノニアを支配していたセウェルスが、結局のところ、これら二人を凌ぐにいたった。この有能な政治家にして軍人は、帝位に比して彼自身の生まれと品位とがあまりにも劣っていることを知っていたので、最初はペルティクス殺害の復讐あるのみと、その意図を宣言した。彼は将軍としてイタリアへ進撃し、ユリアヌスを破った。そして例の近衛兵たちについてさえも、いつから同意するようになったかわれわれには正確に決められないのであるが〔同意を得て〕、彼は、必要に迫られて、元老院と人民によって皇帝として承認された。しかも、彼はニーゲルとアルビヌスとを従えることによって、彼の暴力に基づく権威を十分に確かなものとしたのであった。(4)

（カピトリヌスは別の時代のことを語って、述べている。）〈そうこうしているうちに、軍隊によってゴルディアヌス・カエサルが擁立され、「皇帝」と呼ばれた。なぜなら、そのとき誰もいなかったからである〉(訳注15)。注目すべきことに、ゴルディアスは一四歳の少年であった。

（訳注15） カピトリヌス『マクシムスとバルビヌス』(Jurius Capitolinus, *Maximus and Balbinus*) 第一四節。Miller, p. 485 note.

同様な事例は、ローマ皇帝史や、アレクサンダーの後継者たちの歴史、さらに他の多くの国々の歴史において、頻繁に起っている。この種の専制統治ほど不幸なものは他にありえない。なぜなら、ここでは王位の継承は寸断され不規則的であり、王位が空位になるたびに、武力か選挙によって決定されねばならないからである。自由な統治においては、このような事態はしばしば避けがたいが、またはるかに危険性は少ない。そこでは自由に関する諸利害から、人民が自己防衛のために立ち上がって、王位継承を変更することがしばしばありうる。そしてこの国制は、複数の要素から合成されているので、なお十分な安定性を保持することができるであろう。貴族政ないし民主政の要素に順応させるために、君主政の要素がときどき変更されることがあっても、前二者の要素がその政体を支えることによってである。

絶対的な統治において、王位に就く資格をもつ合法的な君主がいない場合には、王位は最初の王位占有者のものとなると決めて支障ない、と私は信じる。この種の事例はきわめて頻般にあり、とくに東洋の君主国ではそうである。だが、(訳注16)君主たちのどの系統も絶えるとき、最後の君主の遺言ないし指定が、一つの資格と見なされるであろう。こういうわけで、嫡出の王子がすべて絶えたときには、庶子の王子に継承させたルイ十四世の勅令が、このような場合に、ある程度の権威をもつようになったのである。(5)(訳注17)こうしてカルロス二世の遺言はスペインの君主政全体を決定したのであった。旧所有者による王位の譲渡も、とくに征服と結びついている場合は、同様に一つの立派な資格と見なされるのである。われわれを政府に縛り付ける一般的義務は、社会の利益と必要である。そしてこの義務はきわめて強力なものである。甲か乙か、どの君主に服従す

---

(4)ヘロディアヌス、〔『ローマ帝国史』〕第二巻。

(5)ルイ十四世のこのような指定に抗議して、ブルボン公と嫡出の王子たちが、あの絶対的な統治のもとでさえ、〈原始契約〉説を主張したことは、注目に値する。彼らによれば、フランス国民がユグ・カペと彼の子孫を選んで、彼らとその子孫を統治させているのだから、この王家の家系が絶えた場合には、新しい王家を選ぶ暗黙の権利が〔国民に〕留保されていることになる。したがって、国民の同意なしに庶子の王子を王位に就かせれば、この権利は侵害されたことになる。しかし、ブランヴィリエ伯爵は、庶子の王子たちを弁護する書物を著して、このような原始契約の考えを、ことにそれがユグ・カペに適用された場合に、笑いものにしている。彼によれば、ユグ・カペも、これまでのすべての征服者や王位簒奪者が用いたのと同じやり方で王位に昇ったのであった。なるほど、彼は王位を手に入れてしまったからは、その資格を得て、諸身分から承認を受けている。しかし、これは選任とか契約というものだろうか？　言えることは、ブランヴィリエ伯は有名な共和主義者であったが、学問があり歴史によく精通していたので、革命とか新政府の樹立といった際に、人民に相談が持ちかけられることはまずないことであり、一般的に最初は武力と暴力に基づいて確立されたものに、時間だけが権利と権威を与えるのだということを、知っていたのである。『フランスの状態』第三巻を参照。

べきか、あるいはまたどの統治形態に服従すべきかの決定は、しばしば、その義務よりも不確実で曖昧である。このような場合には、現在王位を所有していることが無視できない権威をもつし、それは私有財産の場合よりも大きい。なぜなら、すべての革命や政体の変革に伴う無秩序が生じることになるからである。(訳注18)

(訳注16) D版では、このパラグラフの残りの部分は、次の注の後に置かれている。

(訳注17) この文章はM版で追加された。

(訳注18) M版からP版までの諸版では、このパラグラフとなっているものは、(訳注14) で指摘したような注であった。

この論説を終えるにあたって、もう一言だけ述べておこう。形而上学、自然哲学、あるいは天文学のような思弁的な学問では、一般の世論に訴えることは不当で、また決定権もないと考えられるのは正しい。しかし、道徳に関するすべての問題では、批評〔美学〕の場合と同じく、実際にどんな論争にも決着をつけられる基準は、世論以外にない。この種の理論が誤謬であることを最も明確に証明するには、それが結局、人類の共通の感情に対立し、したがって、あらゆる国民、あらゆる時代の慣行と世論に反した逆説にならざるをえないことを見出す以外にはありえない。すべての合法的な政府は〈原始契約〉、すなわち人民の同意に基づくという教義は、明らかにこの種のものである。またこの派の最も著名な人物は、その理論を説くに当たって、〈絶対君主政は市民社会と相容れない、したがって市民政府の一形態ではまったくありえない(6)〉とし、また〈一国家の最高権力によっても、彼自身の同意、あるいはその代表者の同意なしには、いかなる人からも、また彼の財産のどんなわずかな部分も、租税や賦課金によって奪うことはできない(7)〉と断言して憚らない。人類の一般的慣行からこれほどかけ離れた意見となる、いかなる道徳的推論も、このただ一王国を

除く他のあらゆるところで、いったいどんな権威をもちうるかは、容易に結論できる。(訳注19)

（訳注19）ここでD版からP版までは終わっている。M版からP版までは、次の二つのパラグラフは注となっている。またそれらの諸版はすでに結びの二行のパラグラフを終りから二つ目のパラグラフへの注としている。なお、原始契約説はイングランド（大ブリテン）に固有の特殊な議論であるというこのヒュームの見解は、スミスもまた共有した。水田洋訳『法学講義』、岩波文庫、二〇〇五年、三五頁。

古代の文献で、私の知る、統治に対する服従義務を約束に帰した唯一の文章は、プラトンの『クリトン』のなかにある。そこでソクラテスは脱獄を拒否し、その理由として自分はすでに暗黙のうちに法律に従うことを約束してしまったからだとしている。(訳注20)こういうわけで、彼は原始契約という〈ウィッグ的な〉基礎の上に、受動的服従 passive obedience という〈トーリー的な〉帰結を打ち立てているのである。

（訳注20）『クリトン』五〇c以下を参照。

新しい発見は、このような問題においては、期待できない。もし、ごく最近まで、統治は契約に基礎を置くと想定する人がほとんどいなかったとすれば、統治が、一般的に言って、そのような基礎をもつはずがないということは、確かである。

古代人のあいだでは、反逆の罪は、普通、〈新奇なことを企てる〉 *νεωτερίζειν*, ***novas res moliri*** という言葉で表現されたのである。

（6）ロック『統治論』第七章第九〇節を参照。

（7）前掲書、第一一章第一三八、一三九、一四〇節。

三　受動的服従について〔訳注1〕

前の論説では、この国で提唱されている〈思索的な〉政治体系、すなわち一方の政党の宗教的体系と、他方の政党の哲学的体系を、いずれも論駁しようと努めた。さてわれわれは、主権者に対する服従の手段に関して、各政党によって引き出されている〈実際的な〉帰結を検討する運びとなった。

正義を守る義務は、もっぱら社会の利益（interests of society）に基礎づけられており、それ〔社会の利益〕は、人類のあいだに平和を保つために、互いに財産を侵害しないことを必要とする。したがって、正義が執行されれば、それに伴ってきわめて有害な結果が生じると思われる場合には、正義の徳は、このような異常で切迫した緊急事態においては、一時差し止められ、公共の効用（public utility）に取って代わられねばならない、ということは明白である。〈天地くずるるとも正義をして行なわしめよ〉*fiat justitia et ruat Caelum* という格言は明らかに間違っており、それは手段のために目的を犠牲にするものであって、義務への服従に関する本末転倒した考えを示している。郊外が敵を近づきやすくしている場合、郊外を焼き払うことを躊躇する市長がどこにいるだろうか？　また戦争をするために中立国の掠奪が必要となり、そうしなければ軍隊を養えない場合に、中立国の掠奪を差し控える将軍がいるだろうか？〔為政者に対する——D版にあったが、以後削除〕忠誠の義務についても同じことが当てはまる。つまり、常識（common sense）があれば分かることであるが、政府がわれわれに服従を義務づける理由は、それが公共の効用になる傾向をもつからだけなのであるから、服従すれば明らかに公共が破滅すると思われる異常な場合には、この服従義務は常に第一の本来の義務に道を譲らねばならない。〈人民の安全が最高の法〉***Salus populi suprema Lex***だからである。この格言はどんな時代にも人類の感情（**sentiments of mankind**）に合致するものである。ネロやフェリペ二世(訳注2)に対する反乱の記録を読めば、どれほど政党の体系にのぼせ上がっている人でも、この企ての成功を祈らず、それを企てた人びとを称賛しない人はいない。わが国の非常に君主政に傾いた政党でさえ、その崇高な理論にも関わらず、このような場合には、他の人びとと同じように判断し、感じ、是認するよう強いられるのである。

（訳注1）受動的服従は現存の権力に無条件に服従せよという考えだから、絶対的服従とも訳される。ここでは原語の表現に従う。なお、目次でも示したが、この論説はD版（一七四八年）に初出。
（訳注2）D版では「ネロやカラカラ帝のような皇帝」であったが、K版からP版までは「フェリペのような君主」、Q版から「ネロやフェリペ二世」。

したがって、抵抗は、異常な緊急事態にあっては承認されているのであるから、優れた理論家たちのあいだで問題となりうるのは、抵抗を正当化でき、合法的または称賛すべきこととしうる、必要性の度合いに関してだけである。さてここで私は告白しなければならないが、いつも忠誠の絆を非常に〔D版では「できるだけ」〕しっかりと堅く守り、忠誠の破棄を、公共が暴力と暴政のために〔D版では「過酷で望みのない暴政から」〕最大の危険に置かれた絶望的な場合の、最後の避難所として考える人びとの側に、私は常に味方するものである。なぜなら、一般的に暴動を伴う内乱の災難を別にすれば、およそ反乱への意向が人民のあいだに現われる場合、それが支配者の側の暴政の主要な原因となり、支配者たちは、人民の誰もが従順であり服従しようとしていると思われたなら、思いも及ばなかったような、多くの暴虐な方策を強行せざるをえなくなることは、確かだからである。こういうわけで、古代の原理によって承認された〈暴君殺し〉*tyrannicide*、あるいは暗殺は、暴君や王位簒奪者を恐れさせるどころか、かえって彼らを一〇倍も冷酷無情にしたのである。こうした理由から、このようなやり方は、現在では、正当にも諸国民の法（**laws of nations**）によって廃止されており、このような社会の撹乱者を裁くにあたっては、卑劣で危険な方法だとあまねく非難されている。(訳注3)

（訳注3）　ミラーが指摘するように（**Miller, P.490 note**）、抑圧的支配の原因について、また古代ギリシア、ローマの暴君殺しの原因論についてのヒュームの議論は、『リヴァイアサン』（一八章二九章）のホッブズの議論に酷似している。

そのうえ、事物の普通の状態のもとでは服従がわれわれの義務であるから、服従が主として教え込まれねばならないということを、われわれは考慮しなければならない。したがって、抵抗が許されうるようなすべての場合を述べようと切望し熱中することほど、本末を転倒したことはありえない。同様に〔D版からM版では「こうして」〕、哲学者が議論の成り行きで、正義の規則は緊急の必要がある場合に限り無しで済ましうるということを、理論的に承認するとはいえ、こうした場合を見つけ出し、それらをあらゆる論証と雄弁の力を駆使して押し付けることを主な研究にしている説教者や詭弁家を、われわれはどう考えるべきであろうか？　われわれがおそらくおのずから、あまりにも進んで受け容れ拡大しようとしがちな特別の例外を列挙するよりも、一般的な教義を教え込む〔D版では「説教する」〕ことに、もっと専心したほうがよいのではなかろうか？

しかしながら、抵抗権の原則――この原則そのものは、一般にすべての市民社会にとって、非常に有害で破壊的なものであることが、認められねばならない――をあれほど熱心に宣伝してきた、わが国のあの政党を弁護する場合、訴えることのできそうな二つの理由がある。その〈第一〉は、彼らの反対派が服従の教義を途方もない極端な高さに押し上げてしまい、異常な場合の例外に少しも言及しないばかりか（これは、おそらく弁解しうるだろう）、その例外を積極的に排除しようとさえしたために、こうした例外を強く主張し、侵害された真理と自由の諸権利を擁護することが必要になった、ということである。その〈第二〉は、おそらくもっと良い理由であろうが、ブリテンの国制の本質と統治形態に基づくものである。

わが国制にほとんど特有なところは、第一の為政者が、非常に卓越した威厳のある地位につけられており、そのために法律によって制限されているけれども、彼は自分自身の人格に関する限り、ある意味で法を超えており、彼が犯しうるいかなる権利侵害や間違いゆえであれ、審問を受けることも、処罰されることもありえないという点である。彼の大臣たち、あるいは彼の委任を受けて行動する人びとだけが、正義に服さなければならない。したがって、君主は、自分は安全だという見込みを持つことによって、法には法の道を自由にとらせるがよい、と考えがちになるのに対して、その一方、下級の法律違反者を処罰することで、結果として等しい安全が獲得され、しかも同時に、いつでも主権者に対して直接に攻撃が向けられるとすれば、どうしても避けがたい結果となると思われる内乱を回避できる。しかし、わが国制は、君主に対してこうした有益な敬意を払っているけれども、君主が大臣たちを保護し、相変わらず不正を行ない、国家の全権力を奪う場合に、あの〔国制の〕原則によって、わが国制自体の破壊が決められているのだとか、あるいは、大人しく服従することが決められているのだということは、けっして理に適って理解されえない。なるほど、このような場合については、法律で明確に述べられていない。それはこのような場合の救済手段をあらかじめ用意するか、あるいは君主の無茶な行為を懲らしめるために、君主以上の権力をもった為政者を設立することが、法律の普通の筋道からして、法律にとって不可能だからなのである。だが、およそ救済手段のない権利というのは不合理〔D版からP版までは「あらゆる不合理のなかで最大のもの」〕であろう。今の場合、救済手段というのは、事態が極端に走って、抵抗によってしか国制を守れなくなった場合にとられる、抵抗という異常な救済手段のことである。したがって、抵抗はブリテンの政府のもとでは、それよりも単純で、その構成要素も運動も少ない他の統治の場合よりも、もちろん頻繁になるにちがいない。王が絶対的主権者〔D版では「国家の唯一の主権者」〕である場合には、王には、反乱を引き起こすのが公正であると思われるほどの、無茶な暴政をなそうとする誘惑はほとんどない。ところが、王が制限されている場合には、大きな悪徳がなくても、王は軽率な野心から、そのような危険な状況に陥ることがあろう。チャールズ一世の場合が明らかにそうだった、としばしば考えられている。(訳注4)またもし憎悪がなくなって、今や真理を語りうるとするならば、ジェイムズ二世の場合もまたそうだった。これら二人は、個人的性格の上では、善人でないとしても、無害であった。ところが、わが国制の本質を誤解し、全立法権を独り占めにしたために、彼らにかなり激しく反対する必要が生じ、ことにジェイムズ二世から彼が非常に軽率、無分別に用いた権威を正式に奪うことさえ必要となったのである。

（訳注4）「しばしば考えられている」はD版になし。O版とP版は「一般的に考えられている」。

四　党派の歩み寄りについて

政党（party）のすべての区別なくしてしまうことは、実行できないことであろうし、自由な統治のもとではおそらく望ましいことでもなかろう。唯一危険な政党は、統治の本質に関することや、王位継承や、あるいは国制の各構成員がもっている、より重要な特権に関して、対立する見解を抱くような政党である。この場合には、およそ妥協とか和解の余地はなく、また論争はきわめて重大であり、反対派の主張に対して、武力に訴えて反対してさえも、正当と見なされるかもしれない。過去一世紀以上にもわたってイングランドの政党間に続いた憎悪は、まさにこうした性質のものであった。そしてこの憎悪はときに爆発して内乱になったり、暴力革命を引き起こしたり、また絶えず国民の平和と平穏を脅かしたのであった。しかし、最近、こうした政党による見解の区別をなくしたいという普遍的な願望をしめす最も強い徴候が現われてきた。〔政党の〕歩み寄りに向かうこうした傾向は、将来の幸福に最も心地よい見通しを与えるものであり、したがって、その国のすべての愛国者によって注意深く大事にされ、促進されなければならない。

このような立派な目的を促進する最も効果的な方法としては、一つの政党が他の政党に対して、根拠のない侮辱をしたり勝ち誇った優越感をもったりしないようにし、穏健な意見を奨励し、どんな論争の場合にも適切な中庸を得た立場を見つけ出し、反対派もときには正しいこともありうるということを、各々の党に納得させ、またわれわれがどちらかの党に寄せる、称賛と非難の均衡をとるようにすることが一番である。〈哲学上〉と実践上の(訳注1)〈原始契約〉と〈受動的服従〉に関する前述の二つの論説は、こうした目的のために、両党間の論争に関して企てられており、このような点について、両党いずれの側も、自らを美化しようと努めているものの、理性の支持をさほど十分には得られないということを示そうとしている。そこで、さらに一歩進めて、〈歴史に関連した〉両党間の論争についても、同じ穏健な態度を実行することにしたい。そのために、両党いずれもが、もっともらしい主題により自らを正当化したこと、両党ともに祖国に貢献したいと願う賢者がいたこと、そして両派間の過去の憎しみ合いは、狭小な偏見や利害にとらわれた情念に基づくものにほかならなかったことを、証明することにしたい。

(訳注1)「と実践上の」はP版で追加。

後にウィッグと名づけられた人民派は、国王へのあの反対——これにわが現在の自由な国制が由来している——を、きわめてもっともらしい議論に基づいて正当化できた。彼らは、大権に好都合な先例が、チャールズ一世以前の幾多の治世のあいだに、常に存在してきたということを認めざるをえなかったけれども、かくも危険な権威にもはや服従する理由はないと考えた。彼らの推論は次のようなものだったと思われる。すなわち、およそ人間の諸権利(rights of mankind)はきわめて神聖であると考えられるべきだから、どんな暴政あるいは恣意的権力の命令であっても、それらの諸権利を廃絶するに十分な権威をもつことはできない。

自由はとても計り知れない大きな賜物であるから、それを回復するなんらかの蓋然性があると思われる場合には、いつでも一国民は進んで多くの危険を冒すであろうし、最大の流血や財宝の散逸でさえ嘆くべきではない。すべての人間の制度は、もちろん統治組織も、すべて絶え間なく変動している。国王は、その大権を拡張するあらゆる好機を確かにつかもうとする。したがって、もし人民の特権を拡張し保証するのに有利な出来事も、またしっかりつかまえられるのでなければ、普遍的な専制政治が永久に人類のあいだで蔓延るにちがいない。すべての近隣諸国民の事例が証明しているように、昔、未開で素朴な時代に行使されていたのと同じ強大な大権を国王に信託することは、もはや安全ではない。また多くの近時の治世に見られる事例を挙げて、国王の多少恣意的な権力に好都合なように抗弁しうるかもしれないけれども、もっと古い治世には、王権に対してもっと厳しい諸制限が課されていた事例が見られる。したがって、議会側のあのような主張は、今や革新(innovations)という烙印を押されているが、人民の正当な権利の回復にすぎないのである。

以上の見解は、憎むべきであるどころか、確かに壮大、寛大、かつ高貴である。このような見解の支配と成功にこそ、まさにこの王国はその自由を、おそらくはその学問、勤労、商業、さらに海軍力を負っているのである。主にこのような見解によってこそ、イングランドという名が、諸国民からなる社会に際立っており、古代の最も自由で最も輝かしい諸共和国と声名を競おうという大望を抱くまでになったのである。しかし、すべてのこうした偉大な結果は、抗争が始まったときには、理論的に予見できなかったので、当時の王党派は、自らの側でもっともらしい議論に事欠かず、これらの議論によって当時確立されていた国王大権に対する自分たちの擁護を正当化できたのである。われわれは、この問題を、王権に対する彼らの暴力的な侵害によって、内乱が始まったあの議会の集会で、彼ら王党派の眼に映ったと思われる通りに述べることにする。

彼らは、人びとのあいだに知られ承認されている統治の唯一の規制は慣例と慣行である、と言ったであろう。理性は非常に不確かな案内者であり、そのため常に疑問と論争に晒されるものである。もし理性が人民を支配できるのであれば、人びとは常に理性を自らの唯一の行動規則としてもち続けたであろう。人びとは依然として原始的で、互いに関係のない自然状態に留まり続け、政治的統治（political government）に服従することはないであろう。というのは、その唯一の基礎は、純粋理性（pure reason）ではなくて、権威と先例だからである。このような絆が解かれるならば、市民社会（civil society）のすべての絆は解体し、各人は、理性の姿に偽装した自らの欲望が指図する手段によって、自由に自分の個別的利益をはかるままになるであろう。革新の精神（spirit of innovation）は、その個別的な目的がしばしばどんなに有益に思われても、それ自体として有害である。これはきわめて自明な真理であるので、人民派自体もそれに気づいているほどである。したがって人民派は、王権に対する彼らの侵害を、人民の古来の自由（the ancient liberties of the people）を回復するのだという、もっともらしい口実によって覆い隠すのである。

しかし、人民派の想定をすべて認めるとしても、現在の国王大権は、テューダー家の即位以来、紛れもなく確立されてきている。しかも、今や一六〇年にも及ぶこの期間は、いかなる国制にも安定性を与えるのに十分だと認められるであろう。ハドリアヌス皇帝の治世に、共和国の国制が統治の規則であると語ったり、あるいは元老院、執政官、護民官が以前もっていた権利がなお存続しているのだと想定したりすれば、それは滑稽に思われなかっただろうか？

しかし、イングランドの君主の現在の要求は、前述の時代のローマの諸皇帝の要求よりもはるかに有利なものである。アウグストゥスの権威は、軍事的暴力だけに基づいた、明白な簒奪だったのであり、すべての読者に明らかなように、ローマ史上のそうした一時期を画するものである。ところが、もしヘンリ七世が、ある人びとが主張しているように、実際に王権を拡張したのだとすれば、それは人民に気づかれず、歴史家や政治家さえほとんど注目しなかったような、感じられないくらいの方法によってのみ、獲得されたのである。この新しい統治は、それがこの名に値するものであるならば、それ以前の統治からの感じられないくらいの移り変わりであり、まったくそれに接ぎ穂されており、その資格は完全にその根源に由来するものであって、したがって、どんな国民でも、人間の出来事が永久に免れえないであろう漸次的な転変（**gradual revolutions**）の一つとしてのみ考えられるべきものにすぎないのである。

テューダー家も、その後のステュアート家も、プランタジネット家が主張し行使していた以外の大権を行使しなかった。これら両王家の権力は、そのどの一部門をとっても、およそ革新的なものとはまったく言えない。唯一の差異は、おそらく、より以前の〔プランタジネット家の〕国王たちは、これらの権力をただときたま行使しただけであり、彼らの直臣〔封建諸侯〕の反対のために、それらの権力を確固たる執政の規則にできなかったということであろう。[訳注2]ところが、こうした事実からの唯一の推論としては、そのような昔の時代は〔現代よりも〕もっと騒々しく扇動が多かったということであり、王の権威、国制、および法律は幸いにも最近に優越性を獲得したのだということである。

〔訳注2〕　M版からQ版までの諸版には次の注がある。「本書の著者は、自分こそテューダー家がその直接の先行諸王家よりも一般的により大きな権威をもっていたと述べた最初の著作家だったと信じている。この見解が歴史によって支持されることを、著者は願っているのだが、しかし、それを提出するに当たって、多少自信がないでもない。いくつかの以前の治世には、憲章に署名した後でさえ、専制権力〔の行使〕の有力な徴候がある。その時代の国王の権力は国制に依存する以上に、その権力を帯びる君主の能力と活力に依存したのである」。

ところで、人民派はいったいどのような口実から古来の国制（ancient constitution）を回復するなどと語ることができるのだろうか？　昔、国王に対する抑制は、平民ではなく、直臣に置かれていた。国王がこれらの党派心の強い暴君たちを鎮圧し、法の施行を強制し、すべての臣民が等しく互いの権利、特権、および財産を尊重するように義務づけるまでは、人民には権威がなかったし、自由でさえほとんど、あるいはまったくなかった。もしわれわれが古来の野蛮でゴシック的〔封建的な〕国制に復帰しなければならないとすれば、現在、彼らの主権者に対してきわめて傲慢に振る舞っている紳士〔ジェントルマン〕たちに、まずお手本を見せてもらうことにしよう。近くの封建諸侯のもとにお伺いし、ご機嫌をとって家臣に認めてもらうようにしてもらおう。そして彼の足下に奴隷のように服従することによって、自らへの何がしかの保護を手に入れ、また同時に彼らの目下の奴隷や農奴に対して強奪や抑圧を行なう権力を手に入れるようなことを、彼らにやらせてみることにしよう。これこそが、遠い昔の祖先たちのあいだでの、平民の境遇であった。

しかし、古来の国制や統治に訴える場合、どこまで遡らねばならないのだろうか？　このような革新の提唱者（innovators）が大いに訴えている国制よりも、なおいっそう古い国制があった。そのような時代には、

〈マグナ・カルタ〉(訳注3)のようなものはまったく存在しなかった。なぜなら、封建諸侯自身が正規の定まった特権をほとんどもたなかったし、しかも下院もおそらく存在しなかったからである。

(訳注3) マグナ・カルタ(大憲章)は一二一五年に、封建的義務に対するノルマンの諸侯の不満に対して、ジョン王が認めた国王の恣意を制約する内容の特許状。上納金の制限、相続税の制限、後見権の濫用の防止、没収権の制限、教会の自由、都市特権の確認、人身の自由の規定など。ヒュームは『イングランド史』でマグナ・カルタは「王国のすべての身分に対して、すなわち聖職者、諸侯、および人民に対して、きわめて重要な自由と特権を認めるか、保証した」と述べている。*History of England*, chap. 11 (Vol. 1, pp. 442-443, Liberty Classics) ——Miller, p. 498 note.

統治の全権力を簒奪しておきながら、庶民院〔N版からQ版までは「一院」〕が古来の諸制度の復活を語るのを耳にするのは、なんとも滑稽(訳注4)なことである。代議員は選挙人から報酬を受け取ったけれども、下院議員となることが常に負担で、その免除が特権である、と考えられたということは、知られていないのだろうか？人間が獲得できるすべてのもののうち、一番欲しがられるものであり、それに比べれば名声や快楽や富でさえ軽く見られるあの権力が、ある人には負担と見なされえたということを、彼らはわれわれに納得させようとするのだろうか？

(訳注4) N版からP版までは「愉快な」(pleasant)。Q版で「滑稽な」あるいは「馬鹿らしい」(ridiculous) とヒュームが表現を変えたことには、ヒュームの下院に対する見解がより厳しくなったことが示されているであろう。

平民は最近になって獲得した財産によって、彼らの祖先が享受した以上の権力をもつようになったと言われている。しかし、平民の財産のこのような増大は、彼らの自由と安全の増大以外に、いったい何にその原因を求めたらよいのだろうか？　したがって、王権が扇動的な諸侯たちによって抑制されていた時代には、平民の祖先が実際に享受した自由は、主権者が優越した地位を獲得したのちに彼ら自身が獲得した自由よりも、小さかったということを、平民に認めてもらおうではないか。また、彼らにあの自由を穏和に享受してもらい、新たな途方もない要求をすることによって、また自由を終わりのない革新の口実にすることによって、自由を失うことがないようにしてもらいたいものである。

統治の真の規則は、その時代に現に確立している慣行である。それは最近のものであるために、最大の権威がある。それはまた同じ理由から最もよく知られている。プランタジネット家はテューダー家ほどその権威を強く揮わなかったと、あの護民官気取りの人たちに確信させたのは、誰だったのか？　歴史家はそれらについて述べていない、と彼らは言う。しかし、歴史家はまたテューダー家の大権の主だった行使についても沈黙しているのである。どんな権力や大権も十分に疑いなく確立された場合には、その行使は当然の事柄と見なされ、たやすく歴史や年代記の注意を逃れることになる。エリザベスの治世に関して、わが歴史家のうち最も多弁で賢明、かつ正確な歴史家たる、カムデン（訳注5）によってさえ、保存されているもの以外に何も遺されたものがないとすれば、われわれは彼女の統治の最も重要な原則についてまったく無知であって当然である。

（訳注5）　William Camden（1551–1623）, *Annales rerum Anglicarum et Hibernicarum, regnante Elizabetha*（pt.I, 1615; Pt. II, 1625）. 単独の訳者（R. Norton）による全巻の英訳初版は、*The Historie of the most renowned and victorious princesse Elizabeth, late Queen of England*. Miller, p. 499 note より。

現在の君主政体は、十分に、法律家たちから権威づけられ、神学者たちから推奨され、政治家たちに承認され、人民一般からは黙認され、いやそれどころか、熱情的にもてはやされたのではなかったか？　しかも、少なくとも一六〇年間すべてこの通りであり、最近に至るまで、ごくわずかのつぶやきも論争もなかったのではなかろうか？　これほどの長きにわたる、このような全般的な同意は、確かに、一つの国制を合法的かつ有効なものとするに十分なものであるにちがいない。もしすべての権力の起源が、主張されているように、人民に由来するのであれば、ここには望みうる、あるいは想像しうる最も完全で最も十分な条件に適った人民の同意があることになる。

しかし、人民の同意によって統治の基礎を置くことができるという理由から、自らの好き勝手に、その基礎を覆し破壊することを許されるはずだ、と人民は主張してはならない。このような扇動的で傲慢な要求には際限がない。国王の権力は現在、公然と攻撃を受けている。貴族もまた眼に見えて危機に瀕している。ジェントリもやがてその跡を追うであろう。そうなれば、民衆指導者たちが、ジェントリの名称を横領し、次に危険に晒される番になるだろう。そこで人民自身は、市民的な統治を行なえなくなり、またいかなる権威の抑制の下にもないので、平和を守るためには、合法的で穏健な君主に代わって、軍事的で専制的な暴君が次々と登場するのを容認しなければならないことになる。

以上に述べたような帰結はもっと恐るべきものとなる。なぜなら人民の現在の怒りは、市民的自由に対する要求によって言い繕われているけれども、実際は宗教的狂信（fanaticism of religion）、つまり人間本性がおそらく影響を受けうる原理のなかでも、最も盲目的で、頑固で、御しがたい原理によって扇動されているからである。民衆の怒りは、どんな動機から生じたものであれ、恐ろしい。しかし、それが人間の法、理性、あるいは権威による一切の制御を受けつけない原理から生じる場合には、最も有害な結果を伴うにちがいないのである。

以上は、各々の党派が、あの重大な危機の時代の、それぞれの先行者の行動を正当化するために利用しうる議論である。今日の事態は、もしそれが一つの理由として認めうるとすれば〔訳注6〕、人民派の議論のほうがより優れた基礎の上に立っていたということを示している。だが、法律家や政治家が用いる確立した原則によれば、以前には、王党派の見解のほうが、より堅実、より安全で、いっそう合法的だと思われたはずである。しかし、確かなことは、過去の出来事を持ち出す際に、われわれが今日採用する態度が穏健であればあるほど、党派の完全な歩み寄り、およびわが現在の幸運な体制における全面的な黙認を生み出すのが、それだけ早くなるであろうということである。穏健であることはあらゆる既存の体制にとって有利なのである。熱狂以外の何ものも定着している権力を覆すことはできない。味方の行きすぎた熱狂は、反対派にも同様な精神を生み出しがちである。既存の体制に対する穏健な反対から、それの完全な黙認への移行は、容易であり、感じられないほどである。

〔訳注6〕「もしそれが一つの理由として認めうるとすれば」はQ版からの加筆。

不満を抱いている党派を導いて、現在定着している国制に全面的に黙認するように誘うはずの、多くの強固な論法がある。彼ら〔不満な党派〕は、市民的自由の精神が、最初は宗教的狂信と結びついていたけれども、その汚れを自ら一掃し、もっと純正で魅力ある姿をとって、すなわち寛容の味方で、人間性に名誉となるような、すべての心の広い寛大な感情の奨励者として現われることができたのを、今や見出しているのである。彼らは、民衆の要求が適当な時期に停止でき、王権の法外な大権を削減した後に、君主政にも貴族にも、またすべての古来の諸制度に対しても、ふさわしい尊敬をなおも保持できたことを、観察できるだろう。なかでも、彼らは、彼らの党派の強みとなり、それが主要な権威をそこから引き出した当の原理自体が、今や彼らを見捨て、彼らの反対派に移ってしまっていることに気づいているにちがいない。自由の計画（plan of liberty）は落着しており、その幸福な結果は、経験によって証明されている。長い時間の経過によって、それには安定性が与えられており、この自由の計画を覆し、過去の統治や退位した王家を復活させようと試みるような者は誰でも、他のもっと犯罪的な非難は別としても、党争と革新という非難に今度は自分たちが晒される番になるであろう。彼らが過去の出来事の歴史を詳しく検討するあいだに、彼らは、国王のそうした諸権利がすでにずっと以前に無に帰していること、またそのような権利がしばしば引き起こした暴政と暴力と抑圧こそは、国制の確立された自由によって今日ついに人民がそれから保護されるにいたった、当の害悪なのだということを反省すべきである。事実の最も明白な証拠に反して、そのような国王権力が存在したことを否定するよりも、このような反省によって、われわれの自由と特権がいっそうよく保証されることが明らかになるであろう。論証の力点を間違ったところへ置き、守りきれない論点を争うことによって、反対派を強化して成功と勝利を収めさせることほど、主張〔大義名分〕を裏切る効果的な方法はないのである。

解説

ヒューム『政治論集』の歴史的、現代的な意義について

デイヴィッド・ヒューム（David Hume, 1711–76）は十八世紀のスコットランドが生んだ賢人である。ヒュームは同郷の後輩のアダム・スミスより多くの優れた著作を世に出した。そのなかで本書、ヒュームの『政治論集』（初版一七五二年）は小さな書物ではあるが、内容的にはけっして軽量の作品ではない。それは近代社会思想史に燦然と輝く古典の一冊であると述べてもけっして過言ではない。もちろん、ヒュームには『人間本性論』（一七三九―四〇年）と『イングランド史』（一七五四―六一年）という哲学と歴史のいずれ劣らぬ大著があって、体系的なこの両大著に比べると、『政治論集』は確かに目立たないエッセイ集にすぎない。しかし、近代と現代の社会思想を考えるとき、『政治論集』は、その両著作にけっして劣らない意義をもっている。今日、ヒューム研究自体もきわめて盛んであるが、そのなかでも一つの焦点は『政治論集』にある。それはなぜかについて、この解説で明らかにしておきたい。

『政治論集』は、盛期啓蒙の共和主義的な自由主義、あるいはスコットランド啓蒙の自由主義の精神に立脚して、他のいかなる著作にもまして、政治の概念を拡大ないし転換し、自由主義思想を大胆に前進させた

点で、画期的な著作である。本書において、ヒュームは、政治の名の下に、経済問題に大きな比重を置いて論じた。それは政治への経済の浸透がいかに大きかったかを物語るものである。しかもその経済理解は自由主義精神によって貫かれたきわめて先駆的な内容をもっていた。

したがって、本書の冒頭の凡例でも触れたように、ロートワインが『経済論集』だけを独立させた論集を編集し、また本書の先行訳である田中敏弘訳が、ロートワインの見解を継承して、『ヒューム政治経済論集』という表題を採用して『政治論集』を翻訳、出版したのも、十分に正当な理由がある。しかし、本訳書は誤解を恐れずに、原題に忠実な『政治論集』を採用した。というのは、解説で「政治」の概念の自体の変容を説明すればよいと判断したからである。

政治概念の変容

「政治」の概念が文明の在り様と時代によって変化するのは、ある意味で当然である。現代では「政治」はきわめて複雑な内容を含む概念となっている。時代、場所、人物によって「政治」の概念は相当に異なる。したがって、「政治」を語るとき、その概念の解釈と説明が常に必要となる。近代ヨーロッパにおいても「政治」の概念は必ずしも常に一様に普遍的というわけではなく、時代、地域、思想家によって相当大きな開きがあった。例えば、権力に注目したマキァヴェッリとホッブズという比較的共通点の多い二人の思想を比較しても、前者の政治学は経験的情勢論としての政治論、後者の政治学は哲学的、法学的な政治論というように差異もまた大きいのであって、二人の「政治」の概念は大きく違っている。

しかしながら、政体論と統治術からなるマキァヴェッリの政治学にせよ、自然法学と契約説を採用し、主権者と臣民（市民）の権利と義務を説いたホッブズの政治学にせよ、ヒューム以前の政治論は経済問題をあまり重視しなかったという特徴がある。自由主義的な政治論を展開したロックは経済に重要性を見出していたが、しかしながらに十分に経済現象を根底にまで掘り下げて分析するには程遠く、また重商主義的なバイアスに妨げられて、ヒュームのような自由主義的な経済思想を生み出すにはいたらなかった。それには、一つには、タイム・ラグの問題がある。

経済、市場経済、あるいは初期資本主義経済が重要な社会現象として出現し始めたのは、トマス・モアの時代、あるいはR・H・トーニーの言う「ジェントリの世紀」の十六世紀から、ベーコン、ホッブズ、ペティ、ハリントン、ロックなどが活躍した「危機の世紀」と言われる十七世紀にかけてのことであるが、その認識が十分に確立するためには、どうしても時間的なラグが生じざるをえなかった。そのタイム・ラグは一部には市場経済が社会に浸透するまで時間がかかったために生じたし、市場に媒介された経済構造が理論的に把握されるためにはさらに時間が必要であった。したがって、伝統的な思想の構築物としての政治論に経済認識を組み込むパラダイムの修正、ないしパラダイム転換は容易に実現しなかったのである。そのようなパラダイムの転換を大胆に進めたのがヒュームである。

商業の登場とエコノミーのポリティカル・エコノミーへの転換

古来の伝統思想においては、経済はまずもって自給的な「家計」の問題であると見なされていた。古典共和主義は、自由の基盤としての土地に関心を持っていたものの、経済は視野の外にあった。初期近代に地位を高めた自然法思想のなかでも、経済の位置は従属的で、十八世紀になっても経済は依然として家計として表象され、「家族法」のなかで論じられるのが一般的であった。しかし、十七世紀から十八世紀にかけて、現実には経済は家計や家族法を超えて、社会全般を包括し始めており、公共経済あるいは国民経済、世界経済が構造化し始めていた。家政としての「エコノミー」から公共経済あるいは国民経済としての「ポリティカル・エコノミー」へとエコノミーの概念も転換しなければならなかった。

中世にはハンザ都市があり、相当に広範囲の商業の展開があったが、そのような現実を基礎として思想が転換を遂げることはこの時期にはなかった。学問も思想も、その時代には圧倒的にアルプス以南のものだったからである。しかも神学体系が硬直した神中心の位階制として世界を静態的に把握していた。この構造は容易に崩れず、ルネサンスにおいても経済論はいまだ基本的に伝統的な枠組みのなかに置かれていた。

大航海時代の開幕後、アジア、アメリカ、アフリカなどの異文化社会、未開社会へと冒険旅行を試みた航海者たちは、好奇心に駆り立てられ、現地の文化や産物に刺激された。こうして欲望を刺激されたヨーロッパ人は征服・掠奪・強奪を恣にするといった蛮行をくりひろげもしたが、他方でこうした地域との奢侈品を重要なアイテムとする遠隔地貿易が行なわれるようにもなってきた。スペインはヒュームが指摘するように、植民地から強奪した金銀によって滅んだが、他方で、アジアやアメリカ、アフリカなどが産する胡椒、コーヒー、紅茶やその他の奢侈品がヨーロッパ社会にとって重要になってきたことも確かである。しかし、商業という営み、産業が価値として高く評価されるようになるには、時間がかかった。商業に強欲と詐欺がつきものであったからである。

トマス・モアの『ユートピア』には興隆する商業への蔑視が見られる。モアは新しい思潮であるヒューマニズム（人文主義）の思想家であったにもかかわらず、勤労を奨励する一方、商業を強欲と結びつけて断罪するほかになかった。モアは金銀貨幣をユートピア島における子供の玩具として描いた。真の価値はそのような財貨でも欲望の対象でもないというのが、モアの主張であった。モアの時代には、毛織物業のための囲い込みが、なりふり構わず敢行されていた。国王による貨幣悪鋳も目立った。モアにとって、権力者と富者の商業精神は断罪すべきものであった。しかし、商業は新しい力であった。かつてのキリスト教普遍世界はますます解体し、各地域で国王を頂点に戴く国民国家が生まれ、国家理性は商業的利害を巻き込んで、覇権争いを繰り広げた。

ベーコンは知性の可能性に期待した。知と好奇心は商業と結びついて利益をもたらした。伝統的な村落共同体が解体し、下層階級は次第に地主貴族の保護を受けられなくなり、国王に保護を求め、やがて自立した商業に生業を求めるようになって行く。さらに下層階級は営業の自由を求めて立ち上がる。それはイングランドの十七世紀の内乱、ピューリタン革命の一因であった。十七世紀の危機はヨーロッパの全般的危機であった。この危機の世紀を通じて、商業は新しい力であることを実証して行く。それはオランダで中継貿易として経済的繁栄を生み出し、イングランドがそれに続いた。イングランドでは中継貿易ではなく、商業に媒介され、勤労が技術開発と結びついて、手工業の発展を導いた。奢侈的な海外の産品は魅力的であった。しかし海外から商品を輸入するだけでは貨幣の流出を招くので、国内産業の開発も重要になってくる。こうして商業は国際関係とともに国内の社会を変革し、政治は対外的にも国内的にもますます商業を無視できなくなってきたのである。

重商主義パンフレット

社会において商業がますます重要になって行く結果、それは当然のことながら、商業と経済の認識の深化をもたらす。商業において先行するオランダにおいて、続いてフランスやイングランドにおいて商業の利益と重商主義的保護主義を説く経済論、あるいは商業論が熱心に説かれた。十七世紀から十八世紀にかけて、重商主義パンフレットと称される著作が多数書かれたのである。本書の随所に伺われるように、その多くがヒュームの視野にあった。経済の意義に気づいていたヒュームは、すでに青年期に経済文献を熱心に渉猟していた。政治と経済の不可分の関係をヒュームは鋭く洞察した。不可分とはいえ、政治と経済の関係は、いまだ不安定でもあった。

十七世紀から十八世紀にかけて、政治や統治は商業、経済にいかに関わるべきかという問題が、今や成立しつつあった公共圏、すなわち市民社会において、国家論や政治論という格好でますます重要な問題として論じられるようになってくる。戦争や掠奪ではなく、商業や勤労が富の源泉であるという認識が次第に形成され、十八世紀ともなると啓蒙思想家のあいだでは、次第に強固な認識となりつつあった。しかしながら、啓蒙思想家が先導した経済認識においても、生産性、生産的労働、分業、資本、資本蓄積、産業資本などという概念の確立は容易ではなく、まして生産を機軸に置いた経済認識の確立はいっそう困難であった。資本と労働の生産的利用という思想が確立することが重商主義を克服する決定的な出発点であったが、それはケネーや、ヒューム、ステュアート、スミスを待たなければならない。

富は多くの場合、固定的に把握されがちであった。輸入を抑え、輸出を増加し、正貨の流入を求めるという貿易差額説は、そのようなコンテクストで成立した十七世紀の代表的な思想である。政府は貿易の差額に注意を払わねばならないとされ、そのためには政策的に、輸出産業を保護し、輸入は関税などの賦課によって規制する必要があるとされた。労働者の高賃金は、製品を高価にし、輸出を不利にすると言う理由で、退けられた。こうして反人間主義的な重商主義の思想は、ただちに戦争を求めたわけではないが、貿易を嫉妬深く監視することを求めたのである。したがって、商業と自由は貿易の嫉妬においてはいまだ未確立であった。

ヨーロッパにおいてどの国よりも先んじて、オランダは商業共和国としての繁栄を謳歌した。やがてオランダを追い越したイングランドは、商業と自由な国制の緊密な相関関係、幸福な結合を生み出したように見えた。イングランドの商業的繁栄に注目していたモンテスキューは、商業と自由の相関関係のテーゼを定式化した。自由が商業をもたらすというのではなく、商業がその内在的な力として自由を生み出すのだというのである。商業は正義の感情を育み、正義は所有権などの制度を強固にし、こうして政治的自由を可能にすると説いたのである。モンテスキューの認識はイングランドに関する目撃証拠に基づいてもいた。イングランドの自由な国制は、国王、上院、下院のバランスで可能になっているが、下院の権力基盤にはジェントリとともに市民階級があり、彼らの商業活動が下院の権威を支えていた。ワインをスコットランドに輸出してもいたモンテスキューの経済認識は先駆的で、勤労と労働生産性認識にも迫るものをもっていたが、彼はまた貨幣の機械的数量説を自らの見解とし、したがって貿易差額説を退けた。しかし、十八世紀の前半においては、多くの場合、依然として、一方での貿易差額説と他方での商業＝自由論は必ずしも矛盾すると意識されていなかった。それは議論の次元が違ってもいた。

商業ヒューマニズムの形成

ヒュームは社交的な商業社会が形成されつつあった時代の流れを鋭く見抜いた。時代は、一方で、依然として多くの場所で野蛮な習慣と暴力が罷り通っていた時代でもあった。大ブリテンはこの時代には半ば対外的な戦争に従事してもいた。このような前啓蒙から啓蒙の時代へと転換しつつあった時代に、まさに商業と平和を推し進める時代精神に棹差して、旧来の文化および守旧派と格闘したのがヒュームである。戦乱が一掃されたわけではなかったけれども、今から遡ること二五〇年あまり前の、この時代になってようやく、強欲ではなく相互の穏当な利益の獲得を基礎とする、相互性の取引社会としての商業社会が形成されつつあった。権力による強制や無理な抑圧を用いるのではない相互性の社会、社交世界が生まれつつあったのである。全般的な富裕が実現され始めた。そうすると製品は品質で評価され、高品質な製品を作る労働者や手工業者は高賃金を得ることができるようになっていく。

ヒュームは貿易差額説を根拠の無い誤謬であるとして批判した。「商業と自由」の不可分の関係を説いて、ヒュームは経済的自由主義を大胆に提唱した。それは「平和の産業」としての商工業の普及を支持する、文明社会の、さらには世界的な「社交性の哲学」であった。そしてモンテスキューとともにヒュームは商業と正義感情の生成との関係をも見て取った。モンテスキューはイングランドのオーガスタン論争（十八世紀前半のイングランドの文明社会論争）をフランスから熱心に遠望していた。権力と腐敗、富と徳をめぐるオーガスタン論争は、当然のことながら、合邦によってますますイングランドと一体化しつつあったスコットランドにも影響を与え、スコットランド啓蒙の主要問題の一つとして論争を引き起こした。

こうして今まさに思想としての「商業ヒューマニズム」が生まれつつあったのである。ヒュームは勤労を快であると述べている。勤労が高賃金を可能にし、余裕のある生活を可能にして初めて、勤労は快となるであろう。こうした商業ヒューマニズムは、一面では自然法思想の産物とも見ることができるが、他面では、「シヴィック・ヒューマニズム」（政治的共和主義）からの思想的転回でもあった。これには説明が必要であろう。

ルネサンス以来の初期近代政治思想を主導したシヴィック・ヒューマニズム（政治的人文主義、あるいは公共的人文主義）は、共和政体と公共の徳を重視する思想であった。シヴィック・ヒューマニズムが目指す価値は、公共善であり、政治的共同体の繁栄であった。共和政体は穏和な形態でよく、一者（国王）、少数者（貴族）、多数者（人民）の均衡政体も穏和な共和政として容認できるものであった。この均衡政体が腐敗しないように均衡を維持するためには、一者、少数者、多数者の相互の独立と連携が必要で、とりわけ公共的徳（Civic Virtue）が必要とされた。しかしながら、徳は失われやすい要素であったから、シヴィック・ヒューマニズムも共和国も常に不安定であるという宿命を負っていた。共和主義者はそのような認識を欠いてはいなかった。十八世紀になると、シヴィック・ヒューマニストは社会の安定性を求めて、農業や商業に注目していく。こうして農業ヒューマニズムや商業ヒューマニズムが登場する。

商業ヒューマニズムとは、言い換えれば、商業的共和主義であった。ここでも目指す価値は個人の幸福とともに共同体の繁栄、公共善であったが、その内容は富であった。豊かな社会生活が目的となった。軍事、政治的支配から自立と社交的生活へと人生の価値が転換して行く。かつての公共的な価値がなくなることはありえないが、経済的な価値にますます大きな比重が置かれるようになる。そこにはプラスもマイナスもあった。経済的価値は個人的欲望の満足に直結するものであるから、公共的な徳がしばしば危うくなる可能性があった。個人が慎慮をなくしては経済行為も成り立たないが、慎慮は個人の社会や国家、公共への関係においても働かなければならない。問題は、上流階級が奢侈的生活に巻き込まれ、公共的徳を失うことにもあったが、上流階級に代わって社会の公共的役割を担う階級がどのようにして形成されるかということにもあった。

商業社会における公共性、公共精神、公共の徳をいかにして形成し、維持するかというこの問題は難問であった。ヒュームは制度を強固に構築することによって、徳への負担を軽減しようと考えた。ヒュームの制度重視の思想は徳の制度化というべき側面を持っている。ヒュームの政治制度論は本書以外の政治論説にも説かれているが、本書の「完全な共和国についての設計案」にも垣間見られる通りである。そこでは下層階級まで、政治参加を期待したとは言えないけれども、中流階級の政治参加を拡大し制度化した共和国案が見られる。この共和国案が、政治思想の伝統に反して、小共和国論ではないことは、きわめて重要であって、アメリカの建国の父たち、アレグザンダー・ハミルトンやジェイムズ・マディスンに連邦共和国の青写真を提供した——『フェデラリスツ』(一七八八年)に見られる——ことは、広く知られるべき事実である。

商業社会は職業の分化を推進する。さまざまな商業的な職業が生まれる。商業社会は、欲望と職務の交換社会である。商業社会は社会的分業を推し進めることによってますます個人主義的傾向を強めるであろう。個人は家庭で消費生活を営み、職場で勤労に従事する。独立生産者の場合は、両者は重なっている。この社会はダイナミックな社会であり、そこでは分業がますます展開し、市場のメカニズムが形成され、個人は勤労に応じてますます豊かになる。しかし、商業社会においては、個人の思惑を超えた法=法則がますます成立するようにもなってくる。

例えば、勤労に励んで豊かになれば、全般的に物価上昇が引き起こされ、交易条件が不利になり、経済は停滞に向かうという具合に。しかし、すべての産業においてそのようなことが同時に起こるわけではない。長期的には収斂するとしても、当分のあいだは、各国、各商工業者は競争によって、相互に刺激しあいながら、相互に発展可能である。人為的に貿易差額を常に有利にしておこうと為政者は考えてきたが、それは所詮無理であるとヒュームは言う。事物の自然の成り行きに背く行為であり、政策だからである。しかし、貿易差額に拘泥する必要などない。肝心なのは勤労であり、勤労の産物である富を豊かに享受することだからである。勤労がなくならない限り、社会は貧困に喘ぐことはない。事物の自然の成り行きに従って、経済は変動しながらも発展するメカニズムをもっているという分析をいち早く出したのがヒュームであった。

体系的経済学の成立

ヒュームは、しかしながら、いまだに「経済学」と称する独立した学問体系を構築できなかった。ヒュームはいかに時代に追いつき、あるいは時代を越えようとしていたとしても、いまだ政治論のなかで経済問題を解いたのである。『政治論集』は当初一二論説からなり、そのうちの八論説が経済論であった。そのようなものとして『政治論集』はスコットランドにおいてのみならず、イングランドでも、フランスでも思想家の注目を引きつけた。それがフランスでよく読まれたことは重要である。初版刊行の二年後にフランス語訳が出版されている。

『政治論集』が、スコットランド啓蒙における「富と徳」論争、「富国―貧国」論争（ホント＝イグナティエフ、田中監訳『貿易の嫉妬』、昭和堂、二〇〇九年）、あるいは「英仏経済論争」（小林昇『経済学の形成時代』、未来社、一九六一年）の重要文献となったことは、今ではよく知られている。ポーコックが浮き彫りにしたように、それはモンテスキューの『法の精神』などとともに、イングランドにおける華々しいオーガスタン論争の総括でもあった（J・G・A・ポーコック、田中他訳『マキァヴェリアン・モーメント』、名古屋大学出版会、二〇〇七年、参照）。そして『法の精神』以上に、この『政治論集』が、ポリティカル・エコノミー（経済学）という新しい社会の学問の成立に大きな寄与をしたのである。

富裕と有徳は両立するのだろうか。奢侈は怠惰な生活を通じて、堕落を引き起こすのではないか。この問題は普遍的な問題であり、ヨーロッパの各地で論じられた。多数者の立場は両立を否定するものであった。奢侈も富も君主政にふさわしいとしたモンテスキューは、共和国では奢侈は許されず、富裕も同断だと論じた。下層階級にまで富裕と徳を認めようというヒュームの「富と徳」の両立論は、きわめて大胆で、画期的であった。

このような論争を通じて、経済認識は飛躍的に進み、ヒュームを一面で継承したステュアートの先駆的業績を越えて、自由主義経済学の体系の形成、その学問的自立が、後輩のスミスの手によって成し遂げられるのである。

古典経済学、あるいは古典派経済学は、商業ヒューマニズム、あるいは経済ヒューマニズムの産物である。それはマルクスによってブルジョア的というレッテルを貼られるが、十九世紀中葉から後半のマルクスの時代から一五〇年近く経った今、振り返ってみると、アダム・スミスを中心とする古典経済学の意義はますます高まってきたと言っても過言ではない。富の生産と再生産を基礎として、また農業と工業の均衡ある発展を展望しつつ、経済を把握するスミスと古典派の経済学は、平和な産業という言葉で語られるように、掠奪文化と国家間の戦争を克服することを射程にもつ普遍的理論であった。普遍的というのは、それはどこにでも移植できる思想だからである。所与の資本と労働を用いて産業を興せば、どの地域も産業によって自立できるという勤労の思想が生まれた。ケネーたちの重農主義は、農業の生産性という思想をスミスに伝えたが、農業が振るわない地域の発展の道筋を展望することができなかった。それに対して、ヒュームとスミスの勤労の思想は農業に適さない地域も勤労によって手工業→製造業を起こすことによって発展しうることを教える思想であった。ただし、需要は必要であった。需要＝欲望のある製品、財貨を造りさえすれば、自然や農業に恵まれない国でも、自立できる。資源小国でも勤労に励む人手があれば豊かになりうるという希望を与える思想であった。そしてそれが以後二世紀あまりの経験によって否定されたという事実はないであろう。

確かに農業は生活必需品のなかでも最重要な食糧をもたらす基本的な営みである。食糧は生命を維持するために欠くことのできないものであるため、穀物は最大の政治的商品となった。穀物取引は政府による統制が当然であると見なされてきた。伝統的なこの考え方を、トムスン以来、「モラル・エコノミー」と称することが一般化してきている（Edward P. Thompson, *Customs in Common*, London: Merlin Press, 1991, chaps, 4 and 5）。モラル・エコノミーは食糧の統制管理によって飢饉の緊急時に貧民が飢えなくてよいようにするという思想であった。

しかしながら、十八世紀の中葉ともなると穀物の自由取引を求める声が強くなり、フランスで一七六〇年代に激しい穀物取引論争が起こった。

ケネーたちは政府の統制から自由な資本主義的農業経営を主張した。それは農業ヒューマニズムと称してよいであろう。ケネーは自然法に基づく人間観、文明観を説いた。医師であったケネーは人体のアナロジーで経済を「循環」の概念で把握した。「経済表」に示された農業の再生産＝経済循環は、穀物と貨幣の交換を通じた経済循環として把握され、手工業は軽視された。フランスは、ケネーの認識においても、事実においても農業大国であった。ケネーの影響は当然ながらヒュームにはない。ヒュームが先行していたからである。しかし、スミスへの影響はあった。年々の富の再生産の概念、農業の生産性の優位、自由貿易論などにおいて、スミスはケネーの思想を継承した。他方、手工業の不生産性というケネーの思想をスミスは退けた。また自由な取引をスミスはすべての産業に要求した。

フランスの農業ヒューマニズムは、クレヴクールなどを通じて、とくにアメリカに大きな影響を与え、ヴァージニアのトマス・ジェファスンなど南部植民地人の農業共和国論に継承される。スミスの産業資本論はアメリカでは、ハミルトンに受け継がれるが、ハミルトンは保護主義者であったから、スミスの影響は限定的であった。十九世紀の経済学は、自由主義と保護主義の対抗関係を維持しつつ展開する一方、歴史主義、ロマン主義、社会主義との関係で多様な展開を示す。そして一般均衡理論が成立するのは一八七〇年代のことであった。しかし、素朴ながら、マルクスの経済学の基本も一般均衡理論の基礎もスミスの『国富論』に先取りされていたし、その萌芽はヒュームに遡りうるかもしれない。

スミスへの圧倒的な影響を与えたのは、ヒュームであった。そのヒュームは、名誉革命によって樹立された国制が、半世紀以上の政争を生き延びて、今では根付いてきたという認識をもち、政治制度に問題がないわけではないが、その政治状況を基本的に支持するという見解に立っていた。ヒュームは法の支配をことのほか強調した。そして自由な国制を擁護して、ウィッグとトーリの行きすぎた党争を批判し、過去の遺産に忠誠を誓う守旧的なジャコバイトの反乱を弾劾し、現状の維持と改善を説いた。ヒュームは現状から出発して「理想の共和国案」も描いて見せた。その意図をめぐっては論争があるが、たんなるユートピアの描写以上の意味がないとは言えないであろう。国制の改良もヒュームの視野にあった。

商業文明の病理批判

体系的経済学の確立という栄誉をヒュームはスミスに譲った。しかし、ヒュームは透徹した経済認識に到達してもいた。商業のもたらす自由と富は大きな恩恵である。しかしながら、間違った社会認識と権力欲をもった為政者によって、重商主義的権力政策が推進されている、とヒュームは見ていた。また自由は諸階級のなかに放縦と腐敗を生み出してもいる。現状の問題のなかで、ヒュームが重視したのは、公債累積、フランス敵視政策、保護主義と重商主義的な規制、アメリカ植民地の抑圧などであった。貿易の嫉妬はしばしば戦争に導く。公債や金融は、それ自体は有益な公共財であるけれども、度を越して利用すればきわめて危険なもので、商業文明を破壊する力となる。それはバブルと戦争を引き起こしかねない。その力の統制は困難な課題であることをヒュームは説いた。為政者や指導者は、商業文明を発展させるべく、勤労と結びついた「平和産業」を重視する政策を採るべきである。フランスとは敵対ではなく、友好関係の樹立を目指すべきである。そのためには宗教の差異を問題にしてはならない。また同胞が築いているアメリカ植民地に対する抑圧策は、賢明ではないし、できるだけ避けるべきである。ヒュームはアメリカの賢人フランクリンの親友でもあった。

国内の党派抗争も穏和なものにすべきである。極端に走ることを警戒し、穏和な行動をとる限り、政治経済の舵取りは修正可能である。利害対立も調停可能である。人間界に完全はないけれども、破滅を免れ、平和で幸福な文明生活を構築することは可能であり、また持続的に維持可能なはずである。その処方箋を本書でヒュームは示していた。

今から二五〇年前に、ヨーロッパの文明の危機を予測して、このような英知を示したヒュームの『政治論集』の思想は、強欲のあまり、経済危機、金融危機をいまだに繰り返している現代の商業文明、局地的な戦争とテロをいまだに廃絶できず、さらに核武装した世界に暮らしている現代人のわれわれにとって、警鐘とも、励ましともなるであろう。ヒュームはいまだ乗り越えられない思想家である。

各版の異同について

ヒュームは一七四一年から翌年にかけて、『道徳政治論集』を出版した。いまだ三〇歳になったばかりの頃であった。それは『人間本性論』(一七三九―四〇年)の第三部「道徳について」で扱った素材を分解し、エッセイ集に仕立て直したものであった。一七五四年からは大著『イングランド史』の刊行を始め、それが完結するのは一七六一年である。そのあいだに、ヒュームは、『道徳政治三論』(一七四八年)、『道徳政治論集』の第三版(一七四八年)、および『政治論集』(一七五二年)を刊行した。前者にはモンテスキューの風土論批判をモチーフとした「国民性について」の他に、「原始契約について」、「受動的服従について」が収録された。このあいだの政治経済の情勢分析の深化の成果、そしてまたこのあいだの歴史執筆によって深められた社会認識が、新しい著作や著作の改定に盛り込まれた。

そして、エッセイは再編されて『若干の主題に関する論集』*Essays and Treatises on Several Subjects* に組み込まれる。『論集』は、初版が一七五三年に出版され(K版)、以後、この形態で版を重ねていく(版によって、二巻か四巻に編成された)。このようになったのは、たんに江湖に歓迎されたからというだけではない。

ヒュームが熱心に著作を書いていた一七四〇年代から六〇年代にかけては、イングランドもスコットランドも急速な社会変動の渦中にあって、たくさんの政治的事件が発生し、社会が急激に商業社会化しつつあった。名誉革命は政治的自由を組み込んだ均衡国制という新しい政治構造を生み出したが、しかし、その後も、社会変動は止むことがなく、ウォルポールの腐敗、オーストリア継承戦争、ジャコバイトの反乱、スペイン継承戦争、リスボン地震、英仏七年戦争、アメリカ問題、民兵論争、ウィルクス事件、アメリカ独立宣言などが起って、その多くがヒュームの関心を掻き立てた。議会政治、政党政治は本格的な制度化の時代を迎えていた。民主化も課題であった。産業革命はまだ先のことであったが、とりわけヒュームの祖国のスコットランドでは「改善」Improvementが叫ばれ、時代精神となっていた。文明化の勢いは内外ともにいっそう目覚しく、商業によるグローバリゼーションが世界を変革していた。こうした変動に関するヒュームの分析は、『イングランド史』の執筆で深化されたし、フランス滞在と代理大使としての外交活動などで、ヒュームは広い視野をもつようになった。それがこうした著作活動に反映されていったのである。

したがって、『政治論集』には多くの版があるともいえるし、二版までしか『政治論集』とは言えないとも言いうる。すなわち、第二版は同じタイトルで初版と同年出版である（内容は初版とほとんど同じで、誤植の修正がある）が、第三版以降は、『若干の主題に関する論集』に収録され、その一七五三年版（K版）が第三版にあたり、以下この『論集』は、一七五八年、一七六〇年、一七六四年、一七六八年、一七七〇年、一七七二年と版を重ね、ヒュームの死の翌年の一七七七年にも出た。したがって、正確にいえば『政治論集』そのものは二版（初版と実質的に同一）で終わり、再編されて『論集』に吸収されたのである。この一七七七年版はヒュームの修正の手の入った最終版である。Green and Grose eds., *The Philosophical Works of David Hume*, 4 vols., London, 1874-75. Vol. 3, *Essays Moral, Political and Literary* はこの最終版を底本にしている。現在普及している主なものは一七七七年版を底本としたミラー編のリバティ版（David Miller ed. *Essays, Moral. Political and Literary*, Liberty Fund, 1985）、一七七二年版を底本とするホーコンセン編のケンブリッジ版（Haakonssen ed., *Essays*, Cambridge, 1994、しかし、これには古代人口論が収録されていない）、経済論文だけのロートワイン版（Rotwein ed., *Hume's Economic Writings*, 1954）である。

この訳書は、初版の一二章を全訳し、その後の版から四章を訳して、それを付録として加えた。うち「貿易の嫉妬について」と「党派の歩み寄りについて」はM版から登場したものであり、「原始契約について」と「受動的服従について」は、前述のように、『道徳政治三論』として初めて公刊されたものである。各版対象の作業は煩雑であったが、本書は初版を底本として、各版の重要な異同を示すという編集方針を採用した。増補された論説は、付録にして後に置いた。

訳者が本書の新訳を決断したのは、比較的新しく、二〇〇八年のことである。訳者はホッブズとヒュームから研究に入ったものとして、ヒュームのテクストの先行訳の恩恵を非常に受けてきた。しかし、次第に『政治論集』には新訳が必要ではないかと思うようになってきていた。近年のヒューム研究の著しい進展もある。直接のきっかけは、一昨年のことで、次の年度の大学院の授業で何を取り上げるかを考えていたときに、多数あるプランの一つとして、本書の新訳を院生たちと一緒にやれないかと考えた。

小松訳はしばしば印刷されているので入手困難というわけではないが、小松訳は『政治論集』他七編の翻訳であり、独自に編集されたテクストであり、もちろん今なお有益であるが、しかし『政治論集』自体の翻訳ではない。田中敏弘訳も『政治論集』の全訳であるとしているが、正確には ***Essays and Treatises on Several Subjects*** の第二巻第二部の翻訳である。この田中訳は品切れであったが再刷され入手可能なようである。両訳とも優れた翻訳であるが、ともに四半世紀前の訳である。当然、改訳すべき点もある。さらに今ではミラー版もホーコンセン版も出ており（ただし、この両版も『政治論集』を含む『論集』である）、研究もずいぶん進んだので、それらの成果を踏まえた『政治論集』の翻訳が必要ではないだろうかと考えたわけである。

こういう理由から、一年かけてしっかり読んで、可能なら院生たちとの共訳で出したいと考えたが、諸般の事情から訳文の作成は訳者が単独で行なった。しかし、大学院の授業として行なった院生たちとの週に一回の輪読では、原文とともに先行訳の検討を行なったので、院生たちによるさまざまな解読上の発見があり、それを必ずしも十分にではないけれども、この翻訳に生かすことができた。そのような意味では本訳書への院生たち（林直樹、藪本沙織、村井路子、野原慎司、村井明彦、山口直樹、増田みどり）の貢献も少なくはないことを明記して、感謝の気持ちを示しておきたい。

読者には、勤労に基づく商業社会の原理と、その不安定性に鋭く切り込んだヒュームの鋭い分析を知ってほしい。二十一世紀を迎えて、われわれは世界的な商業社会に暮らしている。社会の変動、経済の好不況の波はいまだに現実であって、金融や信用経済は、いまだに馴致できない怪物となって、しばしばわれわれの生活を翻弄している。権力欲と金銭欲といった強欲の克服にわれわれはいまだに成功していない。強欲を克服し、経済を制御し、自由かつ平等で、平和で安定した豊かな社会を築くにはどうすればよいか、いまだに問われている。今改めて賢人ヒュームの警告に耳を傾けるべきときであろう。技術や生産力はヒュームの時代と隔絶した文明のなかにわれわれは暮らしているが、困難な問題に直面していることはヒュームの時代と変わらないし、頼みとできるのは人間の知性と徳であることもまた同じなのである。

本書は、京都大学学術出版会の近代社会思想コレクションの一冊に収録されることになった。今回も出版会編集部の國方栄二さんにお世話になった。國方さんには古典語（ギリシア語）のチェックをもしていただいた。厚くお礼申し上げたい。

また本書が現代社会の抱える諸問題に真剣に向き合おうとしている、市民、学生、研究者などに広く読まれることを願っている。

人名索引

c. はおよそ、Fl. は活躍した時代、/ は二説あるもの

アイスキネス〔Aischines, c. 397–c. 322BC. ギリシアの雄弁家。アテナイでデモステネスの論敵。『使節論』*The Speech on the Embassy.*〕 89, 144, 195, 207
アウグストゥス〔Augustus, 63BC–14AD. ローマ初代皇帝、在位27BC–14AD〕 8, 120, 169, 219, 234, 238, 239, 241, 257, 259, 263, 267, 334, 357
アウレリアヌス〔Aurelianus, Lucius Domitius, c. 241–275. ローマ皇帝、在位270–275〕 228, 243, 245
アウレリウス・ヴィクトル〔Aurelius Victor, Sextus, c. 360–389. ローマの歴史家〕 239
アエミリウス・パウルス〔Aemilius Paulus, Lucius Macedonicus, d. 60BC. 古代ローマの将軍〕 88, 232
アガトクレス〔Agathocles, 361–289BC. シラクサの僭主〕 194, 197
アゲラウス、ナウパクツムの〔Agelaus of Naupactum〕 103
アッタロス〔Attalus. 小アジアのペルガモン王、アッタロス1世、269–197 BC, 在位241–197 BC〕 100, 180
アッティクス〔Atticus Titus Pomponius, 109–32 BC. ローマの富豪、キケロの友人〕 170, 171
アテナイオス〔Athenaius. 紀元200年頃のエジプトの人。『食通大全』*Deipnosophistai (The Banquet of the learned)*〕 219, 220, 223, 224, 226～228, 261
アナカルシス〔Anacharsis. ソロンの時代のスキティアの哲学者〕 41
アーバスノット博士〔Dr. Arbuthnot, John, 1667–1735. スコットランドの医者、著作家。アン女王の侍医。主著『ジョン・ブルの歴史』*History of John Bull*, 1712、『古代の鋳貨、重量、および尺度の目録』*Tables of the Grecian, Roman and Jewish Measures, Weights, and Coins, London*, 1705〕 90, 91
アッピアノス〔Appianus. 2世紀に活躍したローマ史家。主著『ローマ史』*Romaika* 24巻。『内乱記』〕 89, 90, 149, 178, 185, 191, 193, 200, 213, 214, 254, 256
小アフリカーヌス〔Africanus, Sextus. 240年頃に没す。歴史家。『年代記』*Chronographiai*〕 253
アラトス〔Aratus, 271–213 BC. 古代ギリシアの将軍。アカイア同盟を指揮し、最初はマケドニ

アに対抗、後に結んでスパルタを破った〕 98
アリアノス〔Arrianus, c. 95–175. ギリシアの歴史家、政治家。主著『アレクサンダー東征記』〕 119, 204
アリスタゴラス〔Aristagoras. 前5世紀のミレトスの僭主〕 220
アリステイデス〔Aristides, 117/129–189. ギリシアの修辞学者、弁論家〕 234, 261
アリストファネス〔Aristophanes, c. 445–c. 385BC. ギリシアの喜劇作家〕 173
アルキビアデス〔Alkibiades, c. 450–404 BC. アテナイの将軍、政治家〕 98
アルドゥアン教父〔Hardouin, Jean, 1646–1729. フランスのジェズイット古典学者、年代学者。1685年にプリニウスの『自然死』を出版〕 237
アルビヌス〔Albinus, Decimus Clodius Septimius, ?–197. ローマの将軍。ガリアの皇帝を宣言し、セウェルス帝に破れた〕 341, 342
アレクサンダー〔Alexandros Magnus, 356-323 BC. マケドニア王、在位336-323 BC〕 90, 98, 119, 194, 195, 204, 218, 229, 241～243, 342
アン女王〔Anne, 1665–1714. イングランド女王、大ブリテン女王1702–14. ジェイムズ2世の娘。姉の夫ウィリアムの後、権利宣言により即位。1707年スコットランド合併。スペイン継承戦争1701–14に勝利、ユトレヒト条約で終結〕 269, 283
アンティオコス〔Antiochus III, 242–187 BC. ヘレニズム時代のシリア王、在位223–187 BC〕 99
アンティゴヌス〔Antigonus, Monophtalmos あるいは Cyclops, c. 384–301 BC. アレクサンダー大王の部将〕 98
アンティパトロス〔Antipatros, 397–319BC. アレクサンダー大王の後継者の一人。アテナイを中心とした反マケドニア戦争を平定〕 202, 230
アントニヌス三帝〔アントニヌス・ピウス Antoninus Pius, 在位138–161、マルクス・アウレリウス Marcus Aurelius, 在位161–180、コンモドゥス Commodus, 在位180–192〕 259, 261
アントニウス、マルクス〔Antonius, Marcus, 82–30BC. ローマの政治家、カエサルの暗殺後三頭政治を組織〕 149, 185, 201
アンミアヌス・マルケリヌス〔Ammianus Marcellinus, c. 330–c. 400. ローマ帝政末期の歴史家。タキトゥスの歴史を継承〕 242
アンリ4世〔Henri IV, 1553–1610. フランス国王、在位1589–1610. ブルボン王朝の創始者〕 139, 319
イソクラテス〔Isocrates, 436–338

BC. アテナイの修辞家、政治評論家。代表作は『オリュンピア大祭演説』*Panegyrikos*, 380BC〕 171, 195, 196, 198, 229
ウァッロ〔Varro, Marcus Terentius, 116–27BC. ローマの学者、軍人。『農業論』*Rerum rusticarum Libri*, 37BC は紀元前1世紀のローマの農業状態についての重要資料〕 169, 176, 177, 250, 251, 259
ウァレリウス・マクシムス〔Valerius Maximus. 1世紀前半、ティベリウス帝時代のローマの通俗史家。『著名言行録』*Factorum ac dictorum memorabilium*〕 235
ウィトルウィウス〔Vitruvius Pollio, Marcus. 紀元前1世紀のローマの建築家。『建築について』*De Architectura*〕 234
ウィリアム3世〔William III, 1650–1702. イングランド、スコットランド、アイルランドの国王、1689–1702. ネーデルラントの州総督、1672–1702〕 45, 269, 283
ウェスパシアヌス〔Vespasianus, Titus Flavius, 9–79. ローマ皇帝、在位69–79〕 120, 235
ウェルギリウス〔Vergilius, Maro Publius. ローマ一の詩人。『農耕詩』*Georgica*、『アエネイス』*Aeneis*〕 259
ウェッレス〔Verres, Gaius Cormelius, d. c. 43BC. ローマの歴史家〕 206, 207, 219
ウェレイウス・パテルクルス〔Velleius Paterculus Gaius, 19BC–31AD. ローマの歴史家。『ローマ史』*Historiae Romanae*〕 89, 257
ウォッシウス〔Vossius, Isaac, 1618–1689. オランダの学者。『古代ローマの大きさ』*De antiquae Romanae magnitudine*, 1685で古代ローマの人口を1400万人とした〕 159, 223, 234, 237, 239
ヴォーバン元帥〔Vauban, Sébastian Le preste de, 1633–1707. ルイ14世時代の築城家、戦術家、経済思想家。『王国10分の1税案』*Projet d'une dixme royale*, 1707〕 80
『王国の十分の一税案』 81
ウォピスクス〔Vopiscus, Flavius. 4世紀初め頃に活躍したローマの歴史家〕 231, 237, 243, 244
ウォルポール〔Robert Walpole, 1st Earl of Oxford, 1676–745. ウィッグの領袖、首相兼蔵相1715–17, 1721–42〕 122
ウォレス〔Wallace, Robert, 1691–1771. 人口論争のヒュームの相手〕 155
ウスタリス〔Gerónymo de Uztáriz, 1670–1732. スペインの経済学者、重商主義確立者。『商業と海事の理論と実践』1724〕 161
エウヌス〔Eunus. シチリア全土の奴隷の大軍を組織して王となる。前140年頃から132年の間に反乱、ローマを困らせた〕 178
エウメネス〔Eumenes I. d. 241BC. 在位263–41BC〕 180

エウメネスの息子〔Eumenes II. ペルガムスの王、在位197–159 BC〕 180
エゼキエル〔Ezechiel. 紀元前6世紀始めのイスラエルの預言者〕 119
エドワード3世〔Edward III, 1312–1377. 在位1327–1377〕 71, 339
エパメインダス〔Epaminondas, c. 418–362BC. テーベの将軍、政治家、前371年にスパルタに勝利した〕 96
オウィディウス〔Ovidius, Naso, Pullius, c. 43BC–c. 17AD. ローマの詩人〕 25, 250, 253
『恋愛歌』*Amores* 251
『悲しみの歌』*Tristia* 165, 251
オーフォード卿 122 →ウォルポール
オリュンピオドロス〔Olympiodorus. c. 380–425 AD. ギリシアの歴史家。ホノリウス帝治下の西ローマ帝国史を書く。その22巻は失われたが、フォーティオス Photius によって要約された〕 239
カエサル 25, 120, 159, 185, 192, 193, 214, 215, 240, 241, 253, 255～257, 267
カエリウス〔Caelius Rufus, Marcus, d. c. 48BC. ローマの政治家、キケロの保護者〕 175
カッサンドロス〔Kassandros, 388 BC–297. マケドニア王。在位316–97BC〕 203
カティリナ〔Catilina, Lucius Sergius, 108–62BC. ローマ共和国末期のカティリナ事件の首謀者。貴族出身の大物政治家ではったが、放蕩者で、選挙で敗れ、執政官になれず、クーデタを謀った。キケロは対決し、首謀者に死刑を求刑したが、カティリナは死刑を免れた。その後、再度反乱を試みたが、結局、戦死した〕 25, 193, 202
カトー（大）〔Cato Censorius, Marcus Porcius, 234–149BC. ローマの政治家、古ローマの質朴さへの復帰を提唱。『起源論』*Origines*、『農業論』*De agricultura*, 前160頃など〕 163, 172, 176, 177
カトー（小）〔Cato Uticensis, M.P., 95BC–46. ローマの政治家、大カトーの曾孫。護民官としてカティリナを処刑。高潔な人物で、ローマの風紀の矯正を進めた〕 25, 173, 192
カピトリヌス〔Capitolinus, Jurius. ローマの伝記作家。『ローマ皇帝の生涯』の一部を執筆〕 342
カミルス〔Camilus, Marcus Furius, d. 365BC. ローマの将軍、ガリア人のローマ占領（387BC）に際して独裁者として祖国を救う〕 8
カムデン〔Camden, William, 1551–1623. イングランドの古事学者、歴史家。『ブリタニア』*Britannia*, 1586は初期からのブリテンのラテン語による叙述。『エリザベス女王史』*Annales rerum Anglicarum et Hibernica-*

rum, regnante Elizabetha ad Salutis MDLXXXIX, 1615, 1625〕 365
カラカラ帝〔Caracalla. 本名はMarcus Aurelius Severus Antoninus, 188-217. 在位211–17. 弟のゲタを殺害し、独裁政治を敷いた。軍の支持を得るために俸給を増額し、帝国内の全自由人に市民権を与えて増税をはかり、貨幣悪鋳を行ない、カラカラ浴場を設けて淫乱に耽った〕 239, 244, 348
カリグラ〔Caligula, 12–41. 残酷と浪費で悪名高いローマ皇帝、在位41–54〕 167
カール5世［Charles V, 神聖ローマ皇帝、在位1516–56、スペイン王カルロス1世として1516年に即位〕 102
カール12世〔Charles XII, 1682–1718. スウェーデン王、在位1697–1718。老王位僭称者を支持したために、大ブリテンの敵となった〕 281
ガルシラッソ・デ・ラ・ヴェガ〔Garcilasso de la Vega, c. 1539–c. 1616. ペルーの軍人、歴史家。*La florida del Inca*, *Commentarios*, 1609–1617, 2 vols.〕 66
カルミデス〔Charmides, c. 450–404BC. ギリシアの哲学者、政治家。プラトンの叔父、ソクラテスの弟子。30人僭主の一人〕 196
カルロス2世〔Charles the Second, 1661–1700. スペイン王。ルイ14世との戦争の大同盟に加わり、1687年ライスウィックの和約〕 343
キケロ〔Cicero, 106–43 BC〕 11, 101, 111, 149, 165, 193, 201, 206, 213, 219, 238, 258, 267
キュロス〔Cyrus, c. 600–530BC. キュロス2世（大王）、在位559–530BC. ペルシアのアカイメネス朝の王としてペルシア帝国の基礎をつくる〕 119, 184
グイッチャルディーニ〔Guicciardini, Francesco, 1483–1540. フィレンツェの歴史家、政治家、『イタリア史』*Della Istoria d'Italia*, 1492–1534〕 26
クセノフォン〔Xenophon, c. 430–c. 354BC. ギリシアの将軍、哲学者、歴史家。前410年のペルシアの内乱で、若いキュロスを助けるために遠征軍を送ったが、内乱が鎮圧され空しく退却した（一万人の退却)。『ソクラテスの思い出』、『ソクラテスの弁明』、『ギリシア史』。家政についての『オイコノミコス』とペルシアのキュロス王についての伝記的な『キュロスの教育』は近代初期ヨーロッパで影響力があった。〕 95, 97, 174, 184, 196, 209, 213, 221〜224, 227, 230, 253
クセルクス〔Xerxes I. ペルシア帝国の王、在位486–465BC. ギリシアに遠征し、サラミスの海戦でギリシア軍に大敗〕 214

クテシフォン〔Ctesiphon. 前4世紀アテナイの市民。デモステネスが王位に就くよう提案したために、アイスキスネスにより処刑された〕 143, 145, 195, 207
クラウディウス〔Claudius Nero Germanicus Tiberius, 10BC–54 AD. ローマ皇帝、在位41–54〕 163
グラックス兄弟〔兄は Gracchus Tiberius Sempronius, 162–132 BC, 弟は Gracchus Gaius Sempronicus, 153–121BC. ローマの政治家、大土地所有の制限、自作農創設などの土地制度改革を行なった〕 178, 200
クリティアス〔Critias. スパルタ人によってアテナイに立てられた三〇人僭主の一人〕 145
クルティウス〔Curtius Rufus Quintus. 1世紀のローマの歴史家、『アレクサンダー大王史』〕 119, 241
クレオメネス〔Cleomenes III, c. 254BC–219. スパルタ王、在位235BC–c. 219〕 98
クロディウス〔Clodius, Publius, c. 93–52BC. ローマの政治家。キケロの敵となり、彼を追放、財産没収した〕 149
ゲタ〔Geta, Publius Septimius, 189–212. 在位211–12. セウェルス帝の次子で長子のカラカラと皇帝位を争う〕 244
ゲルマニクス〔Germanicus Julius Caesar, 15BC–19AD. ローマの歴史家、将軍。ドルススの息子、ティベリウスの養子〕 340
ゴルディアヌス〔Gordianus I, Marcus Antonius, 158–238. 第28代ローマ皇帝、238、1ヵ月余りの治世〕 342
コンモドゥス〔Commodus, Lucius Aelius Aurelius, 161–192. 第17代ローマの皇帝、180–192〕 340, 341
コルテス〔Cortes, Fernand, 1485–1548. スペインの探検家、メキシコの征服者、コンキスタドーレ（大陸征服者）のなかで卓越した人物とされる〕 251
コルメッラ〔Columella, Lucius Junius Moderatus. 1世紀頃のローマの著述家。『農業論』*De re rustica*（c.60）は古代農業の格好の資料〕 69, 157, 164, 169, 176, 178, 209, 251, 253, 259
サセルナ〔Saserna〕 251, 252
サビヌス〔Sabinus, Massurius, d. c.64. ティベリウスとネロ皇帝時代に活躍した法学者〕 175
サルスティウス〔Sallustius, Gaius Crispus, 86–c. 34BC. ローマの歴史家、政治家でアフリカの属領の統治者の地位を利用して富を築き、賄賂によって弾劾を免れた。ローマの贅沢な田園に引退して『歴史』を書いた〕 29, 239
ジー〔Gee, Joshua. 18世紀前半の重商主義者。個別的貿易差額を主張。主著は『大ブリテンの貿易と海運』1729〕 73
ジェイムズ1世〔James I, 1566–

1625. イングランド王1603-25. ステュアート家最初の王、王権神授説を奉じ、絶対主義を強化、1621年に議会の抗議〕 273, 275
ジェイムズ２世〔James II, 1633-1701. イングランド王、1685-88. チャールズ２世の弟。王権神授説をかざし議会と対立。ウィッグ、トーリーから王位を追われ、名誉革命でフランスに亡命、王位奪回は実らず〕 351, 352
シャーフツベリ卿〔Lord Shaftesbury, Anthony Ashley Cooper, 3rd Earl, 1671-1713. ロックの弟子、道徳哲学者。『特徴論』1711〕 146
シャルル８世〔Charles VIII, 1470-98, 在位1483-98. 1494-5年のイタリア遠征に失敗〕 26
シラクサ王ヒエロン〔ヒエロン２世、Hieron II. c. 308-215BC. シラクサの僭主、c. 265BC-215. はじめカルタゴと結び、後ローマ側に展示、第１次、第２次ポエニ戦争でローマを支援誌、シラクサに独立と繁栄をもたらした〕 100
スイダス〔Suidas. 10世紀末に完成されたギリシア辞典の編集者（現在では書名と考えられている）〕 263
スウィフト〔Swift, Jonathan, 1667-1745、アイルランド出身の国教会牧師、『ガリヴァ旅行記』などの著者〕 91, 203
スエトニウス〔Suetonius Tranquillus, Gaius, 69-c. 140. ローマの文筆家。『皇帝伝』*De vita Caesarum*、『名士伝』*De viris illustribus*〕163, 165, 169, 235, 240〜242, 259
スタニアン〔Stanian, Abraham, 『スイス事情』1714年〕 89, 91
ストラボン〔Strabon, 64-21BC. ギリシアの地理学者、歴史家。『地理書』*Georgraphica* 全17巻の多くは現存〕 121, 169, 170, 177, 212, 221, 234, 241, 242, 246, 249, 250, 253, 255, 257, 260, 261, 263
スパルティアヌス〔Spartianus, Aelius. ３世紀の終わりに活躍したローマの歴史家〕 239
セウェルス〔Severus, Lucius Septimus, 146-211. 第20代ローマ皇帝、在位193-211. コンモドゥス帝の死後、属州の軍に皇帝に推戴され、元老院の承認を得た。208年にブリタニア征服を企図〕 120, 239, 254, 260, 341
セクストス・エンペイリコス〔Sextus Empiricus. ２世紀末頃のギリシアの医者、哲学者。『ピュロン主義の概要』〕 181
大セネカ〔Seneca, Lucius Annaeus, c. 55BC-40AD. ローマの修辞学者〕 179
セネカ〔Seneca, Lucius Annaeus, 5BC-65AD. ローマの哲学者〕 25, 164, 167, 171, 177, 181, 195, 235
ソロン〔Solon, c. 640-c. 560BC. ギ

リシアの政治家、詩人、改革者〕 181, 202
タキトゥス〔Tacitus Cornelius, 55–115. ローマ一の歴史家。『ゲルマニア』、『年代記』、『歴史』など〕 39, 139, 169, 175, 177, 181, 187, 189, 235, 253, 263
ダタメス〔Datames. ペルシアの将軍〕 28
チャールズ1世〔Charles I, 1600–49. イングランド王、1625–49. 父ジェイムズ１世とともに王権神授説を提唱。ピューリタン革命でクロムウェルに敗れ、1649年に反逆者として処刑〕 332, 351, 354
ディオン・カッシウス〔Dion Cassius, 155–235.『ローマ史』*Roman History*〕 66
ディオゲネス・ラエルティオス〔Diogenes Laertios. ３世紀前半の哲学史家。『哲人伝』〕 213
ディオドロス〔シケリアの、Diodoros Siclus, fl.BC１世紀末。ギリシアの歴史家、大著、世界史の40巻(『歴史図書館』*Bibliothieke* と称される）を残すが、第１–５, 11–20巻以外は断片しか残っていない〕 89, 99, 187, 191, 195, 197, 201, 203, 205, 207, 212〜214, 217, 221, 229, 231, 241, 242, 249, 254, 256, 261, 263, 266
大ディオニュシオス〔Dionysios I. c. 430–367BC. シラクサの僭主。在位405–367BC〕 8, 194, 216
ディオニュシオス〔Dionysios II. c. 395–c. 344BC. シラクサの僭主。在位367/56–347/44 BC〕 186, 208, 216, 217, 235
ディオニュシオス〔ハリカルナッソスの、Dionisius Halicarnassus, d. 8BC. ギリシア生まれ、ローマの歴史家、修辞学者。『ローマ史』〕 200, 223, 234
ディオン〔シュラクサイの、Dion, 408–354/53BC. シュラクサイの貴族。プラトンの賛美者。理想政治をディオニシオス２世に行なわせたが失敗、プラトンと共に追放される。後シュラクサイを支配したが暗殺された〕 216
ティッサフェルネス〔Tissaphernes, 前５世紀–4 世紀初。ペルシアの小アジアの太守〕 98
ティベリウス帝〔Tiberius, J.C.A., 42BC–37AD. ローマ皇帝、在位14AD–37.〕 330, 340
ティモレオン〔Timoleon. 前４世紀末のコリントの将軍。シラクサの僭主ディオニュシオス２世を駆逐〕 186
テオクリトス〔Thepkritos. 紀元前３世紀前半のギリシアの詩人〕 212
デメトリオス〔ファレロンの、Demetrius Phalereus. 前４世紀のギリシアの建築家。パイオニオスと共にアルテミス神殿を建てた〕 219
デメトリオス・ポリオルケテス〔Demetrius Poliorcetes, Demetrios I. 336–283BC. マケドニア王、在位294–283BC〕 190
デモステネス〔Demosthenes, 384

-322BC. アテナイの雄弁家、政治家。前355年頃から政治的弁論家として活躍。トラキアに勢力を伸ばしたマケドニアのフィリッポス２世を攻撃した演説『第一フィリッポス論』でアテナイの危機を説く。祖国の奮起を勝ち取れず、アイスキネス、フィロクラテスらともにマケドニアと和平交渉をして『和平論』を説いたが、その後『第二フィリッポス論』、『第三フィリッポス論』で強硬論を主張した。前340年から338年にはアテナイを指導、宿敵テバイと同盟し、フィリッポス２世と決戦し敗北。アイスキスネスの告発に応戦した『栄冠論』（前330年）はアッティカの雄弁術の粋。作品は偽作が多いが、愛国者として後世に大きな影響を与えた。〕 88, 89, 96, 142, 143, 145, 147, 164, 170, 172, 184, 185, 199, 205, 213, 221, 222, 224, 228
デュ・ト〔Du Tot, Charles de Ferrare de, fl. 1734. フランスの経済学者。『財政と商業についての政治的考察』〕 45, 123
デュ・ボス師〔Du Bos, Jean Baptiste, 1670-1742. 歴史家、趣味論では近代派、コルベールのもとで外交官。ベールやロックの友人。『現戦争における誤解されたイングランドの利害』1703。『カンブレー同盟戦争史』1709はヴォルテールが称賛。『フランス君主政の批判的歴史』1734でブランヴィリエに対抗して王権を擁護した。『詩と絵画の批判的考察』1748. これを本書でヒュームは参照している。フランス学士院会員〕 78
テルトゥリアヌス〔Tertullianus, c. 160-c. 222. 教会著述家、カルタゴの人〕 260
テンプル卿〔Sir William Temple, 1628-99. 後期ステュアート朝の政治家、政治経済思想家、オランダ大使〕 111, 217
トゥキュディデス〔Thucydides, 460/455-c. 400BC. ギリシアの歴史家。主著『歴史』は最初の学問的な歴史書、同時代史〕 89, 95, 99, 185, 187, 193, 206, 211, 219～221, 223, 225, 226
トゥリウス〔Turius, Servius, ? -535BC. ローマ６代目の皇帝、578-535BC. 制度改革で兵員会（コミティア・ケントゥリアタ）を設ける〕 148
トゥルヌフォール〔Tournefort, Joseph Pitton de. プロヴァンス人で、『レヴァント航海記』〕 250
ドナトゥス〔Donatus Aelius. 4世紀中頃のラテン文法学者〕 177
トラシュブロス〔Thrasybulus. 民主派、アルキビアデスをアテナイ艦隊に復帰させた〕 192
トラヤヌス帝〔Trajanus, 52-117. ローマ皇帝、在位98-117〕 68, 259
ドルスス〔Drusus, Nero Claudius,

38-9BC. ローマの将軍〕 340
ドレイク卿〔Sir Francis Drake, c. 1545-96. イングランドの航海者、世界一周を達成1577-80〕 288
ナービス〔Nabis, 207-192BC. スパルタの僭主、前192年に殺害された〕 194
ニーヌス〔Ninus. アッシリア帝国の初代の王。ニネヴェの建設者〕 266
ネポス〔Cornerius Nepos, c. 99-24BC. ローマの伝記作者、『名士伝』、『カトー伝』、『アッティクス伝』など〕 171
ネロ〔Nero, 37-68. 暴政とキリスト教徒の迫害を行なった、皇帝在位54-68〕 122, 167, 187, 235, 241～245, 261, 263, 348
パウサニアス〔Pausanias, d. 480 BC. スパルタの将軍〕 230
ハチスン〔Hutcheson, Archibald, ?-1740.『公債関係論集』*A Collection of Treatises relating to the Publick Debts, and the Discharge of the Same*…, London, 1720〕 134
パリ・ドゥ・ヴェルネ〔Paris-Duverney, Joseph, 1684-1770. ジョン・ローのライヴァルの財政家、政治家で多くの草稿を残した。『デュ・トによる財政金融と商業に関する政治的考察と題された書物の検討』1740〕 45
ハリントン〔James Harrington, 1611-77. イングランドの政治思想家、共和主義者、政体の均衡を重視した。『オシアナ共和国』*Commonwealth of Oceana*, 1656〕 298
バルトリ〔Bartoli, Daniello. 1608-85. イタリアの聖職者、歴史家、自然学者〕 234
バルビヌス〔Decimus Caelius Balbinus, d. 238. ローマ皇帝、在位238〕 238
ハンニバル〔Hannibal, 247-183 BC. カルタゴの将軍。第二次ポエニ戦争でイタリア進攻、ファビラスのローマ軍に勝利したが、後にローマ軍に敗れた〕 99
ハンプデン〔Hampden, John. 1594-1643. イングランドの政治家。短期議会の有名な議員。船舶税で王と対立〕 150
ピサロ〔Pizarro, Francisco, 1478-1541、スペインの探検家、インカ帝国の富に関心、ペルーを征服〕 251
ヒュペリデス〔Hyperides, アテナイの政治家、雄弁家。デモステネスの主張した反マケドニア政策を支持〕 143
ピュロス〔Pyrrhos, 319-272BC. エペイロスの王、307-303BC, 297-272BC. ローマ軍と戦ってヘラクレアに破り、シシリー島を平定したが、ローマの将軍デンタトゥスに敗れた〕 28
ヒルティウス〔Hirtius, Aulus, d. 143BC. ローマの部将、政治家。カエサルの死後、統領。カエサ

ルの『ガリア戦記』に補充を加え、『アレクサンドリア戦記』の主要部分を執筆〕 192, 257
フィリストゥス〔Philistus, ギリシアの歴史家、大ディオニシュオスの部下〕 216
フィリップ、ヴァロア家の〔Philip de Valois, ヴァロア家のフィリップ、フィリップ6世、1328–50. フランスの王位継承権をめぐりイングランド王と争う。百年戦争、1337–1453が起こる〕 339
フィリッポス2世〔Phillipus II, 382–336BC. マケドニアの王。在位359–336BC。アレクサンダー大王の父で、武力と財力を充実し、マケドニアを強国にした〕 145, 184, 196, 233
フィリッポス5世〔Phillipus V, 238–179BC. マケドニア王221–201BC として、ハンニバルと同盟しローマ軍と戦った〕 88, 99, 100, 120
フェリペ2世〔Philip II, 1527–98. 神聖ローマ皇帝カール5世とポルトガルのイサベルの子。スペイン王位と広大な植民地を相続し、貴金属の流入などでスペインの黄金時代を迎えたが、オランダの独立、無敵艦隊の全滅、フランスの宗教戦争に干渉して失敗。アカデミーの設立、人口調査、産業奨励なども行なったが、国庫は窮乏し、ムーア人の追放による農業の衰退と重税でスペイン帝国は衰亡に向かった〕 208, 273
フォラール〔Folard, Jean Charles, Chevalier de, 1669–1752. フランスの軍人、軍事著作家〕 189
フォントネル〔Fontenelle, Bernard Le Bonvier de, 1657–1757. フランスの思想家、文学者、啓蒙思想家。『神託史』*Histoire des oracles*, 1687〕 267
ブシリス〔Busiris, エジプト王。外国人を捕らえて供犠にしていたが、ヘラクレスに殺害された〕 122
プトレマイオス王家〔Plolemaios, アレクサンダー大王の部将プトレマイオス1世から15代、300年続いたエジプトのマケドニア人王朝〕 89, 98, 119
プラウトゥス〔Plautus, Titus Maccius, c. 254–184 BC. ローマの喜劇作家〕 222
ブランヴィリエ伯〔Comte de Boulainvilliers, Henri de, 1658–1722. フランスの歴史家、『フランスの状態』*État de la France*, 1727.〕 343
プリニウス〔Gaius Plinius Secundus, 23/24–79. 大プリニウスでローマの著作家。『博物誌』Naturalis historia〕 53, 88, 169, 177, 179, 187, 228, 234～237, 239, 241～243, 246, 260
小プリニウス〔Gaius Plinius Caesilius Secundus, 61–114. ローマの政治家、文人。大プリニウスの甥〕 69, 234
プルシアス〔Prusias I. ビシニアの王、在位237–192BC. ペルガモン

のアッタルス１世と戦う。マケドニアのフィリッポス５世の姉妹と結婚、ローマ人との戦いにフィリッポスを援助した〕 100
プルタルコス〔Plutarchos, c. 46–c. 120. 歴史家、伝記作家、哲学者。アテナイで学び、ローマに行く。『道徳論集』、『対比列伝』が残っている〕 42, 72, 119, 143, 145, 163, 172, 178, 180, 181, 186, 190, 195, 203, 213, 215, 217, 219, 225, 231, 257, 259, 262, 264〜267
ブルートゥス〔Brutus, Decimus Junius, ?–43BC. カエサルに仕えガリアの総督。カエサル暗殺者の一人〕 149
ブルートゥス〔Brutus, Marcus Junius, 85–42BC. ローマの歴史家。カエサル暗殺の首謀者〕 149, 201
フロルス〔Florus, Lucius Annaeus. ２世紀のローマの歴史家、詩人。『ローマ史概要』〕 178
ヘシオドス〔Hesiodos, 古代ギリシアの詩人。『仕事と日々』*Erga kai henerai*（*Opera et dies*）〕 174
ペスケンニウス・ニーゲル〔Niger, C. Pescennius Justs. シリアの有名な総督。ローマ皇帝となったが、セヴェルス帝と戦い敗れた〕 341
ペトロニウス〔Petronius, Gaius. 一世紀のローマの作家。ネロに仕え『風刺』*Satyricon* で時代の放蕩を描く〕 25, 171, 249
ヘリオガバルス〔Heliogabalus, 204–222. ローマ皇帝、在位218–222〕 211
ペルセウス〔Perseus, 213/12–c. 158BC. マケドニア最後の王。在位179–168BC〕 88, 120, 231
ヘロディアヌス〔Herodianus Ailius. ギリシアの歴史家、247年頃に活躍、『ローマ帝国史』８巻〕 241, 242, 244, 254, 343
ペルティナクス〔Pertinax, Publius Helvius, ?–193. 第18代ローマ皇帝、193. コモドゥス暗殺後、皇帝になったが在位は３ヵ月〕 341
ヘロドトス〔Herodotos, c. 484–525BC. ギリシアの歴史家、『歴史』〕 204, 205, 213, 220, 263, 267
ベン・ジョンソン〔Ben Jonson, c. 1573–1637. 劇作家。喜劇『ボルポーン』1605〕 183
ヘンリ４世〔Henry IV, 1367–1413. イングランド王、在位1399–1413。ランカスター王家の創始者〕 327
ヘンリ７世〔Henry VII, 1457–1509. 在位1485–1509〕 37, 87〜89, 327, 361
ヘンリ８世〔Henry VIII, 1491–1547. イングランド王、在位1509–47. イングランド国教会設立、修道院解散など王権強化〕 332
ホラティウス〔Horatius, 65–8BC. ローマの桂冠詩人〕 169, 171, 243, 248
ポリティアーノ〔Poliziano, 1454–1494. イタリア、ルネサンス期の古典学者〕 243

ポリュビオス〔Polybius, c. 201–c. 120BC. ギリシアのアカイア同盟の政治家、外交官、歴史家。ローマの興隆と没落を描いた40巻の『歴史』（世界史）のうち現存するのは５冊のみ。政体循環論も後世に影響を与えた〕 11, 52, 53, 88, 89, 98〜100, 103, 185, 214, 215, 224, 225, 229〜231, 244, 245, 250, 251, 253, 262, 263, 327
ボルジア〔Borgia, Cesare, c. 1475–1507. ルネサンス・イタリアの貴族、聖職者、政治家、残忍な権謀家〕 319
ポンペイウス、小〔Pompeius Sextus, 75–35BC. 大ポンペイウスの子、ローマの将軍、カエサルの死語活躍〕 178
マキァヴェッリ〔Machiavelli, Niccolo Bernardo, 1469–1527〕 101, 290
マクシミリアン皇帝〔Maximilian I, 1459–1519. 神聖ローマ皇帝、在位1493–1519〕 47
マザラン〔Mazarine, Jules, 1602–61. フランスの政治家、ルイ一四世時代のブルボン家全盛時代の基礎をつくった〕 26, 135
マッシニッサ〔Massinissa, c. 238–149BC. ヌミディア王。前206年までカルタゴ同盟軍、後ローマの同盟軍として戦った〕 100
マブリ〔Gabriel Bonnet de Mably, 1709–85. コンディヤックの兄、通称マブリ神父（Abbé de Mably）。歴史研究、政治論で知られる18世紀フランスを代表する共和主義者。*Observation sur le Grecs*, Genève, 1749, *Observations sur l'histoire de la Grèce*, Genève, 1766. *Observations on the Greeks: from the French of the Abbe de Mably*, 2nd. ed., London, 1776.〕 233
マルクス・アウレリウス〔Marcus Aurelius, 在位161-180〕 237, 238, 244
マルティアリス〔Martialis, Marcus Valerius, c. 40–c. 104. ローマの風刺詩人、『寸鉄詩集』*Epigrammata*〕 171, 179, 258
ミラー、ジョン〔Millar, John, 1735–1801. アダム・スミスの弟子、グラスゴウ大学法学教授〕 220
ムロン〔Melon, Jean-François, c. 1675–1738. 法律家・財務官僚・経済学者。主著は『商業の政治論』、1734年〕 7, 45, 123
メレ〔Maillet, Benoit de, 1656–1738, エジプト学者、『エジプト記』*Description de l'Egypte* 1735年、『エジプトの古代と近代の統治の観念』*Idée du gouvernement ancient et moderne de l'Eypte* 1743年〕 179, 252
モンテスキュー〔Charles Louis de Secondat, Baron de Montesquieu, 1689–1755〕 159
ユウェナリス〔Juvenalis, Decimus Junius, c. 50–130. ローマの風刺詩人、『風刺詩』〕 179, 234, 248, 258

ユグ・カペ〔Hugh Capet, 987-996. フランスのカペ王家987-1328の創始者〕 343
ユスティニアヌス〔Justinianus I, 483-565. 東ローマ皇帝、在位527-565〕 191
ユスティヌス〔Justinus, Marcus Jurianus.　3世紀のローマの史家、トログス・ポンペイウスの著 *Historiae Philippicae* の要約を書き、中世には広く読まれた。〕 257
ユリアヌス〔Jurianus, Flavius Claudius, 332-363. ローマ皇帝、在位361-363、背教者ユリアヌス〕 215, 341
ユリアヌス〔ディディウス・ユリアヌス、133-193〕 341
ヨセフス〔Josephus, Flavius. Joseph ben Mathitjahu, 37-c. 100. ユダヤの歴史家。主著『ユダヤ戦記』*De Bello Judaico*, 77-78.〕 243, 261
ラパン〔Rapin, Paul de, 1661-1725. フランス人のイングランド史家。『イングランド史』*Histoire d'Angleterre*, 8 vols. 1723〕 275, 339
リウィウス〔Livius, Titus, 59BC-17AD, ローマの歴史家、主著『ローマ建国史』*Ab urbe condita libri*〕 8, 89, 101, 103, 164, 185, 191, 195, 205, 228, 231, 233, 257, 267
リプシウス〔Lipsius, Justus, 1547-1606. オランダの古典学者。新ストア派としてストア派の著作を復興。ローマについても著述した〕 175, 239
リュクルゴス〔Lycurgus. 古代スパルタの立法者〕 84
リュシアス〔Lysias, c. 450-c. 380 BC. ギリシアの演説代作者。『弁論』:「ディオゲイトン論駁」、「エラストテネス論駁」、「ニコマコス論駁」、「古来アテナイ国制の転覆論駁」、「民主政転覆弾劾に対する擁護論」、「葬送演説」など〕 191～193, 196, 198, 205, 214, 219, 222, 229
ルカヌス〔Lucanus, Marcus Annaeus, 39-65. ローマの叙事詩人。『内乱』*Bellum civile* など〕 179
ルキアノス〔Lucianus, c. 120-180. ギリシアの風刺詩人。風刺対話80余篇〕 183, 228, 264, 267
レスの枢機卿〔Retz, Jean Francois Paul de Gondi, Cardinal de, 1613-79. フランスの政治家〕 299
レプティネス〔Leptines. デメトリウスの将軍。ディオニシオスに遣わされカルタゴと戦って大勝、のちディオニシオスによって追放〕 145
ロー〔John Law, 1671-1729. スコットランドで土地銀行を提案。フランスで発券銀行。財政再建を狙ったミシシッピ計画で大恐慌を招く。『貨幣と貿易』1705〕 123
ローリー〔Sir Walter Raleigh, c. 1552-1618. エリザベス女王の

廷臣、航海者、歴史家、詩人。1588年アイルランドで詩人スペンサーを知る。ジェイムズ1世への陰謀のかどでロンドン塔に幽閉、『世界史』を書く〕 273

ロンギノス〔Longinus, Dionysius Cassius. 三世紀ギリシアのプラトニスト、修辞家。『崇高について』〕 143

事項索引（地名の多くは省略）

passim は本書に頻出することをいう

カ行

サ行

タ行

ナ行

ハ行

マ行

ヤ行

ラ行

訳者略歴

田中　秀夫（たなか　ひでお）

京都大学経済学研究科教授　経済学博士

1949年　滋賀県生まれ

1978年　京都大学経済学研究科博士課程単位取得

甲南大学経済学部助教授、京都大学経済学部助教授を経て1994年より現職

主な著訳書

『スコットランド啓蒙思想史研究』（名古屋大学出版会）、『啓蒙と改革――ジョン・ミラー研究』（名古屋大学出版会）、『共和主義の思想空間』（共編著、名古屋大学出版会）、『啓蒙のエピステーメーと経済学の生誕』（編著、京都大学学術出版会）、*The Rise of Political Economy in the Scottish Enlightenment,* eds. by Sakamoto and Tanaka, Routledge, 2003、ハーシュマン『方法としての自己破壊――現実的可能性を求めて』（法政大学出版会）、J. G. A. ポーコック『マキァヴェリアン・モーメント』（共訳、名古屋大学出版会）、ディキンスン『自由と所有』（監訳、ナカニシヤ出版）、フランシス・ハチスン『道徳哲学序説』（京都大学学術出版会）その他

政治論集《せいじろんしゅう》　近代社会思想コレクション04

平成22（2010）年6月25日　初版第一刷発行

著　者　デイヴィッド・ヒューム

訳　者　田《た》　中《なか》　秀《ひで》　夫《お》

発行者　加　藤　重　樹

発行所　京都大学学術出版会

京都市左京区吉田河原町15-9

京大会館内（606-8305）

電話　075(761)6182

FAX　075(761)6190

http://www.kyoto-up.or.jp/

印刷・製本　亜細亜印刷株式会社

ISBN978-4-87698-962-1

Printed in Japan

定価はカバーに表示してあります

近代社会思想コレクション刊行書目

（既刊書）

01 トマス・ホッブズ　『市民論』

02 ユストゥス・メーザー　『郷土愛の夢』

03 フランシス・ハチスン　『道徳哲学序説』

04 デイヴィッド・ヒューム　『政治論集』

（近刊予定）

05 ジョン・S・ミル　『功利主義論集』